跨境电子商务系列精品教材

湖南省一流专业资助建设的特色教材

湖南省双一流学科资助建设的重点教材

跨境电商选品
维度与技巧

汪新兵◎主　编

黄正娜　刘　婷◎副主编

重庆大学出版社

内容提要

本书系统地阐析了跨境电商(以亚马逊平台为例)选品的现状,研究了跨境电商平台中国卖家选品存在的问题,深刻剖析了跨境电商平台选品的各个维度,总结了当前跨境电商平台选品的技巧,并预测跨境电商未来的发展前景。本书可使中国卖家熟悉并掌握平台选品的维度与技巧,把握跨境电商发展的规律及趋势,提升中国卖家对跨境电商市场及环境的分析能力。这不仅对亚马逊中国卖家从事跨境电商工作、创业具有重要指导意义,而且对跨境电商企业制订发展战略、选择供应链与目标市场同样具有重要指导意义。

本书适用于跨境电商从业者、跨境电商创业者、传统外贸供采方、传统外贸转型、生产制造商、大学生创业等人群。

图书在版编目（CIP）数据

跨境电商选品维度与技巧 / 汪新兵主编. -- 重庆：
重庆大学出版社，2023.3（2024.12 重印）
ISBN 978-7-5689-3328-5

Ⅰ.①跨… Ⅱ.①汪… Ⅲ.①电子商务—商业经营—
高等学校—教材 Ⅳ.①F713.365.2

中国国家版本馆 CIP 数据核字（2023）第 034248 号

跨境电商选品维度与技巧

主　编　汪新兵
副主编　黄正娜　刘　婷
策划编辑:龙沛瑶

责任编辑:姜　凤　　版式设计:龙沛瑶
责任校对:谢　芳　　责任印制:张　策

*

重庆大学出版社出版发行
出版人:陈晓阳
社址:重庆市沙坪坝区大学城西路 21 号
邮编:401331
电话:(023) 88617190　　88617185(中小学)
传真:(023) 88617186　　88617166
网址:http://www.cqup.com.cn
邮箱:fxk@ cqup.com.cn (营销中心)
全国新华书店经销
重庆市正前方彩色印刷有限公司印刷

*

开本:787mm×1092mm　1/16　印张:13.5　字数:323千
2023 年 3 月第 1 版　　2024 年 12 月第 3 次印刷
印数:3 001—4 000
ISBN 978-7-5689-3328-5　定价:39.00 元

《跨境电子商务系列精品教材》丛书编委会

总顾问

王耀中

主　任

张亚斌

副主任

梁向东

编　委（以姓氏笔画为序）

马宏平　王涛生　刘天祥　吴建功　汪新兵
易永忠　赵国庆　胡小娟　贺政国　喻建良

前　言

随着科学技术的飞速发展,跨境电商行业已从外贸的"新业态"转变为"新常态",越来越多的企业卖家对品牌的重视程度越来越高,同时,竞争也越来越激烈。说到跨境电商行业,相信大部分卖家都认同亚马逊是当前跨境电商行业的领头羊,是最具代表性的跨境电商平台。对于亚马逊卖家而言,如何选品是一件重要而又困难的事情,通常需要进行市场调研、竞品分析、利润空间等大量数据的分析,即便综合考虑了上述因素,选出的产品还是销量不佳,这不仅让卖家开始怀疑自己的运营能力,甚至会引发部分卖家对平台产生失望情绪。选品到底在哪个环节出现了问题? 本书的首要目的就是让跨境电商卖家和准卖家能够熟练地掌握跨境电商选品的维度与技巧,同时希望本书能帮助卖家和准卖家选出适合自己店铺的产品。

本书共七章,围绕亚马逊平台选品这一中心主题进行"剥葱式"剖析,不仅阐述了亚马逊平台的现状以及特点,亚马逊平台选品与其他电商平台选品的区别,选品存在的问题以及选品的维度与技巧,而且还完整地列出亚马逊平台各品类的选品实操案例,每一案例都有详细的数据分析与讲解。卖家在选品时遇到的雷区与误区,相关实操案例可以帮助读者解决问题,也可以作为选品时的参考,还可以作为亚马逊运营人员日常选品工作任务的 SOP(标准作业程序,Standard Operation Procedure)。

通过本书的学习,希望能帮助读者实现以下目标:第一,了解跨境电商亚马逊平台发展的现状和趋势,熟悉跨境电商亚马逊平台的规则,学会分析跨境电商中国卖家选品存在的问题,掌握跨境电商选品维度的提取与选品技巧。第二,培养并具备独立调研、分析数据的基本技能,独立完成跨境电商选品的各项维度提取,以及跨境电商选品维度的分类,独立完成所有选品的实操任务。第三,拓展中国卖家的国际化视野和战略眼光,培养跨境电商运营的业务能力,理解和适应跨境电商中的中外文化差异,具备良好的对外贸易和跨文化沟通素养以及国际市场开拓意识。

在本书编写的过程中,刘婷老师进行了大量的高校大卖家知识诉求的调研工作,积极深入地挖掘了实际教学层面的理论背景,并结合高校现有素材提出了很多宝贵意见,在往届毕业生跨境电商就业群体中搜集了很多具有代表性的实操案例。

本书由深圳九向商学院创始人汪新兵先生和高级资深讲师黄正娜女士,与湖南涉外经济学院刘婷老师为代表的跨境电商课程教研组共同编写,在此特别感谢商学院王涛生院长以及编委会所有专家和老师的悉心指导和通力合作。

编　者

2022 年 2 月

目 录

第一章
跨境电商亚马逊平台现状及特点分析

第一节　跨境电商亚马逊平台简介及规则

一、跨境电商亚马逊平台简介

亚马逊公司（简称"Amazon"），是美国最大的网络电子商务公司，总部位于华盛顿州的西雅图。亚马逊及其平台销售商为客户提供数百万种全新、翻新及二手商品，如图书、影视、音乐和游戏、数码产品、电脑、家居园艺用品、玩具、婴幼儿用品、食品、服饰鞋包、珠宝、健康和个人护理用品、体育及户外用品、汽车及工业产品等。

下列图 1.1 至图 1.6 为该平台具体的产品分类：

图 1.1　服饰和美妆个护类

厨具 / 家居 /

水杯水具

保温杯　随行杯　马克杯　玻璃杯
保温壶　冷水壶　水具套装

锅具炊具

汤锅　炒锅　煎锅　蒸锅　奶锅　砂锅
高压锅　烧水壶　锅具套装

餐具

餐具套餐　儿童餐具　碗　盘　碟
汤盘　筷子　碗托　餐勺　餐刀
食物夹

刀具

刀具套装　中餐刀具　西餐刀具
水果刀　斩骨刀　面包刀　厨房剪
磨刀器

厨用工具

炒勺　砧板　削皮器　鱼鳞刨　蒜泥器
滤网　漏斗　过滤纸　过滤布

厨房收纳

密封罐　调味罐　米桶　油壶　储物架
封口机

酒杯酒具

红酒杯　香槟杯　烈酒杯　啤酒杯
鸡尾酒杯　开瓶器

玩具 / 母婴 /

玩具

婴幼玩具　娃娃　毛绒　角色扮演
益智科教　桌游　绘画DIY　拼图
拼插　遥控电动　电子　运动户外
动漫卡通　模型组装

奶粉

一段　二段　三段　四/五段

辅食营养

米粉　果蔬泥　零食　婴儿营养品
尿裤
纸尿裤　布尿裤

喂养用品

奶瓶　母乳喂养　安抚奶嘴　学饮杯
餐具　口水巾　罩衣

洗护用品

日常护理　洗浴用品　皮肤护理
健康护理　擦拭用品　口水巾

服饰鞋靴

男婴服饰　女婴服饰　男婴鞋靴
女婴鞋靴

童车

童车　配件

图 1.2　厨房家居和玩具类

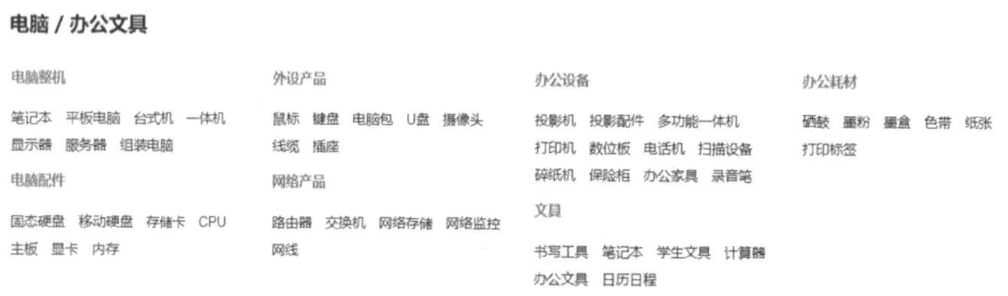

电脑 / 办公文具

电脑整机

笔记本　平板电脑　台式机　一体机
显示器　服务器　组装电脑

电脑配件

固态硬盘　移动硬盘　存储卡　CPU
主板　显卡　内存

外设产品

鼠标　键盘　电脑包　U盘　摄像头
线缆　插座

网络产品

路由器　交换机　网络存储　网络监控
网线

办公设备

投影机　投影配件　多功能一体机
打印机　数位板　电话机　扫描设备
碎纸机　保险柜　办公家具　录音笔

文具

书写工具　笔记本　学生文具　计算器
办公文具　日历日程

办公耗材

硒鼓　墨粉　墨盒　色带　纸张
打印标签

图 1.3　电脑办公类

运动户外 /

服饰

软壳外套　冲锋衣　抓绒衣　羽绒服
内衣　压缩服　T恤、POLO衫　短裤
冲锋裤　户外休闲裤　手套　帽子
滑雪服　泳衣

装备

运动腕表　运动户外包　护目镜　渔轮
登山杖　户外炊具　水具　灯具　睡袋
帐篷　户外家具　望远镜　摩托头盔
摩托护具　摩托套装　摩托夹克
摩托手套

运动分类

健身　跑步　水上运动　冰雪运动
钓鱼　骑行　攀岩　瑜伽　足球　篮球
棒球　攀击

游戏 / 娱乐乐器

游戏电玩

Nintendo Switch
Nintendo 3DS & 2DS　PlayStation 4
Xbox One　Alienware　Oculus
复古游戏机

游戏装备

鼠标　键盘　耳机　手柄　方向盘
投影机　VR虚拟现实　游戏本
游戏主机　DIY装备　电竞椅
动漫周边　桌游

视听娱乐

家庭影院　迷你音响　回音壁　功放
投影机　设备配件

乐器

钢琴　吉他　尤克里里　打击乐器
吹奏　弦乐　录音设备

钟表 / 首饰

钟表

男表　女表　男童手表　女童手表　钟
石英表　机械表

珠宝首饰

项链　吊坠　耳饰　手链手镯　戒指
衬衫领带饰品　珍珠　钻石　水晶
黄金　镀金　银　铂金

图 1.4　运动户外和游戏类

手机 / 摄影 / 数码

手机

手机 手机配件 蓝牙耳机 存储卡
数据线 充电器 手机壳

摄影摄像

数码相机 拍立得 运动相机 摄像机
镜头 相印机 望远镜

影音娱乐

耳机耳麦 音箱 收音机 麦克风
MP3/MP4 数码相框 监听音箱

智能设备

智能手环 智能手表 虚拟现实 智能配件
监控安防 无人机 GPS导航

数码配件

摄影箱包 三脚架/云台 滤镜 自拍杆
闪光灯 电池/充电器

视听娱乐

家庭影院 迷你音响 回音壁 功放
投影机 设备配件

电子配件 / 智能生活

智能生活

智能手环 智能手表 儿童智能手表
VR/AR 创意产品 安防中控 娱乐互联
智能健康 智能交通 数码配件

手机配件

移动电源 手机壳 贴膜 存储卡
蓝牙耳机 手机耳机 支架

电脑配件

鼠标 键盘 固态硬盘 移动硬盘 U盘
路由器 存储设备 游戏配件 电脑包
摄像头 显示器 电脑组件 网络设备

摄影摄像配件

镜头 摄影包 三脚架 自拍杆 滤镜
闪光灯 电池 运动相机支架
运动相机包/壳 运动相机配件套装
无人机配件

耳机音箱及配件

耳机 耳机配件 音箱 音箱线材支架
音箱线材支架

办公设备及耗材

办公耗材 硒鼓 墨盒 色带 设备配件
投影配件 数位板

电视音响配件

线缆 电视支架 3D眼镜 家庭影院
Soundbar 功放

图1.5 电子类

食品 / 营养品 /

营养保健品

维生素 氨基葡萄糖 营养素 运动营养
体重管理

咖啡

咖啡豆/粉 速溶咖啡 咖啡伴侣/辅料
即饮咖啡

茶

红茶 绿茶 花草茶 果茶

糖果、巧克力

黑巧克力 牛奶巧克力 夹心巧克力
巧克力礼盒 棒棒糖 口香糖

休闲零食

膨化食品 坚果炒货 方便面 水果罐头

调味佐料

香辛料 食盐 糖 食用盐 果酱 烧烤酱
沙拉酱

家电 / 家装 /

视听娱乐

家庭影院 迷你音响 回音壁 功放
投影机 设备配件

厨卫

淋浴 花洒 水槽 水龙头 净水器 排气扇

厨房电器

电饭煲 电压力锅 微波炉/光波炉 豆浆机
电磁炉 搅拌/榨汁机 面包机 电水壶/瓶
电烤箱 酸奶机 蒸/炖锅
电饼铛/三明治机 咖啡机 冰激凌机
烧烤炉

居家电器

空气净化器 吸尘器 取暖器 加湿器
电风扇 电熨斗 挂烫机 饮水机 除湿机

个护电器

电动剃须刀 电吹风 电动牙刷
电动理发器 电动剃毛器/脱毛器
耳鼻毛修剪器 电子秤 电动美容器
美发器 按摩器

工具

电动工具 手动工具 气动工具 测量工具

灯具

台灯 落地灯 吸顶灯 吊灯 特效灯

图1.6 食品和家电类

1. 亚马逊发展史

（1）成为基本的网络书店（1995—1997年）

Amazon由杰夫·贝佐斯（Jeff Bezos）于1994年7月5日创立，最早取名为Cadabra，是一个网络书店。1995年7月，贝佐斯以地球上孕育最多物种的亚马孙河重新命名。该公司于1994年在华盛顿州登记，1996年改为特拉华州登记，并在1997年5月15日上市。

（2）成为最大的综合网络零售商（1997—2001年）

1997年5月亚马逊上市。尚未在图书网络零售市场建立起绝对优势地位的亚马逊,着手开始布局产品品类扩张。亚马逊公司的最初计划是在4~5年后开始赢利,但2000年网络泡沫的破灭,反而促使亚马逊公司平稳成长的风格成为佳话。亚马逊公司开始朝着多元化的产品销售方向发展,售卖的产品有从音乐CD、录影带和DVD到软件、家电、厨房项目、工具、草坪和庭院项目、玩具、服装、体育用品、鲜美食品、首饰、手表、健康和个人关心项目、美容品、乐器等诸多类别,如图1.7所示。

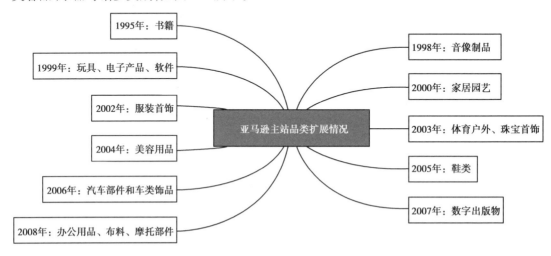

图1.7 亚马逊第二阶段发展史

（3）成为"最以客户为中心的企业"（2001至今）

2001年起,除了宣传是最大的网络零售商外,亚马逊同时将"最以客户为中心的企业"确立为发展目标。同年,亚马逊大规模开放第三方卖家平台,并开始进军服装零售行业,规模仅次于沃尔玛。与此同时,亚马逊的网络业务也在不断扩张,销售额占到了美国服装行业、鞋类以及配饰的1/3以上。目前,亚马逊仍在不断扩大业务范围,食品杂货快速崛起,推出的亚马逊会员（Prime）在旗下各个平台均能享受打折优惠,如图1.8所示。

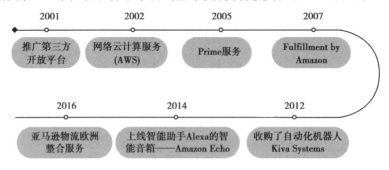

图1.8 亚马逊第三阶段发展史

2.亚马逊平台的特点

随着互联网技术的高速发展,贸易的全球化,国际物流与运输配送服务的完善,越来越多的中国人通过亚马逊平台将国内优质产品销往全球各地。相应地,越来越多的外国人也能以最短的时间和最优惠的价格买到中国产品,并享受中国产品带去的美好体验。亚马逊平台强调以客户体验为中心,以产品为根本,让客户以最方便、最快捷、最低价获得更好的产品。

(1)北美站消费者高度信任亚马逊

亚马逊总部位于美国西雅图,历经 20 多年的发展,亚马逊北美站已拥有众多的海外访客,深得消费者的高度信任,并拥有数千万优质的、高消费能力的 Prime 用户。借助亚马逊的流量优势以及平台政策,卖家商品不仅可以获得更多的曝光度,以持续提高产品销量,同时有助于打造品牌的影响力和知名度。

(2)亚马逊物流 FBA 帮助卖家轻松运营

亚马逊在全球拥有成熟而强大的自建物流系统,在北美站优势更为突出。卖家可将繁杂的物流和后勤、售后等工作交给亚马逊管理,为自己节省大量的人力、物力以及财力,把全部的精力专注于拓展核心业务和运营规划。更重要的是,亚马逊物流 FBA(Fulfillment by Amazon)的高效、优质服务能够提高顾客的消费体验以及复购率,帮助卖家实现业务的可持续发展。

目前亚马逊主要开通了以下七大站点,覆盖 17 个国家:

①北美站(包括美国、加拿大、墨西哥),一直都是海外众多卖家开始跨境电商之旅的起点,同时,也是中国卖家优先选择的海外站点。

②欧洲站(英国、法国、德国、意大利、西班牙、荷兰、瑞典、波兰等)。

③日本站(日本)。

④澳洲站(澳大利亚)。

⑤印度站(印度)。

⑥中东站(阿联酋、沙特)。

⑦新加坡站(新加坡)。

二、亚马逊平台规则

作为跨境卖家,不论是个人卖家,还是企业卖家,都必须了解亚马逊的平台规则。所谓"工欲善其事必先利其器",想要做好跨境电商,就必须遵守平台的政策以及各项规则,而了解、熟悉、掌握这些政策、规则是必要前提。

1. Listing 页面规则

亚马逊是一个重产品轻店铺的平台,因此,Listing 产品页面的展示就显得十分重要。通常,线上购物客户的购买意愿是在浏览完产品详情页面之后产生的,卖家力求将产品 Listing 展示页面做得尽善尽美,给客户呈现高质量的 Listing 产品信息,从而提高客户下单购买的概率。Listing 简单来说就是一个产品的页面,Listing 页面呈现的是产品信息,主要包括产品标题、图片、卖点、价格、评论、QA、A+等,通过 Listing 页面向客户传达产品信息。因此,优化 Listing 是非常重要的,如果不持续进行 Listing 优化,那么产品的排名会相对靠后,消费者先有机会看到其他店铺的这个产品,同时意味着店铺没有曝光和流量,没有流量就没有订单。

卖家在优化 Listing 页面时,一项重要的工作就是收集关键词。卖家应遵循亚马逊 Listing 优化规则,先分析竞争对手的产品 Listing(这是最基本的操作),即卖家找出跟自己同类的产品。另外,需注意一点,一种竞争对手是长期的,另一种竞争对手是短期的。因此,在产品上架前,先找出一些跟自己差距不是很大的卖家,把目前已经开始有销量的 Listing 作为目标和分析对象。分析的主要内容如下:

(1)评价(Review)

卖家通过分析竞争对手的 Review 的数量,可以大致判断竞争对手 Listing 的上架时间,或者借助亚马逊的运营工具查询竞争对手的数据,根据竞争对手产品的留评数量和频率来改进自己的 Listing 以及布局,估算自己的 Listing 推广时间与计划。然后制订具体的运营方案,增加 Review 数量和店铺销量。

(2)Listing 内容

对于新手卖家而言,可先从销量略优于自己的卖家(比如比自己店铺多 20 个产品的 Listing,或者 Review 数量比自己多)身上寻找亮点,从事跨境电商的卖家一定要明白现在新卖家需要比老卖家花更多的时间和心思将细节做到极致,才有机会让自己的 Listing 排名靠前。所以排名靠前竞品 Listing 的文案和页面,真的有很多值得新手学习之处。

(3)Listing 排名

对于亚马逊平台而言,新的 Listing 一旦出单,排名很快就会出现。面对这样的 Listing,可以跟踪观察竞争对手排名的升降,检测其每日销量的变化,进而分析产品 Listing 排名的升降规律。这一系列分析有利于自己后期备货以及推广计划。Listing 排名依据如下。

1)销量

销量直接影响亚马逊收取销售佣金的数额,所以销量越高排名越靠前,曝光率、点击率、转化率也越高。

2)好评率

亚马逊注重产品的用户口碑与购物体验满意度,卖家要努力地拥有更高的星级评价 Ratings 和 Feedback,这也是好评率对产品转化率以及店铺绩效的重要性所在。

3)绩效

有经验丰富的卖家曾总结,销量对排名的影响占比颇高,即店铺销量提升会带动 Listing 的排名上升。一旦排名上升,销量自然会上涨。另外,Listing 排名规则——FBA Listing 排名靠前的一般都是亚马逊自营和选择亚马逊物流配送(FBA)的卖家以及美国本土卖家。

对于第三方中国卖家来说,选择 FBA 尤为重要。亚马逊一直注重旗下物流用户体验,能满足大多数用户货到付款的习惯,因此除了亚马逊自营产品,在搜索排名中会优先支持使用 FBA 的产品链接。还有与 Listing 排名相关的亚马逊的两套评价体系,很多买家对"Feedback(反馈)"和"Review(评论)"难以辨别,但是卖家必须清楚,Feedback 主要是给卖家自己看的,是买家对卖家店铺所作的综合评价(包含产品、物流、服务、售后等)。买家只有在购买店铺商品后才能对该商品的卖家进行反馈评级,反馈评级评分越高,评论数越多,好评率越高,将会使整个店铺在搜索中的排名更靠前。Review 主要是给买家看的,Review 会直接呈现在 Listing 详情页面,有关产品的排名及权重,评论越多,评论质量越高越有利于产品的搜索排名。亚马逊的排名规则还有一个跟卖,抢到跟卖的 Buy Box 黄金购物车。亚马逊中的 Buy Box 黄金购物车是每一位卖家都想抢到的,它位于单个产品页面的右上方,是买家购物时看到的最方便的购买位置。只要买家点击 Add to Cart 添加购物车,页面就会自动跳转到拥有这个 Buy Box 的卖家店铺。亚马逊在每一个产品排名中,都会选择一位卖家占据这个 Buy Box 黄金购物车的位置,而这位被选中的卖家则可以获得源源不断的订单和关注。简言之,卖家抢到 Buy Box 黄金购物车就是抢订单。而且获得 Buy Box 黄金购物车的卖家可以享受亚马逊提供的独特机遇。因此,熟悉 Buy Box 黄金购物车的运作,对卖家开发潜在的市场至关重要。据统计,有82%的亚马逊交易都是通过 Buy Box 黄金购物车完成的,即拥有 Buy Box 黄金购物车的卖家卖出产品的概率远远高于其他卖家。对于卖家来说,如何获得 Buy Box 黄金购物车从而增加店铺销量至关重要。那么,获取 Buy Box 黄金购物车有哪些要求? 第一,要想获得黄金购物车,必须是亚马逊专业卖家。很多为了节省费用而降级为个人卖家的用户,是无法获得 Buy Box 黄金购物车的。第二,产品必须是新品,同时价格要有竞争力,即价格既不太高,也不太低,适合大众消费。很多小卖家为了跟卖其他销量好的产品而将自己的产品状态修改为二手产品,是无法获得黄金购物车的。如果产品价格太高,在竞争 Buy Box 黄金购物车时也会处于劣势。第三,产品必须具有充足库存。由于 Buy Box 黄金购物车可能会给某一款产品带来巨大的销量,如果库存不足,获得购物车的直接结果就是库存瞬间清零,这会直接导致消费者的购物体验快速下降,因此亚马逊的潜在规则就是不会把黄金购物车匹配给库存不足的卖家。第四,亚马逊对黄金购物车的考核要求与卖家的账户绩效表现是否合格有关。目前黄金购物车要求卖家的亚马逊账号必须运营至少两个月,有一定的销售记录,且拥有较高的卖家等级,同时从配送方式、运输时间、订单缺陷率、买家的评价分数和数量、卖家的反馈时间等信息来综合判定卖家的账户表现。第五,必须是特色卖家。特色卖家是指账号指标及服务达到亚马逊要求的优秀卖家。第六,退货率或取消订单率一定要小于1%,销售时间要在2~6个月。第七,亚马逊卖家怎样获得 Buy Box 黄金购物车?①账号发展初期,加快做好产品销售,提升店铺转化率。小卖家首先应当成为亚马逊专业卖家,并用心打好基础,埋头做好销售。只有卖家有了销售数据,亚马逊平台才能根据店铺情况对产品进行评分,店铺才能在亚马逊平台逐渐积累有价值的信息。同时卖家还可以通过各种方式增加自家产品的曝光率,比如以较低价格跟卖热销产品、做站外社交媒体引流等。②保证产品质量,用心提升店铺考核指标。除了销量,小卖家还应充分重视账户的各项考核指标。在订单缺陷率方面,卖家在保证产品质量的同时,及早回复顾客的邮件,积极提升顾客的用户体验,尽量提高顾客的好评率和评价数量。在物流方面,小卖家应更多地使用 FBA 发货,既确保了物流效率,也有利于提高平台对卖家账户安全性和可靠性的评分,而且利用 FBA 发货的曝光率和成交率都远胜于国外本地发货或者国内发货。③发挥价格优势,巧妙地使用优化工具。通常而言,价格在黄金购物车的归属权竞争中有着非常重要的影响,尤其是低端产品,价格和黄金购物车的联系非常密切。如何发挥价格优势,可以巧妙地使用优化工具。④卖家还可以通过改善以下指标来增加获得 Buy Box 的概率。a. 使用 FBA 发货;b. 发货时间在1~3天;c. 提高 Seller Rating 指数;d. 订单缺失率<1%;e. 出货延迟率<4%;f. 出货前取消率<2.5%;g. 提高客户满意度,产品平均评价4星以上。指标的重要

程度,由高到低分为 4 个层次,即高、次之、再次之和最次之。高:运送方式 FBA;次之:送货时间、卖家绩效、最终价格;再次之:订单缺失率、回复时间、出货延迟率、客户满意指数;最次之:销售数量、库存多寡、出货前取消率。

4)库存数量

在亚马逊平台,库存是检验产品能否做长期销售战略的重要指标,通过对不同销售水平的 Listing 中库存数量的对比,可以判断出这个产品的市场寿命周期,进而决定自己的备货数量以及出售周期。一般来说,访客在亚马逊平台是看不到产品的库存数量的,卖家只能借助一些运营工具来辅助核查,如通过插件卖家精灵可以查询比较具体的数据、通过插件 Keepa 查看并分析某款产品的销量趋势等。

5)亚马逊广告

亚马逊广告主要有 3 种类型:产品推广广告、品牌推广广告、展示型推广广告,而且这 3 种广告的位置还是不同的。另外,这 3 种广告的收费规则也不一样。第一,产品推广广告是根据搜索关键词点击收费的广告,产品推广每天都会产生一次搜索词的报告,亚马逊系统会根据消费者搜索的关键词来弹出相应的广告,比较适合单一产品推广,消费者可以根据广告内容来详细了解某一产品,这种广告的收费标准是按单次点击收费价格乘以点击次数来收费。第二,品牌推广广告是消费者在亚马逊搜索后弹出的页面,卖家可以把广告安排在这个页面,这样会引起消费者的注意,使消费者根据提供的链接打开广告页面,引导消费者下单或者浏览更多的产品,这种广告是按照消费者的点击次数产生费用,比较适合大品牌,这种广告短时间内花费会很高,但是广告的关注度同样很高,让消费者一眼就可以看到。第三,展示型推广广告是卖家在设置产品展示广告后,就可以选择一组产品,消费者通过此广告来访问产品的详细信息,这种广告以每次点击收取费用的方式进行计价。投放亚马逊广告,是亚马逊平台上很多卖家都会做的选择,通过广告可以给产品的 Listing 带来更多的曝光率和点击率,对店铺出单有很大的帮助,当店铺的订单转化率提高了,亚马逊也会对所投放的广告给予更多的流量支持。所以卖家在推一款新品时,要做好预算,在自己能承担的广告投入成本的前提下,多投放广告是一个不错的选择,在前期可以为新品带来流量。通过对竞争对手 Listing 的分析,有利于优化提升自己的产品,增强竞争力,毕竟在亚马逊上的产品竞争愈发激烈,如何确保自己的产品能够在激烈竞争中脱颖而出是非常重要的。

2.账户管理规则

账户管理规则也是亚马逊平台的注册规则,亚马逊店铺的注册难度比国内外的其他平台都要高。首先注册亚马逊企业卖家店铺需要准备以下资料:公司营业执照,法人身份证明,双币信用卡(带 Visa/Master 标志),电子邮箱,电话号码,收款账号等,一套资料只能对应唯一一个亚马逊账户。其次,提交资料注册亚马逊店铺时有可能失败,如果注册失败,这一整套资料都不能再用来注册新的亚马逊店铺了,因为注册系统已经有信息记录,这也是亚马逊关联机制之一。

(1)关联

关联是指亚马逊卖家的账户信息和后台操作都有可能被亚马逊监测和记录,即亚马逊通过技术手段获取卖家计算机相关信息,通过匹配关联因素,如果亚马逊的程序算法认定某几个账户都是同一个人在操作,那么这几个账户就会被亚马逊认定为账户相互关联。一旦账户产生关联就会面临下列危机:①相同站点的亚马逊账户关联,所售卖产品存在交叉,会强制要求下架新账户的全部 Listing。②多个账户关联,如果其中一个账户出现移除销售权的情况,则其他账户也会被移除销售权。而亚马逊判定两个账户存在关联的因素包括产品或服务重复太多,产品描述和图片相似,电子邮件回复格式相似,FBA 发货信息一致,相互跟卖过多,KYC 审核,股东和地址信息一致,以及网络 IP 关联等。

(2)亚马逊账户关联

根据亚马逊的官方规定,在亚马逊平台上的卖家,同一站点只能开设一个亚马逊账户。例如一套资料在亚马逊美国站开通了店铺,那么这套资料就不能在亚马逊美国站重复开设店铺。如果同时在多个地区站注册,则是允许的。亚马逊通过技术手段和各种交易数据的检验比较,可以识别出亚马逊平台上运营账户之间的关联性。如果系统认为两个以上的账户为同一卖家所持有,则会判断这些账户之间存在关联,这就是账户关联的定义,对有关联的账户,亚马逊将根据情况进行处罚。

(3)亚马逊卖家无法开设多个账户

亚马逊为了给消费者提供更好的购物体验,防止卖家建立多家店铺破坏平台的运营秩序。例如,顾客在搜索产品时,如果出现同一卖家店铺的雷同产品,就会影响买家多样化的购物选择,从而降低买家的购物体验。因此,亚马逊禁止卖家在一个站点开设多个店铺。

(4)亚马逊账户关联的后果

亚马逊判定为关联账户的处理手段有时因人而异。如果某个站点的几个卖家账户被判断为关联账户,并且几个相关店铺之间的 Listing 差不多,亚马逊就可能强制下架关联店铺的部分 Listing。如果卖家的相关账户之间销售的产品各不一样,而且每个账户运营表现都很亮眼的话,通过申诉,这些账户有可能会继续存在。极端情况是,关联账户中有一个因违规关闭,则所有与之关联的店铺将全部被封号。

(5)亚马逊账户关联因素
亚马逊账户关联因素分为硬件因素、软件因素和其他因素。

①硬件因素主要包括计算机、网络 IP、路由器、网卡信息、硬盘信息等。因此,卖家应尽量在独立的计算机、独立的网络上运营独立的账户,以防在同一台计算机和网络上注册、运营多个账户。另外,对于大多数亚马逊卖家来说,在因办公室地址的限制而不能申请多个账户的情况下,可以采用无线网卡方式或者 VPS 云服务器方式来规避账户关联。不同的无线网卡必须对应不同的账户,计算机、网络 IP、账户三位一体,一一对应,不同账户、不同设备互不关联。

②软件因素主要包括浏览器、Cookies 记录、输入法、存储路径和浏览习惯等。软件因素是亚马逊识别和判断关联的次要因素,亚马逊平台当然不会只根据这个因素来判断关联与否,它只能作为判断关联的辅助因素。

③其他因素也会影响账户关联,例如,a. 产品信息:Listing 的信息相似度非常高,包括产品图片、标题、卖点、描述等。如果几个亚马逊账户,销售的产品一模一样,产品在类别、价

格、运营手法、详情页面内容等方面都高度相似,那么亚马逊通过大数据比对,就可能判断这些账户之间存在关联性,从而导致账户被封。b. 注册信息:公司名称、法人名称、信用卡、账单地址、电话号码、电子邮箱、收款账户等。除了同一套资料在亚马逊的不同站点注册账户外,其他情况下,账户的注册信息不应与其他任何账户存在关联。但需注意的是,在注册账户的过程中没有要求法人和信用卡所有者提交身份证的情况下,该信用卡持有者名下的其他信用卡也可以用在其他账户上进行绑定。c. 商标类别:使用已被关闭的店铺的备案商标,KYC 审查信息关联,销售被关闭的店铺产品等。如果一个账户被移除销售权,卖家将该店铺的商标应用于其他店铺,同样有可能被认为存在关联。

(6)避免亚马逊账户关联的方式

经过对亚马逊账户关联因素的分析,亚马逊卖家在避免账户关联方面应注意以下几点。

①计算机及网络的更换。如果卖家已经在旧电脑上注册了亚马逊账户,想再注册一个亚马逊账户,建议不要使用原来的电脑或网络,而应更换为新的电脑和新的网卡或宽带。

②设置不同的密码。卖家在亚马逊开设多个店铺时,最好分别设置各店铺的登录密码,尽量不要使用相同的密码。

③注册信息。注册时需要填写公司名称、法人信息、手机号码、电子邮件地址、电话等信息,必须做到一套资料对应一个亚马逊账户。

④产品信息。有多家店铺上传产品时,关于产品标题、卖点、说明书、详情描述、图片展示包括书写的语法习惯等信息必须高于80%的差异。

⑤产品的多样性。必须及时、妥善地更新和整理店铺产品,保持店铺产品的唯一性和多样性。

特别要注意的是,亚马逊还会通过以下指标来判断账户是否存在关联:Flash 对象、Cookies、浏览器指纹——不能在同一电脑同一浏览器登录两个账户;同一个收款账户不能收取多个账户的款。

(7)知识产权保护

亚马逊致力于为买家提供全球最广泛的产品选择,打造出色的消费者购物体验。亚马逊不允许发布侵犯品牌或其他权利所有者的知识产权的产品。亚马逊建立了完整的店铺侵权投诉机制,只要接到投诉,亚马逊系统就会在短时间内查明原因以及具体情况,并作出回复。亚马逊平台对品牌保护极为严格,如果品牌卖家在店铺后台提交过品牌的备案资料,一旦出现侵权,系统会很快处理,以保证品牌卖家的合法权益。此外,在版权方面,亚马逊也十分注重维护卖家权益。版权旨在保护原创作品,如视频、电影、书籍、音乐、游戏和绘画作品等。通常,版权法旨在保护为了公众利益而创作的原创作品。要获得版权保护,作品必须是作者创作且具有一定程度的创新性。作为原创作品的作者,通常拥有该作品的版权。而数字千年版权法(Digital Millennium Copyright Act,DMCA)是管辖在线版权的美国法律。DMCA仅适用于版权,不适用于商标或专利。那么如何获知是否拥有详情页面上所用一个或多个图片的版权?原创作品的作者通常拥有该作品的版权。如果卖家为自己的产品拍摄照片,通常可获得所拍照片的版权保护,并可在产品详情页面上使用该照片销售该产品。但是,如果卖家的产品图片来自其他网站,在没有取得该图片所有者许可的情况下,卖家不得将此图片上传至产品详情页面。如图 1.9 所示，Pinzon 品牌所有者拍摄了如下毛巾照片，拥有这些毛巾图片的版权。如果某位卖家打算将这些图片复制到自己店铺的产品详情页面，用于销售自己的产品，那么该卖家可能会侵犯床单图片权利所有者的版权。

图 1.9　Pinzon 品牌

另外，需特别注意的是：当卖家将版权图片添加到产品详情页面时，卖家便授予了亚马逊及其附属公司使用该材料的许可。即使卖家不再销售该产品，其他卖家也可以在自己已添加版权图片的页面上发布产品进行销售。要确保不侵犯他人的版权，请确保仅上传自己创作的图片或文本，或者已获得版权持有者上传许可的图片或文本。在亚马逊平台，有一个非常重要的保护制度——商标。商标是指公司用来识别其产品或服务并将其与其他公司的产品或服务区分开来的文字、符号或设计，或其组合（如品牌名称或徽标）。换句话说，商标代表产品或服务的来源。一般来说，商标法旨在防止买家对产品或服务的来源产生混淆。例如，"亚马逊"是许多产品或服务所使用的商标。其他亚马逊商标包含图片和文字，如图 1.10 所示为"available at amazon"商标。

图 1.10　亚马逊商标

商标所有者通常会在特定国家/地区的商标局（如美国专利和商标局）进行注册来保护商标。在某些情况下，即使某标志从未在特定国家的商标局注册，个人或公司也可能仅根据该标志在商业中的使用获得商标权。这些权利称为"普通法"商标权利，但可能受到更多限制。一般来说，商标法保护产品或服务的卖家免于买家对特定产品或服务的提供方、认可方或从属方造成混淆。如果他人使用某种特定标志或易混淆的近似标志，可能导致买家受骗或对所售产品是不是商标所有者的产品产生混淆，则商标所有者可以阻止他人使用该标志。

作为卖家,什么时候可以在创建详情页面时使用他人的商标? 通常,卖家可以在以下情况下使用他人的商标:

①如果销售正品,卖家可以使用商标名发布这些产品。例如,发布"Pinzon"正品的卖家不一定侵犯 Pinzon 商标的所有权,因为卖家仅使用该商标来识别正品。

②使用商标文字的普通字典含义时。

③真实地陈述某产品与商标产品兼容时。例如,卖家提供与 Kindle 电子阅读器兼容的专用线,并说明它"与 Kindle 兼容",只要陈述真实且不造成混淆,通常不构成商标侵权。但是,某些带有"类似"字样的陈述(如产品"与 Kindle 类似"或"优于 Kindle")则违反亚马逊产品发布政策。

亚马逊平台还有一个重要的保护制度就是专利。专利是针对发明的一种法律保护形式。已公布的专利可授予其所有者禁止他人在固定年限内制造、使用、销售或将发明进口的权利。在美国,专利有两种主要类型:实用新型专利和外观设计专利。实用新型专利是较常见的专利类型,新机器、制造物品、物质组成、工艺或对这些内容的任意改进可获得此专利,通常为产品的结构或功能提供保护,而不是产品外观。外观设计专利(但不包括产品的结构或功能)可获得工业产品设计专利。

最后,卖家要注意专利、商标和版权之间的区别。专利与商标的区别在于,它为发明(如新机器)而不是为用于识别产品来源(如产品的品牌名称)的文字或徽标提供保护。专利与版权的区别在于,它不为图书或照片等创造性作品的表现内容提供保护,而是保护某种特定的发明,如新的图书印刷法或新的相机类型。

3. 收款支付制度

亚马逊平台很注重每一位卖家的资金安全保护,现在 15 个自然工作日左右有一次回款,这样极大地保护了所有卖家的资金安全。亚马逊平台除了关心如何把产品卖出去,也关心怎么收款到自己的账户。亚马逊卖家,必须准备几种收款方式。最常见的几种收款方式如下:万里汇(WorldFirst)、派安盈(Payoneer)、连连(LianLian)、PingPong 等。

以下是从亚马逊卖家的角度,对常见的亚马逊收款方式做一对比:

(1)亚马逊收款开户方式

万里汇、派安盈、连连和 PingPong 都可以在官网申请开户,可开个人或公司账户。开户简单、免费,一周内通过,并且都支持美元、加元、欧元等常见货币。

(2)亚马逊账户收款安全性

万里汇是蚂蚁集团旗下专业服务全球电商平台卖家的支付平台,拥有 15 年跨境支付经验,可直接提现至支付宝,新卖家费率 0.3% 左右。

派安盈是亚马逊官方推荐的收款方式之一,提供全球支付解决方案。在国外非常流行,例如,Walmart Market Place 指定的收款方式就是派安盈,新卖家费率 1% 左右。

连连是中国知名的金融科技服务公司,已经服务超过 50 万家跨境电商卖家,业务辐射 100 多个国家或地区,拥有境内外 50 张支付牌照及资质,新卖家费率 0.4% 左右。

PingPong 是一家全球收款公司,致力于为中国跨境电商卖家提供低成本的海外收款服务,是全球首家专门为中国跨境电商卖家提供全球收款的企业,新卖家费率 0.4% 左右。

4. 物流服务

亚马逊在全世界有超过 120 个运营仓储中心,这些运营仓储中心的作用就是囤积货物。亚马逊卖家可以提前将自己的产品储存在亚马逊仓储中心,客户下单时亚马逊仓库工作人员会自动帮助卖家安排拣货打包,派送发货,直至买家签收,这就是亚马逊 FBA(Fulfillment by Amazon)模式,主要面向专业精品卖家。此外,亚马逊还有一种 FBM(Fulfillment by Merchant)运营模式,当中小型卖家因资金周转不畅或者没有自己的货源渠道等,可选择自发货 FBM 模式,即买家下单后,卖家再购回产品进行打包、贴快递单,通过国际物流发送到国外客户手中。亚马逊物流服务(Fulfilment by Amazon,FBA)是指由亚马逊提供的物流配送业务。使用亚马逊物流的卖家先把自己的货物送到目标国家的亚马逊运营中心(FBA 仓库),由亚马逊工作人员负责帮助卖家存储货物。买家下单后,即由亚马逊完成订单分拣、包装、终端配送等工作。即使卖家的产品遇到了退换货的情况,亚马逊仓库也会帮卖家处理妥当。甚至当买家退回一件破损但属于新品状态的产品时,亚马逊物流还可以协助评估商品并对合格产品提供重新包装服务。使用 FBA,卖家就不需要每天打包货物,只要隔段时间发一批货到亚马逊运营仓储中心就可以了,复杂的物流和后勤工作都交给亚马逊,卖家节省了大量的精力,从而可以集中精力全力拓展全球销售业务。

FBA 是亚马逊在很多国家吸引消费者的最重要因素。卖家使用 FBA 有很多优势:第一,帮助提高产品销量。加入 FBA 后,产品的曝光度和竞争力都将有所提升,有更多机会赢得黄金购物车。卖家的产品可以享受 Amazon Prime、免费配送(对于满足条件的产品)以及其他多项优惠,这有助于提高产品销量并提升卖家的竞争力。第二,更高的客单价和复购率。亚马逊的 Prime 会员更倾向于选择通过 FBA 配送的产品,这些优质消费者通常有更高的消费能力,更高频的电商购物习惯,对于卖家而言就意味着更高的客单价和复购率等。第三,更高的转化率。亚马逊的消费者有不少会优先选择使用 FBA 进行配送的产品,快速出单。这样卖家可以更快地得到黄金购物车,提高产品(Listing)排名,提高客户的信任度,进而提升转化率。第四,可以参加亚马逊旺季促销。亚马逊旺季促销销量占比很高,使用 FBA 可以参加丰富的促销活动,取得很好的销售成绩。第五,配送时效快,消费者体验佳。在很多国家,送货速度是影响消费者下单决策的重要因素。中国卖家使用 FBA 可以让产品更具优势,如果中国的产品在销售出去后再从国内进行配送,则买家会面临漫长的配送等待期,如果选择了亚马逊 FBA,就有效地解决了这个问题,可以让中国卖家的产品和当地卖家的产品拥有同样快速的配送时间。第六,7×24 天全天候专业客户服务。使用 FBA 后,亚马逊将以卖家销售产品所在亚马逊商场本地的语言为消费者提供 7×24 小时专业客户服务,包括各种售前咨询和售后问题,节省卖家精力,提高服务质量。在很多国家,能提供本地语言客服的店铺,都更受消费者欢迎。第七,降低由物流导致的中差评。FBA 为卖家降低了许多风险,不会因物流派送问题产生中差评(导致中差评的因素包括派送时效、包裹挤压破损等)。第八,FBA 不断推出新的付费增值服务,供卖家选择,从而帮助卖家降低运营压力。

(1)亚马逊物流的功能、服务和费用

如果卖家加入了亚马逊物流,则可以借助亚马逊的功能和服务来帮助管理和发展业务。亚马逊物流费用包括以下各项服务费:将产品存放在亚马逊运营中心的仓储费;分拣、包装和配送订单费用;以及为所售商品提供客户服务费用。

（2）亚马逊物流功能

针对亚马逊物流订单的客户服务:卖家通过亚马逊平台销售商品,亚马逊将代表卖家提供产品售后一条龙服务。

（3）全球开店:通过亚马逊物流出口和亚马逊全球开店在全球范围内拓展业务,简单来说,就是一套资料可以开通亚马逊全球站点。

（4）亚马逊物流服务

①亚马逊合作承运人计划:亚马逊为合作承运人在将卖家的库存运输到运营中心时提供一定的折扣。

②多渠道订单配送:亚马逊配送卖家通过自己的网站和其他渠道销售的库存订单由亚马逊进行配送。

③亚马逊物流贴标服务:即亚马逊为卖家的库存贴上条形码标签。此项服务按件收取费用。

④亚马逊物流预处理服务:即亚马逊对卖家的库存进行预处理,使其符合亚马逊物流预处理要求。此项服务按件收取费用。

⑤亚马逊物流重新包装服务:即亚马逊对买家退回的符合要求的亚马逊物流产品进行重新包装,以便再次销售。

⑥库存配置服务:在卖家创建入库计划时,卖家的货件可能会被拆分为多个货件并发往不同的运营中心。卖家可以利用库存配置服务将所有库存发往一个运营中心,再由亚马逊分发库存。此项服务按件收取费用。

⑦人工处理服务:如果卖家将库存发往亚马逊物流时未提供箱内物品信息,亚马逊将在运营中心手动处理卖家的箱子。此项服务按件收取费用。

⑧扫码贴标:卖家可以通过"扫码贴标"使用条形码扫描枪扫描商品,然后逐个打印并粘贴标签,可以更加轻松地确保正确的标签粘贴到相应的商品上。

（5）亚马逊物流费用

亚马逊物流费用包括亚马逊物流的订单配送费用和相关服务费用。

①月度库存仓储费:对卖家存放在亚马逊运营中心的所有产品,亚马逊将按日历月和卖家的平均每日占用体积收取仓储费。

②长期仓储费:除月度仓储费外,亚马逊还会对运营中心的库存评估收取长期仓储费。

③移除订单费用和弃置订单费用:卖家可以让亚马逊退还或弃置存放在运营中心的库存。此项服务按件收取费用。

④退货处理费:亚马逊会对提供免费退货配送的订单收取退货处理费。

⑤计划外服务费用:如果库存抵达运营中心时未经适当的预处理或贴标,亚马逊将为卖家提供上述服务。此项服务按件收取费用。

⑥亚马逊物流费用工具有费用估算工具和查看已支付费用工具两种。

a. 费用估算工具,见表1.1。

表1.1　费用估算工具

收入计算器	根据配送渠道估算费用和利润(访问工具)
费用预览报告	下载一份报告,其中可显示卖家当前产品预计的"我要开店"费用和配送费用(可通过配送报告找到)
"每件售出产品的预计费用"小部件	可预览售出某一SKU的一件产品时"我要开店"和"亚马逊物流"的主要费用(可通过管理库存找到)
销售佣金预览报告	下载一份报告,其中可提供基于卖家当前发布的产品价格的预计销售佣金(可通过库存报告找到)
GetMyFeesEstimate API	通过GetMyFeesEstimate API获取产品列表,并得到这些产品的"我要开店"费用和配送费用

b. 查看已支付费用工具,见表1.2。

表1.2　查看已支付费用工具

亚马逊所收费用价目表	查看某个SKU在某段时间收取的费用(可在SKU中心内通过点击管理库存中的SKU找到)
付款	本页面可提供付款一览信息,包括支付的费用。链接的报告可提供针对具体交易和事件支付的详细费用明细(访问页面)
费用说明	请参阅"费用说明",了解有关如何计算具体交易销售费用的更多详情(可通过"付款—交易"浏览,在查看某一交易详情时找到)
月度仓储费报告	下载一份报告,其中可显示卖家储存在亚马逊运营中心的库存中每个ASIN的预计月度仓储费(可通过配送报告找到)
长期仓储费报告	下载一份报告,其中可针对储存在亚马逊运营中心的库存查询长期仓储费明细(可通过配送报告找到)
库存仓储超量费报告	下载一份报告,其中可显示亚马逊运营中心内超出仓储限制的库存(基于仓储类型)的预计库存仓储超量费(可通过配送报告找到)

⑦亚马逊物流月度仓储费和超龄库存附加费。

跨境物流可以理解为国际物流,是指把商品从一个国家或地区通过海运、陆运、空运或铁运等方式跨境运送至另一个国家或地区,并通过当地配送来完成国际产品交易的过程。商品从卖家手中发出,经历多个环节,最终配送至买家手中。当卖家在亚马逊平台开设店铺,开启跨境电商业务时,需将产品配送给海外消费者,卖家可以选择两种方式进行配送,即"卖家销售,亚马逊配送"或"卖家销售,卖家自配送"。卖家将产品运送至海外亚马逊运营中心/亚马逊仓库,然后由亚马逊协助卖家完成配送及售后服务,具体包括:

a. 头程物流:卖家可以选择亚马逊跨境物流服务(Amazon Global Logistics, AGL)或第三方物流承运商负责头程运输,将商品运送至海外的亚马逊仓库。

在头程物流阶段,卖家可以根据自身需求,选择亚马逊跨境物流服务或第三方物流承运商,将产品运送至海外的亚马逊仓库。亚马逊跨境物流服务为卖家提供稳定、高效、便捷的海、空运跨境物流,开通服务后即可通过卖家平台体验一站式跨境物流管理,从补/发货、下单订舱、付款到查询与追踪货件状态皆通过卖家平台处理,流程透明。

b. 仓储管理:配合亚马逊的高标准物流仓储管理(FBA Inventory)存储商品。

亚马逊物流库存管理是亚马逊跨境物流中的关键一环,它影响卖家整个运营环节的收益。在卖家将产品配送至亚马逊运营中心后,可通过亚马逊库存绩效指标(Inventory Performance Index,IPI)了解库存健康状况,以便实时优化管理库存。

c. 尾端派送:当产品售出后,由亚马逊物流将产品配送给买家,并提供售后服务。

FBA 是卖家在亚马逊开启跨境业务的优选物流解决方案。卖家将产品运送至亚马逊运营中心,由亚马逊负责存储产品。当产品售出后,由亚马逊完成分拣、包装、配送和售后等。当然,卖家也可以选择卖家自配送(Merchant Fulfillment Network,MFN)方式,通过官方的"购买配送"服务(Buy Shipping)或自行联系第三方承运商,完成产品送达海外消费者的任务。卖家还可以使用亚马逊跨境物流服务 Z-Parcel 官方小包,完成中国至美国的门到门小包裹配送。卖家自配送(Merchant Fulfillment Network,MFN)是指由卖家自行完成产品配送的跨境物流方式。卖家可以选择直接从中国发货,将产品送达买家;卖家也可以将产品运输至海外仓,再从海外仓发货送达买家。产品的整个配送过程都由卖家自己掌握。亚马逊物流欧洲整合服务(Pan-EU)帮助成千上万家企业便捷拓展欧洲市场,在享受更低的物流配送费用的同时,将产品快速送达买家。卖家可以灵活选择库存仓储的国家/地区,并且不需要支付额外费用。之后,亚马逊会根据对产品销量的预估,在卖家开启库存仓储的国家/地区,智能分配并储存卖家产品。从库存分配、拣货、包装及配送,全部由亚马逊完成,帮助减轻卖家的运营压力,节省时间,让卖家不再为欧洲多国间的库存分配、调拨、管理而烦恼。卖家的产品将会储存在距离买家更近的仓库,从而更快地送达买家,并且卖家只需支付较低的当地配送费。如果卖家在欧洲注册了亚马逊物流,则欧洲配送网络(European Fulfillment Networks,EFN)支持卖家将其库存储存在当地运营中心,并使用同一个当地库存配送来自其他欧洲站点的订单,从而最大限度地提高卖家对库存的控制力度和库存的灵活性。卖家需要注意的是,受英国脱欧的影响,EFN 于 2020 年 12 月 28 日暂停跨英国与欧盟边境的配送。

5. 营销策略

在国内电商网站中,亚马逊中国是最大的电子商务公司。亚马逊中国,原名卓越亚马逊,是一家 B2C 电子商务网站,前身是卓越网,2004 年 8 月 19 日亚马逊公司宣布以 7 500 万美元收购雷军和陈年创办的卓越网,将卓越网收归麾下,使亚马逊全球领先的网上零售专长与卓越网深耕中国的市场经验相结合,进一步提升了客户体验,并促进了中国电子商务的成长。2007 年亚马逊中国子公司改名为卓越亚马逊,2011 年 10 月 27 日亚马逊正式宣布其中国子公司卓越亚马逊更名为亚马逊中国,并启动短域名"z. cn"。亚马逊中国总裁王汉华强调:这次更名表明亚马逊对中国的长期看好,同时更加本土化。2019 年 4 月 19 日,亚马逊宣布退出中国市场。自 2019 年 7 月 18 日起,亚马逊中国将对第三方卖家业务进行调整,停止亚马逊中国网站上的第三方卖家服务。

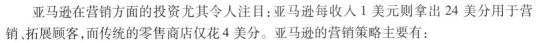

亚马逊在营销方面的投资尤其令人注目:亚马逊每收入 1 美元则拿出 24 美分用于营销、拓展顾客,而传统的零售商店仅花 4 美分。亚马逊的营销策略主要有:

(1)产品策略

亚马逊致力于成为全球最"以客户体验为中心"的公司,目前已成为全球电商种类最多的网上零售平台。亚马逊和其他卖家为消费者提供数百万种独特的全新、翻新及二手商品等。同时,在各个页面板块中也很容易看到其他页面的重要内容,它将不同的产品进行分类,并对不同的产品实行不同的营销策略和促销手段。通过产品线的扩张和区域扩展,亚马逊由最初的图书音像领域扩展到图书、音像、软件、影视、手机数码、家电、玩具、健康、美容化妆、钟表首饰、服饰箱包、鞋靴、运动、食品、母婴、户外和休闲等领域,为消费者提供了海量产品。针对产品种类繁多、顾客选择难的问题,亚马逊对产品进行了分类,并在首页及其某一特定产品页面对产品进行了推荐以及热门产品介绍,方便消费者对产品的选购。在服务体系方面,亚马逊有自己的配送工作人员和售后客服中心,为消费者提供便捷的配送和售后服务。在产品、服务、互动和承诺 4 个方面的策略要素是亚马逊体验营销的成功之处。亚马逊产品策略还包括:在线试读、网页服务心愿单、礼品卡服务、移动 POS 机刷卡付款服务、一键下单等。亚马逊还与多个行业的知名品牌合作,将品牌产品配送到全球顾客手中,方便了品牌爱好者的购买,也增加了亚马逊的知名度,树立了良好的企业形象。亚马逊通过对产品差异化分析、品牌策略分析得知:应注重产品的高质低价,增加产品的品种,创立自己的品牌,不断改进和完善产品,打造企业的品牌形象,提高企业竞争力,扩大市场占有率,大大增强企业的竞争地位。在书业营销领域,亚马逊对传统的图书营销服务已经构成了实实在在的挑战。总体来说,就是新颖、快速、实惠、全面。具体地说,一是全面收藏各种出版物,建立高质量、数量庞大的书目数据库。二是把营业收入投入"品牌"的宣传上,极力使自己的服务设计独具特色,富有魅力,用户友好,并斥巨资做广告。三是亚马逊实行全面周到的服务,从丰富的检索途径、灵活多样的营销手段,到安全可靠的付款方式和物流配送手段,无不周到快捷。

(2)定价策略

亚马逊采用价格折扣策略。所谓价格折扣策略是指卖家为了刺激消费者增加购买,在产品价格上给予一定的折扣,即通过扩大销量来弥补折扣费用和增加利润。亚马逊对大多数产品都给予了相当数量的折扣。例如,在音乐类产品中,承诺:"You'll enjoy everyday savings of up to 40% on CDs, including up to 30% off Amazon's 100 best-selling CDs(对 CD 类给予 40% 的折扣,其中包括对畅销 CD 的 30% 的折扣)。"产品定价是亚马逊非常重要的一环,价格设置太高,没人买;太低,又会受到质疑,流量和转化率难以提升,即使利用高额的广告费用来增加曝光和转化,也可能出现亏本销售。产品怎样定价才合理,才能既让卖家赚到应得利润的同时又保证市场竞争力不受影响?很多卖家首先想到的是图片、Listing 是不是做得不够好,平时的优化工作做得不够精细,很少有卖家会想到自己的定价是否有问题。定价是一门高深的学问,它对销量的影响非常重要,产品的定价过高,则无法吸引买家,阻碍销量的增长;定价过低,又无法获得想要的利润。影响亚马逊产品定价的因素如下:

①市场供需关系。

根据不同的市场需求,随着市场变化进行价格的制订。市场供需对产品价格有着明显的影响,一个新品,本着"物以稀为贵"的原则,前期有很大的溢价权,后期随着其他卖家的介入,竞品越来越多,买家的选择多样化,卖家之间为了抢夺市场,销售价格就会逐渐下调,利润也会越来越薄。因此,竞争对手的价格,也会成为同行卖家产品定价的参考。甚至卖家之间竞争非常激烈的情况下,产品价格比成本价格还低,卖家之间的博弈演变成亏多亏少的较量。

②产品的各项成本。

亚马逊平台除了要扣月租,还要根据卖家销售不同类目的产品提取相应比例的佣金。生产成本,包含原材料、研发、生产、人工、物流等方面的成本,没有选择工厂的卖家可以在市场上进行产品采购,一旦生产成本上涨,采购成本也会跟着上涨。运输费用,产品从出厂到线上销售,运输是不可缺少的环节,运输费用也会影响产品的售价。这些费用都会影响产品的最终定价。

③对产品利润的预期。

销售某款产品,最终目的是期望这款产品带给卖家中意的利润。因此,除去所有成本,加上预期收益,就会形成产品的最终价格,比如某款产品,所有成本之和是 10 美元,预期利润是 5 美元,则定价就是(10+5)/85%(扣除 15% 的平台佣金)≈17.65 美元。

亚马逊产品定价分为 4 个周期:产品上架期、产品成长期、产品成熟期、产品衰退期。

a. 产品上架期。卖家上架新产品,可以采取以下两种定价方案:一种是新品自身带有很强的优势,如果刚好是市场上的热销品,卖家可以将价格设置高一些,先获得溢价利润,待产品的热度减退,再逐步降价。另一种是自身优势不明显,产品竞争力较弱,短期内很难迅速抢占市场的产品,卖家可将价格设低一些,以便产品快速获得更好的排名,以减少利润的方式去获得市场占有率,待排名稳定后再逐步提价,增加利润。

b. 产品成长期。当卖家的产品在排名、Rating、Feedback、ODR 等指标上有了一定的基础,销量处于稳步上升阶段时,可以略微提升价格,或者将价格控制在比竞争对手偏低一点的范围,具体策略根据市场变化而定。因此时产品的忠实消费者还不是很多、各项指标也不稳定,不宜采取多频次、大幅度的调价。

c. 产品成熟期。当产品排名和销量已达到非常稳定的状态,流量、转化率、Acos、Rating、Feedback、ODR 等指标都很不错,在市场上积累了不少的忠实消费者,这时卖家要将更多的注意力转移到树立品牌形象和长期服务质量的提升上,将获得的利润更多地投入买家体验度提升和产品的更新迭代上。这时卖家可将价格设定得比市场价略高一些。

d. 产品衰退期。产品生命周期到达上升的峰值后,就会慢慢地进入衰退期,消费者的忠诚度也会逐渐下降,他们开始寻觅其他的替代性产品,市场需求也会逐渐减弱,销量与利润会大不如前。卖家也没必要继续强推这款产品。有库存的,可以进行清仓处理,或者低价抛售,将更多的精力放在迭代新品上。定价策略以保本保流量为目的。

(3)促销策略

亚马逊平台通过广告来宣传自己的产品,站内广告和促销是亚马逊日常运营中最常用的引流促销工具,站内广告的主要作用是精准引流,而促销的作用则是利用满减、折扣等方式鼓励消费者购买更多的产品来增加总成交额。

①广告。

a.社交网络媒体：主要在网购平台投放动态广告，同时还在网络社区（如微博）建立交流平台。

b.印刷媒体：主要在营销或一些商业杂志上做广告。

c.包装媒体：设计自己独特的配送包装和附带包装袋。

d.邮寄媒体：在寄送产品的同时附带产品目录或手册。

②平台业务推广：主要有会员积分、赠品促销、折扣促销、现金券（折价券）等方式。

③社会公共关系：包括与新闻媒体建立联系、网站动态宣传报道、危机（突发）事件的处理、企业与消费者之间的互动等方式。

第二节　跨境电商亚马逊平台现状分析

1.跨境电商洗牌、内卷贯穿整个行业

跨境电商行业风云变幻，在全球疫情、平台政策变更的大背景下，洗牌、内卷贯穿整个行业，此外，亚马逊封号潮不断爆发，流量红利逐渐衰退，卖家因去库存低价甩卖，加剧行业内卷。各企业卖家之间的竞争也越来越激烈，有的卖家给竞争对手、同行卖家恶意上差评，恶意跟卖屡见不鲜。跨境电商行业向来都是：铁打的平台，流水的账户。平台越稳定，制度越完善，运营难度就会逐渐升级。有的企业卖家岌岌可危，利润一直在减少，并且抱怨亚马逊越来越难做。随着亚马逊自身的不断完善与调整，对账户的审核也越来越严格，让中国卖家一时间都手足无措。平台还采取"钓鱼执法"、要求多次提交二审资料、封卖家账户，并不定时下架 Listing、暂停销售等方式，导致卖家运营越来越困难。

2.贸易战导致国际贸易形式多变

总的来说，亚马逊并非以前那样把产品上架就能挣得盆满钵满的年代了。中美贸易战导致国际贸易形势多变。对于跨境出口企业而言，在中美贸易战的背景下，征税范围的扩大和消费税的起征会增加很多不确定性，在第三方海外仓库备货的卖家需格外谨慎，一不小心就可能货物滞销积压，导致资金周转不灵、资金利用率低。此外，汇率、物流、清关仓储等一系列问题也可能随时发生。正所谓牵一发而动全身。即便如此，亚马逊还是给很多新入场的卖家带来了机会。目前，亚马逊跨境电商平台约有 300 万家注册卖家，是全球规模最大的电商平台，来自中国国内的卖家有几十万家，亚马逊平台的客户数量也远超国内，活跃用户数量已达 4 亿多。亚马逊平台的全球属性，意味着国内卖家能够将国内生产的产品卖到其他国家，有些产品在国内或许十分常见、普遍，但在外国人眼里或许便是"稀世珍宝"，所以这对国内卖家来说是一大优势。以一次性口罩为例，国内每个人几乎都使用过，是再普通不过的生活用品，但在美国，一次性口罩却能卖到数十美元的价格，利润巨大。因此，要充分利用中国制造大国的优势，不断地在亚马逊平台推出爆款产品并非难事。

很多亚马逊培训公司，他们热衷于教会新手卖家如何跟卖或者无休止地铺货。跟卖是什么，做过亚马逊的人都知道。跟卖确实能够让新手卖家快速赚到钱，盈利多，订单也多。但是蕴藏的风险也十分高，一旦店铺被封禁，不只店铺没有了，资金也会被冻结，卖得越多，

亏得越多。

当卖家认真了解了平台规则,准备进入跨境电商行业时,不得盲目跟风,要有自己的判断与思考,要认真考虑适合自己的方案,为自己设定一个恰当的战略定位。在跨境电商行业有这样一句话"店铺里边的钱不是钱,能到手的才是真实的钱。"期望还没有入行的朋友深入地思考这句话,不断地学习、钻研、交流,争取选出一款爆款产品才是真正的王道。

第三节　跨境电商亚马逊企业盈利模式

1994 年亚马逊在美国华盛顿州贝尔维尤成立,起初是一家小型在线图书经销商,1997年 5 月 15 日,亚马逊正式在纳斯达克上市,IPO 每股 $18,现在已发展成世界上最大的线上产品零售商。从本质上讲,亚马逊是一个交易市场,拥有超过 170 万家中小型企业在亚马逊平台上销售商品。消费者可以通过亚马逊平台找到想要的产品,而消费者喜欢在亚马逊平台购物的主要原因是大多数产品都有比较大的折扣以及能够享受平台订阅服务,这对消费者来说,是很有吸引力的。简言之,亚马逊通过零售、订阅和网络服务等方式盈利。

亚马逊主要通过以下渠道盈利:亚马逊商店、亚马逊 Prime、Alexa 系统、Kindle 内体销售、图书出版、音乐和视频制作等。另外,亚马逊还拥有 40 多家子公司,包括 Audible、Diapers.com、IMDb 和 Zappos。亚马逊的竞争对手包括 Walmart、eBay 和 Apple。数据显示,迄今为止,亚马逊在线零售仍然是最大的线上产品零售商。

(1)亚马逊商品

2021 年上半年营收数据。如图 1.11 所示,亚马逊半年报中,2021 上半年 Amazon 年销量约 68.3 亿美元,同比增长 10.76%。其中,Amazon 自营销量 16.9 亿美元,Amazon 第三方卖家销量 51.4 亿美元。同时,2021 上半年 Amazon 各月销量也呈上涨趋势,在 Prime Day 之日达到顶峰。

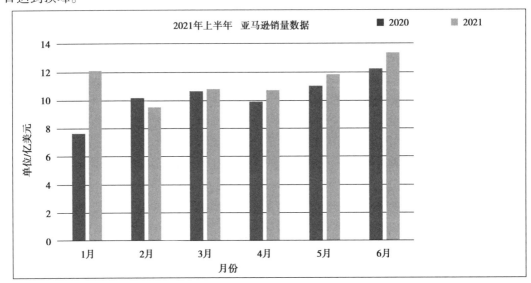

图 1.11　亚马逊销量数据

2021年上半年,亚马逊各站点销量。如图 1.12 所示,2021 上半年 Amazon 各站点销量排名十分激烈,显而易见,美国站一直占据亚马逊总销量的首位,甚至比其他所有站点的销量之和还要多得多。销量排前四位的站点分别为:美国站 51.69 亿美元,德国站 5.75 亿美元,英国站 4.69 亿美元,日本站 4.08 亿美元。靠后排名分别是加拿大、法国、意大利、西班牙、澳大利亚站点。

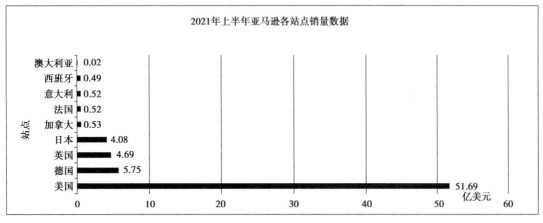

图 1.12　亚马逊各站点销量数据

亚马逊商店占亚马逊收入的很大一部分,不同的站点,零售的费用有所不同。例如,店铺的月租费,不同的站点,店铺月租是不一样的;注册北美站的北美联合账户,卖家只需支付美国站的月租金 $39.99,就不再需要支付加拿大站和墨西哥站的月租金。销售佣金是亚马逊最核心的盈利板块之一,卖家每卖出一件产品,亚马逊都要抽取一定的佣金。不同品类的产品,销售佣金百分比和按件最低佣金都有不同的规定:①单价×销售佣金;②按件最低销售佣金,销售佣金一般为 15%。例如,一件母婴产品的单价为 $5,则销售佣金百分比为 15%,其按件最低销售佣金为 $1。根据以上公式,单价×销售百分比 = 5×15% = $0.75< $1,因此,这件母婴产品的销售佣金为 $1。此外,还有广告费等。广告是亚马逊又一大盈利板块,亚马逊的广告组合非常多,有类目广告、手动广告(广泛匹配、词组匹配、精准匹配)、自动广告、品牌广告、视频广告等。广告组合类型越多,卖家就得多投入,卖家在打广告时,如果预算很低,无论把竞价抬得多高,广告都无法展示,这是亚马逊的一个机制。所以,提高竞价的前提必须先提高预算,这样才能获得更多的广告展示机会。大家可能已经发现,广告出价越来越高的话,亚马逊就会通过出价对排名作限定,卖家想通过展示广告去做推广就得提高竞价,因此,当有一个卖家提高竞价时,所有的卖家就会跟着提价,这时亚马逊平台的整体广告费就会上涨。此外,亚马逊销售额包括美国销售额和国际销售额。

①亚马逊北美站专业卖家和个人卖家的主要区别,见表 1.3。

表 1.3　亚马逊北美站专业卖家和个人卖家的主要区别

两者主要区别	专业卖家(Professional)	个人卖家(Individual)
佣金	一般为 8%～15%	一般为 8%～15%
店租费用	39.99USD/Month	0.99USD/Sold

续表

两者主要区别	专业卖家（Professional）	个人卖家（Individual）
Listing 数量	无限制	100 Units/3 Months
Gift Service/Promotion 促销	YES	NO
Report 报销/相关表格上传	YES	NO
付费广告（CPC）	YES	NO
FBA 亚马逊物流	YES	YES

②亚马逊欧洲站专业卖家和个人卖家的主要区别，见表1.4。

表1.4　亚马逊欧洲站专业卖家和个人卖家的主要区别

两者主要区别	专业卖家（Professional）	个人卖家（Individual）
佣金	一般为 8% ~ 15%	一般为 8% ~ 15%
店租费用	25£/Month	0.75£/Sold
Listing 数量	无限制	100 Units/3 Months
Gift Service/Promotion 促销	YES	NO
Report 报销/相关表格上传	YES	NO
付费广告（CPC）	YES	NO
FBA 亚马逊物流	YES	YES

③亚马逊日本站专业卖家和个人卖家的主要区别，见表1.5。

表1.5　亚马逊日本站专业卖家和个人卖家的主要区别

两者主要区别	专业卖家（Professional）	个人卖家（Individual）
佣金	一般为 8% ~ 15%	一般为 8% ~ 15%
店租费用	4 900 日元/Month	100 日元/Sold
Listing 数量	无限制	100 Units/3 Months
Gift Service/Promotion 促销	YES	NO
Report 报销/相关表格上传	YES	NO
付费广告（CPC）	YES	NO
FBA 亚马逊物流	YES	YES

亚马逊平台不同类目的销售佣金比例，见表1.6。

表 1.6　亚马逊平台不同类目的销售佣金比例

分类	销售佣金百分比	适用的最低销售佣金/美元
亚马逊设备配件	45%	1
母婴（婴儿服饰除外）	15%	1
图书	15%	—
摄像摄影	8%	1
手机设备	8%	1
电视/音响	8%	1
DVD	15%	—
电视/音响配件	总售价中 $100 以内的部分扣 15%	1
	总售价中高于 $100 的任何部分扣 8%	
家具和装饰	15%	1
家居与园艺（包括宠物用品）	15%	1
厨具	15%	1
大型家电	总售价中 $300 以内的部分扣 15%	1
	总售价中高于 $300 的任何部分扣 8%	
音乐	15%	—
乐器	15%	1
办公用品	15%	1
户外	15%	1
个人电脑	6%	1
软件和电脑/视频游戏	15%	—
运动（体育收藏品除外）	15%	1
工具和家居装修	15%，但基础设备电动工具为 12%	1
玩具	15%	1
解锁手机	8%	1
影视	15%	—
视频游戏机	8%	1
3D 打印商品	12%	1
汽车和机动车	12%，不含 10% 的轮胎和车轮产品	1
美妆	15%	1
服装和配饰	15%	1
收藏类图书	15%	—

续表

分类	销售佣金百分比	适用的最低销售佣金/美元
硬币收藏品	参阅卖家平台	
娱乐收藏品	参阅卖家平台	
艺术品	参阅卖家平台	
礼品卡	20%	—
食品	15%	—
个护健康(含个人护理器具)	15%	1
工业和科学 (含食品服务和清洁与卫生)	12%	1
珠宝首饰	20%	2
箱包和旅行用品	15%	1
鞋靴、手提包和太阳镜	15%	1
体育收藏品	参阅卖家平台	
钟表	15%	2
所有其他分类	15%	—

(2)亚马逊 Prime

亚马逊 Prime 是亚马逊公司提供的付费订阅服务,费用是按年或者按月收费,每月 \$12.99 或每年 \$119。使用 Prime 服务,会员可以节省送货成本,访问 Prime 音乐、Prime 阅读、Prime 视频都有资格享受特别折扣。而且亚马逊 Prime 服务由不同的国家或地区提供。例如,加拿大每月花费 7.99 加元,占亚马逊订阅收入接近 35 亿美元。

(3)Alexa 系统

Alexa 是亚马逊语音助理的正式名称,可以控制几个智能设备,将其自身化作智能家居系统。使用支持亚马逊 Alexa 系统的设备无须支付月费。

(4)KDP 出版

Amazon 是写作者使用 KDP 自行出版和按需要印刷的最大平台之一。亚马逊从每一本书的印刷或者销售中盈利 30% 甚至更多,写作者获得的版费在 35% ~ 70% ,而且亚马逊平台提供书籍的平装、精装和数字文件。

(5)Kindle

亚马逊凭借 Kindle 产品成为数字图书平台的领先者,尽管大多数人认为亚马逊以成本价或者亏本价出售 Kindle,但是亚马逊通过广告和媒体销售来盈利却是不争的事实。媒体销售是亚马逊平台上销售的每本书的成本,阅读者以每月 \$9.99 的价格购买 Kindle 无限订阅服务,实际付费因不同的国家或者地区而异。

（6）亚马逊视频

亚马逊视频是每月 $9 的一种订阅服务,这种订阅服务允许用户观看电影和电视节目。

（7）亚马逊音乐

亚马逊音乐每月收费 $7.99 或者每年 $79,除了订阅费用,亚马逊还发行独立音乐来盈利。

因此,亚马逊虽然以零售商闻名,但它的版图已成功地扩展到出版和生产领域,从订阅服务中获利,并保留用于创建内容的利润。

第四节 跨境电商亚马逊平台与其他电商平台的区别

随着科学技术与互联网的发展,众多跨境电商平台犹如雨后春笋般涌现,诸如 Amazon,eBay,AliExpress,wish,Walmart,Poshmark,Zulily,OfferUp,Etsy,Newegg 等。Amazon 与其他平台有何不同呢?

1. Poshmark

Poshmark 创立于 2011 年,是全球最大的社交时尚服装电商平台之一。Poshmark 建立的时尚电商社群目前共有 300 万名造型师卖家,产品总量达到 2 500 万件,品牌超过 5 000 个,其中包括来自 Gucci、Tiffany 和 Louis Vuitton 等奢侈品牌的高档产品。入驻平台的 Seller Stylists(造型师卖家)在 Poshmark 上发布将要出售的产品照片和细节,供其他 Poshmark 用户浏览、购买。Poshmark 将从每笔成功的交易中,收取 20% 的佣金。用户平均每天花费 25 分钟浏览平台上的产品,平台上的造型师卖家每天分享 700 多万件产品。据该公司称,美国每 50 名女性中就有 1 人是 Poshmark 上的造型师卖家,有五分之一的新会员为男性。这些数据表明“社群”是未来零售市场的驱动力。

2. Zulily

Zulily 是一个美国母婴用品团购网站,创办时间是 2009 年 12 月,总部位于西雅图,Zulily 的估值目前已经超过西雅图地区的很多上市科技公司,如 RealNetworks、InfoSpace 和 Blue Nile。Zulily 顾客可以在线团购服装、玩具和家居用品等产品。该平台每天更新闪购产品,涵盖的品类包括服装、家装、玩具、礼品等。Zulily 实行免费会员制,会员可以享受高达一折的销售价。Zulily 需先注册后登录才能看到产品的价格以及参加购买。

3. OfferUp

OfferUp 是一个快速崛起的二手交易平台,用户通过 OfferUp App 完成闲置物品的交易,该应用程序以操作简单、安全性高著称。用户可以同时兼具买家和卖家的身份,只要上传待售产品的照片就可以发布销售信息,应用程序会按买家出价从高到低排序,如果有人对待卖产品感兴趣,可以使用程序内置的通信功能进行匿名沟通。OfferUp 活跃用户数:4 200 万;卖家费用:平均每笔交易的 7.9%;月费:无;月浏览量:1 940 万。

4. Wish

Wish 成立于 2011 年,是一个主营低价产品的 B2C 全球电商平台。作为一个新兴电商平台,Wish 发展历程比较短,还不够稳定,每年约有 1 亿人次的访问量,自 2013 年开始转型做电商。与亚马逊等老牌电商平台不同,Wish 是一款根据用户喜好,通过精确的算法推荐技术,将产品信息推送给感兴趣用户的移动优先购物 App 上。Wish 更像一个杂货铺,售卖各式价格低廉的产品,商家也多是中小品牌卖家,价格和性价比占据优势。因而中国实惠精致的产品在该平台上很受欢迎。2016 年,在 Wish 近 30 亿美元的销售额中,就有 90% 的商品来自中国。Wish 上的许多英美卖家也在亚马逊、eBay 等平台上销售商品,Wish 试图邀请美国品牌入驻平台,同时也是拓展产品的渠道。从中国发货的商品需要长达 4 周时间才能交付。

5. Walmart

Walmart,即沃尔玛公司(WalMart Inc.),是美国的一家世界性连锁企业,以营业额计算是全球最大的公司,其控股人为沃尔顿家族,总部位于美国阿肯色州的本顿维尔。沃尔玛主要涉足零售业,是世界上雇员最多的企业。沃尔玛的运营模式是线下零售时代的经典商业范例,但进入互联网电子商务时代,沃尔玛也得老老实实地做回卖家。当然,凭借多年的线下零售经验及品牌口碑,沃尔玛已经成长为美国名列前茅的电商平台。目前沃尔玛只招商相关品类的卖家,如消费类、服装类、汽配类、家居类、电子产品类等。沃尔玛也有自营的物流配送服务 WFS,类似于亚马逊 FBA 物流。

6. eBay

eBay 创立于 1995 年,是一个面向全球消费者的线上购物以及拍卖网站,拥有美国、加拿大、奥地利、比利时、法国、中国、德国、爱尔兰、意大利、荷兰等 24 个国家的独立站点。eBay 虽然早已不是美国电商市场的领头羊,但它依然是最受美国人欢迎的电商平台之一,拥有超过 1.7 亿的注册用户。eBay 其实是真正的跨境电商鼻祖,只是近年来被亚马逊赶超遮住了光芒。开始成立时,eBay 是为了方便全球各地的人们在线拍卖物品,后来发展成为美国最大的 C2C 电商平台,和国内的淘宝是一个模式。2018 年 7 月 25 日,eBay 终止与长期合作伙伴 PayPal 的合作,宣布与后者的竞争对手苹果和 Square 达成新的伙伴关系。eBay 对产品质量要求高,比较适合工厂型卖家尝试,同时价格也颇具竞争力。

7. Etsy

Etsy 是一个网络商店平台,以手工艺成品买卖为主要特色,曾被纽约时报拿来与 eBay、Amazon 和"祖母的地下室收藏"作比较。在 Etsy,人们可以开店销售自己的手工艺品,模式类似 eBay 和中国的淘宝。在 Etsy 网站交易的产品五花八门,服饰、珠宝、玩具、摄影作品、家居用品……但是,这些产品有一个共同的前提:原创、手工。所以,Etsy 聚集的不是普通人,而是一大批极富创意的手工达人和才华横溢的设计师。Etsy 平台已有超过 100 000 卖家开店。Etsy 的使命是连接买家和卖家,促成他们在线完成交易。通过 Etsy 平台建立一个新经济并为用户提供可能更好的选择。

8. Newegg

Newegg 是一家销售电脑、电子设备、通信产品的跨境电商平台,该平台同时还在加拿大、澳大利亚、中国建立了分站和运营团队,并在 2014 年宣布进军印度、爱尔兰、新西兰、波兰、新加坡、荷兰,以加快全球化布局和跨境业务的发展。Newegg 是美国第二大网上零售电商平台,销售品类包括电脑及周边配件、消费类电子产品、手机、家电、办公设备、数码产品、游戏设备、多媒体等科技产品及其他日用品。

9. AliExpress

AliExpress(全球速卖通)于 2010 年 4 月正式上线,是阿里巴巴旗下唯一面向全球市场打造的在线交易平台,被广大卖家称为"国际版淘宝"。覆盖全球 220 个国家或地区,主要交易市场为美、俄、西、巴、法等国。速卖通以价格为王,产品价格低才有优势,平台佣金相对其他电商平台稍低,同质化竞争就相对激烈。全球速卖通面向海外买家,通过支付宝国际账户进行担保交易,并使用国际快递发货。AliExpress 是全球第三大英文在线购物网站,也是阿里巴巴帮助中小企业接触终端批发零售商,小批量多批次快速销售,拓展利润空间而全力打造的集订单、支付、物流于一体的外贸在线交易平台。

10. Amazon

Amazon 在国外认知度比较高,是美国最大的一家网络电子商务公司,在美国电商平台中,Amazon 是当之无愧的老大。总部位于华盛顿州西雅图,其业务覆盖美国、澳大利亚、巴西、加拿大、中国、法国、德国、印度、意大利、日本、墨西哥、荷兰、西班牙和英国等 17 个国家。2017 年 Amazon 的电商销售总额接近 2 000 亿美元,约占该年度美国电商市场销售总额的 44%。Amazon 主营产品包括图书、电子和电脑、家居和园艺用品、婴幼儿用品、杂货、服饰、鞋类、珠宝、健康和美容用品、体育、户外用品、工具、汽车和工业产品等。

【启迪】

通过本章的学习,了解跨境电商亚马逊平台目前的现状及特点,分析平台简介以及规则、平台盈利模式及该平台与其他电商平台的区别,从而提高卖家对跨境电商平台理论知识与专业素养的认识,培养卖家自主研究的学习意识与探索创新的精神。

引导卖家熟悉跨境电商平台的运营模式,解析平台运营新方法、新操作,深入对比跨境电商亚马逊平台与其他电商平台的核心区别,不同的平台分别有怎样的优势与劣势,培养卖家全面、深入、辩证地观察、分析和解决新问题的能力。同时着力培养卖家"买全球、卖全球"的国际化视野与爱国情怀,培养卖家诚实守信、遵守国际规范和国家政策法规的意识,理解和适应跨境电商中国际文化的差异,具备良好的对外贸易和跨文化沟通素养以及国际市场开拓意识。

复习思考题

1. 简析跨境电商亚马逊平台的盈利模式。

2. 梳理亚马逊平台账户注册流程。

3. 概括跨境电商亚马逊平台的主要特点。

4. 总结分析跨境电商的未来发展趋势。

第二章
跨境电商亚马逊平台选品特点分析

第一节　跨境电商发展现状

　　跨境电商在近几年可谓是悄然崛起。在许多人还未反应过来时,跨境电商已然越过了10万亿元的规模。跨境电商分为跨境进口和跨境出口,而跨境进口又分为跨境进口零售B2C和跨境进口批发B2B;跨境出口也分为跨境出口零售B2C和跨境出口批发B2B。以天猫国际为代表的跨境进口零售平台,已经成为全球最大的跨境进口零售平台,而出口则以阿里集团的速卖通和阿里巴巴国际站、亚马逊等领跑市场。跨境电商在出口方面快速增长,跨境出口卖家从南方沿海地区向中西部地区发展。随着国际市场的不断开拓,互联网科技的进步与发展,国家对外开放政策的支持,进出口贸易的发展空间得到进一步提升。跨境电商的飞速发展,也带动了一大批人投身跨境电商行业。目前,我国跨境电商平台企业超过1.4万余家,国内开展跨境电子商务的企业超过20万家,可见跨境电商行业蓬勃发展之势。但是,有的跨境电商卖家在选品时忽略了平台选品特点与现状分析,盲目选品、滞销清仓,导致资金链断裂,最后草草离场。

第二节　跨境电商亚马逊平台逐渐重视对品牌卖家的保护

　　亚马逊平台卖家逐渐重视产品品牌,而亚马逊平台也日益注重对品牌卖家的保护。随着众多企业入驻跨境电商平台,越来越多的卖家开始注册自己的品牌。卖家通过注册品牌、专利申请来着力打造品牌的知名度与影响力,尤其对已经做了SEO优化或者对关键词有深入研究的卖家来说,他们深知,一个成功的网络营销品牌,品牌词会给网站和店铺带来源源不断的流量和转化,消费者也会通过品牌词来搜索、购买产品,这也是亚马逊平台逐渐重视品牌卖家的原因。近年来,亚马逊针对品牌卖家的服务也不断增多,亚马逊不仅提供全球品牌推广和保护工具,防止跟卖以及辨别产品真伪,支持企业打造全球品牌。在亚马逊平台拥有品牌的卖家还享有 A+页面、品牌推广广告位、品牌旗舰店、品牌分析、Vine 等服务,这些功能不仅能有效提高产品的曝光量、点击率和转化率,甚至还会带来流量和转化。但是,没有品牌的第三方卖家不能享受以上服务,由此可见亚马逊平台对品牌卖家的极度重视,编者强烈建议跨境电商卖家申请自己的品牌。让世界爱上中国制造,让世界爱上中国品牌。恩格斯曾经说过:"社会上一旦有技术上的需求,则这种需要就会比十所大学更能把科学推向前进。"对于中国制造来说,一股遍及全世界的线上化采购需求,如涓涓细流汇成江海,正通过跨境电商强劲来袭,创造出新的市场机遇和空间。

在经济全球化过程中,制造业是开放度最高、竞争最激烈的行业。20 世纪 90 年代是加工贸易、代贴牌生产;进入 21 世纪,一批有实力的大企业或者"出海"投资,或者跨国并购,华为、海尔、海信、格力等一批中国品牌走向了世界。在最近十几年特别是移动互联网兴起后,在以亚马逊为代表的全球化电商平台提供的站点上,越来越多的中国企业用自己的品牌,直接与全球消费者对话,直接参加世界"奥运会""世界杯","出海"打天下,不仅有小米公司、OPPO 公司、VIVO、李宁、安踏、波司登等大企业,也有大量创新型企业、中小企业——这些企业开启了"跨境电商微型跨国企业"之路,即在规模很小的时候就胸怀世界,做全球生意。

来自嘉兴的羽绒服品牌 Orolay 就是一个典型案例。9 年前,这家在国内还不为人所知的品牌通过亚马逊跨境电商进入北美市场,在短短数年间就获得了当地消费者的青睐,甚至因为纽约网红和当地明星们的追捧而掀起一阵消费风潮。现在越来越多的国产品牌正在受到外国消费者的喜爱。可以说,中国制造的新时代已经来临。如果说过去是让世界爱上中国制造的时代,现在就是让世界爱上中国品牌的时代。

有关数据恰好也印证了这一趋势,世界知识产权组织发布的 2021 年《世界知识产权指标》报告显示:2020 年中国以 45.7 的世界专利申请量、54% 以上的全球商标申请量以及55.5% 的世界外观设计申请量名列世界第一。另外,还有数据显示,2016 年中国企业申请美国商标的总数不足 3 万件,2021 年达到近 23 万件,而美国本土公司的商标申请总数为 94 万件,其中还有中国企业在美国开设的实体公司的申请。在消费新世界里,如雨后春笋般涌现出了越来越多的中国新品牌,这些中国品牌具有改变世界的潜力。

"中国制造卖全球",这一趋势在 2001 年中国"入世"后逐渐显现并加速发展。

大多数人熟知的一个故事。2004 年圣诞节,美国消费者 Sara Bongiorni 发现 39 件圣诞礼物中"Made in China"有 25 件。与此同时,她家里的袜子、鞋子、玩具、台灯等也全部来自中国。如果没有中国产品,能否生存下去? 她突发奇想,从 2005 年 1 月 1 日起带领全家尝试一年不买中国产品。Sara Bongiorni 的这段经历后来出版成书,标题为《A Year Without "Made in China"》,中译本标题为《离开中国制造的一年:一个美国家庭的生活历险》,其结论是:"中国制造的产品已经无处不在,不管你多么努力,你都不可能躲开它们,因为这是完全不可能的。"2006 年 1 月 1 日,Sara Bongiorni 全家与"中国制造"重修旧好。十多年过去后的今天,如果 Sara Bongiorni 续写她的生活历险,有可能是这样的:每天她会戴着 Soundcore 牌耳机听音乐,看着 TINECO 牌智能无线吸尘器在屋子里跑来跑去,桌子上的充电器是 Anker 品牌,穿上 Orolay 牌大衣,拿起 WORKPRO 牌电动工具……这些英文注册的品牌,其实都来自中国企业卖家,如深圳的安克创新、苏州的科沃斯、嘉兴的子驰贸易、杭州的巨星科技。2005 年前后 Sara Bongiorni 一家的消费,离不开"中国制造",其实很多品牌并不是中国的,当时不少的"中国制造"是为国际品牌代工。而现在,Sara Bongiorni 一家的消费,有些产品的原产地不一定在中国,可能是"Made in Vietnam",但品牌是中国企业的。此外,Sara Bongiorni 一家可能还在用 GEA 洗衣机、Gorenje 电冰箱、Toshiba 电视,这些都是历史悠久的国际品牌,但 Sara Bongiorni 可能不知道,这些品牌的所有者不知不觉已经成为中国企业,如海尔、海信、美的。Sara Bongiorni 的孩子还喜欢玩游戏,最近他最喜欢玩的 Genshin《原神》,是上海一家叫米哈游的游戏公司开发的。2021 年全球有 8 款手游的收入超过 10 亿美元,Genshin 排名第三。以上这些关于 Sara Bongiorni 的消费场景是虚拟的,但事实上,这就是亚马逊平台的今天和未来相当长时间全球很多家庭的场景。

1. 品牌是一个企业综合竞争力的体现

品牌是一个企业综合竞争力的体现,更是消费者感受的总和。中国制造从"产品出海"走向"品牌出海",将为全球消费者开启充满活力的新"大航海时代"。这一时代的来临,是有充分理由的。

今天的中国制造,不仅保持着过去性价比高、响应力强、交货及时等优势,而且充分利用互联网、人工智能、物联网等方面的工程师优势,把科技与消费相结合,在质造、智造、创造等方面创造出"新、酷、好"的新优势。今天,相当多的中国产品都代表或者定义了新的品类、品种,不再是拷贝者,而是创造者。比如,中国的扫地机器人,在 LDS 激光导航算法技术方面,在"3D 双线结构+AI 避障"策略方面实现了全球领先,在某种意义上是把无人机、自动驾驶、双目立体视觉等方面的前沿技术应用到家庭自主清扫的场景中。这样的产品和过去的吸尘器有着巨大区别,让不少欧美消费者眼前一亮。又如,中国的按摩椅搭载高智能芯片,集 3D 劲感按摩机芯、压感式检测定位、石墨烯温感 SPA 等于一体,还使用了个性化的智能交互、AI 健康管理等工具,可以基于用户身高、体重、睡眠、压力、运动等多项指标,智能推荐最佳按摩程序,产品越用越聪明,用户越用越离不开。再如,家用电器是中国制造的代表性产品,近年来接入 AIot 技术后,智能化、互联化特征日渐凸显。中国的智能电饭煲可以扫码识别米种,进行口感调节并根据食谱自动制作不同食物;中国的智能投影仪支持原场语音,可以直接通过语音遥控。所有这些都表明,从产品角度看,中国制造具备全球竞争力,这也是走出去的根基。

2. 建立自有品牌的道路

在中国制造大军中,涌现出越来越多热爱创新、有国际化视野的新一代创业者、企业家,他们借助我国的供应链优势,选择了"建立自有品牌,在研发和品质上下功夫、在消费者体验上追求高价值"的道路。如 Orolay 背后的子驰贸易公司,2012 年 8 月在嘉兴平湖成立,成立伊始就专注于品牌而非发展代工。该公司创始人邱佳伟说:"只关注人力和物料等成本控制是代工企业的通病,而打造品牌就要转变思路,不仅要考虑成本,更要考虑如何让产品更好地迎合消费者,做创新开发,提升工艺、面料和质量。"他们也走过弯路,一开始漫天撒网,最多时上了 100 多款不同的羽绒服,但没有一个亮点。在最困难时邱佳伟抵押了房子给员工发工资。90％的公司人员都投入产品设计、研发、质控质检和供应链管理上,除了保留一款销量最好的,他们毅然下架了其他所有产品。随后从工艺到面料进行了10多次改版、升级,最终打造出了"爆款"产品。2020年10月,亚马逊会员日促销期间,Orolay两天卖了1万件羽绒服,被称为"Amazon Coat"。

又如TINECO(添可),其母公司科沃斯在家庭清洁行业深耕多年,常年做贴牌和代工生产,2018年决定"出海"并打造自己的品牌,于是在美国亚马逊平台开设品牌旗舰店。当时市场上同类的大牌企业有Dyson、Shark、Bissell、Hoover等。该公司从一个"单点创新"切入,在吸尘器上做了一个Sensor(感应器),有灰尘进来Sensor就能感应到,灰尘较多的地方Sensor还可以将吸力增大。这个技术对用户的价值在于,地面到底脏不脏,吸尘器知道得清清楚楚,消费者不用盲目吸尘。App上还有一个Counter,用户可以知道吸尘器到底吸了多少灰尘。这一创新让添可一下子获得了识别度和口碑。原来清洁类产品三四年换一代,TINECO进入后一年就换一代新品。经过3年多努力,在亚马逊吸尘器和洗地机品类中,第一是Dyson,第二是添可,Shark、Bissell、Hoover的均价都没添可高。TINECO(添可)创始人钱东奇认为,中国需要更多实力强大、有科技含量的企业,做OEM、拼价格的时代已经过去,现在比拼创新和品牌对消费者的黏性。"怎么做? 产品永远要领先,加上品牌和销售渠道,三个油门同时踩,不能有一个放空。"现在,添可已入驻亚马逊美国、德国、法国、意大利、日本等站点,并包揽多项地面清洁品类最畅销单品。

3.跨境电商渗透率不断提升

中国"品牌出海",海外消费者从线下向线上的迁移正在加速,电商渗透率不断提升。2019年,欧美日韩等发达国家网购渗透率均低于20％,发展中国家由于4G通信落后,网购渗透率更低。但新冠肺炎疫情后,海外的线上消费黏性不断提升,消费习惯的培育期不断缩短。据Statista和eMarketer的数据,2020年美国消费者的网上购物兴趣大幅提升,47％的消费者表示对网络购物非常感兴趣。

根据海关的统计,2021年上半年,中国出口跨境电商贸易额同比增长44.1％。从交易规模和包裹量看,跨境电商已经步入具备规模效应的成长期,其体量已经足够支撑跨境物流的管理和技术升级。从增量趋势看,跨境电商出口未来5年有望保持40％以上的增速。

从中央到地方政府都把跨境电商作为外贸的新增长点,出台了一系列支持政策。《"十四五"对外贸易高质量发展规划》提出:探索跨境电商交易全流程创新,巩固壮大一批跨境电商龙头企业和优势产业园区;支持跨境电商企业打造要素集聚、反应快速的柔性供应链;建立线上线下融合、境内境外联动的营销体系。

跨境电商最早兴起于沿海城市,2015年国务院同意设立中国(杭州)跨境电子商务综合试验区,是全国第一批跨境电子商务综合试验区。2016年第二批12个跨境电商试验区获批,除沿海城市如天津、上海、广州、大连、宁波、青岛、苏州、深圳外,还增加了重庆、合肥、郑州、成都等内陆城市。目前,全国已有105个试验区。以郑州为例,2020年郑州航空港经济综合实验区共完成跨境电商进出口业务近1.4亿单,货值约114亿元,同比分别增长91.72％和62.01％。这种增速是常规外贸无法想象的。跨境电商的发展为广大内地企业铺就了一条快速"出海"的便捷大道。

中国"品牌出海",可以结合亚马逊这样的全球性商业新基础设施,快速与全球消费者连接,从洞察消费者需求中进行产品定义,然后研发制造,拓展全球市场,实现向全球贸易高端价值链的跃升。安克创新2011年成立,创始人阳萌从美国谷歌总部辞职,到深圳创业。他在美国读书、工作了八九年,创业的想法就是把中国产品卖到美国这样的成熟市场,彰显新一代中国制造的美好。Anker在2011年进驻亚马逊美国站,一年后进驻亚马逊欧洲站,销售额在5年内增长了30倍,畅销100多个国家或地区。阳萌回顾说:"亚马逊与其他网站相比有一个显著特点,它能给予高竞争力产品较高的权重,结合其精细的排名算法,可以让品质优良的产品有更多机会曝光。因此,安克创新只需专注产品创新与改良,为消费者提供优质的产品或服务,让一切变得简单又纯粹。同时,根据在线产生的大量真实消费者的评论和反馈,安克运营团队将意见和建议按类型区分,分析、汇总、深入讨论,生成对产品改造、升级的重要依据。这种反馈机制能有效地帮助安克深入挖掘客户需求,分析行业痛点,对产品不断地进行更新升级,更好地满足用户需求,从而进入良性循环。

尽管中国"品牌出海"正当时,但要真正建立享誉世界的品牌,而且在品类越来越多元化、产品更新换代越来越快速的市场上常葆青春,并不容易。同时,世界各国,甚至一个国家的不同地区对同一类产品的偏好和质量标准,要求都可能不同;全球市场对知识产权、劳工权益、环境保护、反腐败等合规要求也越来越高;在"出海"过程中的跨文化管理、跨文化营销和人才队伍建设等问题的解决,都不是一蹴而就的。

因此,中国"品牌出海",注定会面临许许多多的挑战。从"造"到"创",需要有长期主义的战略和踏踏实实、精耕细作、坚持不懈的行动。"造"主要是生产,"创"则是洞察用户需求、提升设计能力、在应用技术和基础技术的研发上不断投入、追求产品差异化、优化供应链、提高品牌和营销创新、提升服务价值等一系列工作的集成。投机、侥幸、走捷径,永远是走不远的。只有长期主义、专业主义、企业家创新精神相结合,才能到达美好的未来。流水不争先,争的是滔滔不绝。

在刚刚举行的亚马逊全球开店跨境峰会上,亚马逊全球开店也提出了"共创全球品牌新格局"的品牌新主张及一系列的"卖家品牌出海"扶持计划,充分展示了行业巨头对中国"品牌出海"趋势的前瞻性和立足长远的布局。可见,"品牌出海"正在成为中国外贸的新力量,中国经济的新亮点,中国力量正在驱动全球的新消费主张和新品牌的诞生。

电商的崛起让全球消费者站在全球价值链的中心,可以更多尝试,可以自由选择,由此也推动了全球品牌进入个性化、多样化、碎片化的新时代。和大规模工业时代形成的"优越品牌"不同,今天的全球年轻消费者更加追逐"我喜欢的品牌",他们看重的不是一个品牌的既往历史,而是能否提供创新、有竞争力、能打动人的好产品,同时与他们直接对接、互动,让他们的评价、意见可以参与到产品定义与品牌共创之中,从而产生"我参与"的共情之感。

在这一历史性的新商业革命中,亚马逊这样的大型跨境电商为立志服务全球消费者、打造全球化品牌的中国企业,提供了前所未有的、向高端跃升的机会。中国"出海"的新品牌,有机会通过一两代人的努力,让"中国制造"成为21世纪全球制造舞台上的香饽饽。

2022年1月在上海举行的"品耀全球,赢之以恒——亚马逊全球开店线上跨境峰会",众多行业领袖、企业代表及数万中国卖家相聚云端,聚焦企业走向全球市场,探讨"出海"新格局下的机遇与挑战。跨境峰会包括主战略发布会、针对新手和资深卖家的平行分会场,以及官方讲堂特训营等精彩环节。峰会上,亚马逊全球开店中国宣布进行品牌升级,提出助力出口跨境电商企业打造全球品牌的新主张——"共创全球品牌新格局"。亚马逊全球开店线上跨境峰会还分享了三大战略重点:第一,支持卖家布局全球业务,实现多元化拓展;第二,完善本土化服务,赋能卖家数字化转型;第三,推动卖家打造全球品牌,创造长期价值。这一系列举措,旨在通过全球创新和本地赋能两大引擎,推动中国卖家迈向全球价值链的更高处,打造具有长期价值的全球品牌,共同开拓中国品牌"出海"新时代。

2017年,亚马逊全球开店提出借助跨境电商"布局下一代贸易链"。彼时,跨境电商作为外贸出口的新业态,尚未得到人们的广泛认知。经过几年来的高速发展,跨境电商已从外贸"新业态"发展为"新常态",并成为外贸出口的重要力量。

4. 企业逐渐提高对品牌的重视程度

随着越来越多的企业提高对品牌的重视程度,出口跨境电商将逐步迈向新阶段。这也是亚马逊全球开店在本次峰会上推出的品牌新主张——"共创全球品牌新格局"。基于此,亚马逊全球开店将聚焦业务战略重点,赋能卖家打造全球品牌。

Cindy Tai 戴竫斐(亚马逊全球副总裁、亚马逊全球开店亚太区执行总裁)认为,亚马逊全球开店见证了中国出口跨境电商从"野蛮生长"到"精耕细作"的飞速发展。接下来,行业将走向"深耕长远"的新阶段,并开启出口跨境电商"品牌出海"新时代。出口跨境电商依然处于快速发展的上升通道,而品牌将是引领行业前进的最强力量。亚马逊全球开店将继续发挥全球资源优势、深化本地服务,秉持长期主义的理念,与中国卖家一道,把握"品牌出海"黄金十年的巨大机遇,推动更多优质、创新的中国品牌闪耀在全球舞台上。

(1)亚马逊平台重点强调三大业务

①全面助力企业开创全球品牌时代;

②支持卖家布局全球业务;

③实现多元化拓展。

亚马逊一直致力于发挥全球资源优势,帮助卖家打造全球业务。目前,亚马逊已向中国卖家开放了17个海外站点,除北美、欧洲、日本等成熟站点外,东南亚的新加坡站、南亚的印度站,以及中东等地区的新兴站点都蕴藏着巨大的市场潜力,已有不少中国卖家在上述站点实现了良好的业务布局和增长。全球拓展是卖家长期发展的重要商机,亚马逊在全球拓展方面的产品创新专注于两个方面:一是让全球运营简单化;二是让全球选品精细化。

亚马逊在账户注册、选品上架、物流仓储、合规运营等方面,推出和迭代更多全球化运营工具。同时,亚马逊向卖家提供更多数据,帮助其了解不同国家消费者的产品需求,提升卖家选品效率。

此外,亚马逊还将持续为卖家提供多元化的业务模式,如亚马逊企业购、亚马逊授权品牌、亚马逊加速器等,帮助卖家拓展新的赛道或商机,实现长远稳健发展。

(2)完善本土化服务,赋能卖家数字化转型

全球创新和本地赋能,是亚马逊全球开店助力中国卖家发展业务的两大引擎。继2021年7月启用青岛办公室后,亚马逊全球开店已在中国10个城市建立了团队,并持续拓展区

域合作伙伴关系,与当地政府、协会和服务商共同搭建、完善本地跨境电商产业集群,为卖家提供更全面的支持。9月,亚马逊全球开店在杭州跨境电商园升级的基础上,将亚洲首个综合性卖家培训中心设立于杭州,以一站式培训服务满足不同区域卖家的需求,促进跨境电商专业人才培育和储备。此外,亚马逊全球开店还通过卖家公开课、官方微信、官方直播和讲堂等多种方式,为卖家提供丰富的培训课程,满足卖家不同阶段的学习需求。亚马逊全球开店将不断加大对区域团队的投入,拓展对中国卖家的支持领域,为卖家提供更贴心的服务。

(3)推动品牌卖家打造全球品牌,创造长期企业价值

创建品牌,提升品牌。在2021年针对亚马逊全球开店进行的一项卖家调研显示,93%的中国卖家非常清楚在亚马逊上建立品牌的重要性。同时有75%的中国卖家对在亚马逊上创建和提升品牌很有信心。在亚马逊全球站点,每年都有许多新兴品牌涌入,也有许多卖家正在尝试打造品牌。

然而,品牌打造,并不是一蹴而就的事情。在运用好亚马逊提供的工具的同时,卖家需要放下对短期利益的专注,建立长期投入的决心,开发优质产品,挖掘独特的品牌理念,最终获得品牌价值的长期回报。即兼顾短期业绩,实现长期品牌价值。亚马逊为卖家提供覆盖品牌打造全周期的产品或服务,包括品牌形象和展示、引流和推广、品牌分析与洞察、品牌保护等多个维度,并持续投入品牌打造工具以及产品的创新和优化,帮助卖家兼顾短期业绩的同时,实现长期品牌价值的积累。

针对品牌卖家不同发展阶段的特点,亚马逊全球开店也推出起跑、助力、飞跃三大计划,满足不同卖家打造品牌的需求。起跑计划,面向"从0到1"的新品牌、新卖家和创业者,提供包括品类、品牌、市场、广告等不同维度,覆盖注册、运营、品牌推广等方面的支持,扶持品牌快速起步;助力计划,针对完成起步阶段并处在快速上升期的品牌,提供扶持和指导,帮助品牌在选品、引流、转化、忠实消费者等核心指标上实现增长;飞跃计划,面向自身体量较大、并将长期投入品牌建设的卖家,提供覆盖品牌战略发展、国际市场拓展等更深、更广维度的支持,帮助卖家实现从中国品牌到全球品牌的跃升。

2020年,亚马逊在物流运输、工具、服务、项目和人才等方面投资超过180亿美元,并推出超过250项新工具、服务和改进措施,以进一步提升卖家体验,帮助卖家拓展全球业务。

自2015年亚马逊全球开店进入中国以来,数十万中国卖家加入了该项目。众多的中国企业通过亚马逊成功触及国外消费者,如极米科技、致欧家居、石头科技、凯迪仕智能科技等。

亚马逊全球开店将与中国卖家一起探讨"品牌出海"的趋势和机遇,并持续赋能中国卖家打造具有长期价值的全球品牌,赢得全球消费者的喜爱。

第三节　跨境电商亚马逊平台产品高品质高利润的特性

亚马逊平台对产品的质量要求十分严格。亚马逊平台的产品在上架以及销售过程中要符合亚马逊产品质量规定,一些特殊类目需通过亚马逊的类目审核才可以销售。此外,买家可以通过联系亚马逊客服、发布差评和退货的方式来反馈产品质量问题,亚马逊会立即停售

买家退货率高和负面评价多的产品。亚马逊每年有多次不定期的产品审核,快速识别有危险和影响安全的产品。亚马逊还严厉打击假冒伪劣产品,而品牌卖家正好避免这一问题。另外,亚马逊平台的产品主要面向欧美中产阶级,产品价格比其他跨境电商平台高。如图2.1、图2.2所示,以某品牌浴室吸水垫为例,该品牌在亚马逊平台以及速卖通平台均上架了同款产品,但亚马逊所有同款产品的价格均高于速卖通。为了打造自己的品牌,建议跨境电商卖家选品时严把质量关,产品质量好自然会受到消费者的青睐,因此,平台应当倾向选择品牌产品。

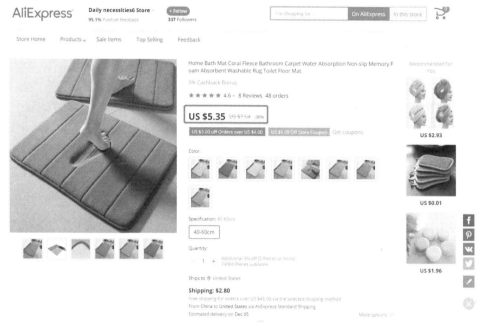

图 2.1　Bath Rugs(浴室吸水垫)在 AliExpress 的价格

图 2.2　Bath Rugs(浴室吸水垫)在 Amazon 的价格

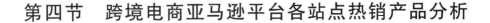
第四节　跨境电商亚马逊平台各站点热销产品分析

跨境电商行业流传着一句话:"七分靠选品,三分靠运营"。要想做好亚马逊运营,选好产品是关键,只有好产品才能获得平台的认可以及消费者的信任。亚马逊平台17个站点中流量和销量最多的3个站点依次是美国站、德国站、英国站。调研数据显示,亚马逊美国站热销类目是电子类、家居厨房类、宠物类、办公用品类、汽配类、健康与个人护理类等。德国站热销类目是电子产品。英国站热销类目是美妆类、家居类、运动类。这3个站点所处的地理位置不同,消费习惯、生活习惯和文化均有差异,热销产品也不尽相同。

1. 亚马逊美国站热销产品

例如,2021年上半年,亚马逊高销量类目为Health & Household(健康与个人护理)。随着疫情防控形式严峻,这类产品的销量持续走高,口罩、体温枪、防护服、检测手套等产品销量一路领先。同时,Home&Kitchen(家居厨房类)销量依然保持稳定,一直引领着"宅经济"的快速前行。此外,除口罩等防疫类产品外,其余大部分是生活类产品中的某些细分小类。例如,沐浴珍珠这类产品,卖家选品也可以往沐浴方向延伸拓展,如沐浴球之类,见表2.1。

表2.1　亚马逊美国站热销产品

类目名	2021年上半年销量	2020年上半年销量	涨幅/%	类目中文名
Brazed Tools	709 717	9 571	7 315.29	钎焊工具
Masks	23 965 917	627 632	3 718.47	口罩
Crafts Cabinets	431 256	18 963	2 174.20	工艺柜
Active Sweatsuits	104 697	5 127	1 942.07	运动卫衣
Bath Pearls & Flakes	184 154	9 680	1 802.42	沐浴珍珠和薄片
Fire Escape Ladders	268 076	14 342	1 769.17	防火梯
Facemasks	441 689	24 650	1 691.84	面罩
Fidget Blocks	7 491 811	466 714	1 505.23	指尖积木
Fresh Meal Kits	249 186	16 308	1 428.00	新鲜餐包
Packaging Air Bags	169 645	12 426	1 265.24	包装气囊

2. 亚马逊德国站热销产品

从数据结果可知,德国消费者对家居 & 厨房类产品很是喜爱,占比高达23.86%,订单量远高于其他类目产品。户外和家居装饰类目在德国市场的表现也一直不俗。

①家居 & 厨房类产品中,滤芯、除垢剂等清洁产品市场非常可观,保温杯以及枕头、床单等床上用品也深受德国消费者的青睐。

②户外运动类产品,口罩、多功能围巾的市场热度不减,呼啦圈、健身带等健身用品在这个时候成为德国消费者的心头好。

③家居装饰类产品,遮光帘的市场前景可观。同时,相框也成了德国消费者在家居装饰方面的新宠。

3.亚马逊英国站热销产品

英国站销量比较靠前的类目如下:

①家居厨房用品依旧在英国市场占据首位,热度不减。家居用品方面,英国消费者的喜好主要体现在两个方面:一是用于家庭装饰,如即将到来的圣诞周边装饰等;二是关于个人卫生的滤水器。而在厨房用品上,电子秤这类计量工具消费市场一直很大。

②美妆和运动&户外类产品。在美妆方面,洗发露、指甲油有着广泛的市场,成为英国消费者的挚爱。户外类产品中,瑜伽垫、运动环带、哑铃产品在英国消费市场的表现也可圈可点。

第五节　跨境电商亚马逊平台产品的更新迭代

亚马逊平台的产品更新速度相对其他平台来说是最快的,在某一时段内可能出现某一款爆品,但是这款产品估计在接下来的几个月里,其他新卖家则会以不同的设计方式、组合销售或者新款式、新颜色等上架,快速拓展产品多样化。从新品上架时间分析亚马逊产品的更新速度,以手机壳、皮套和夹子类目为例,该类目总共有501种在售产品,4个月内的新品占在售产品的13%。其次,以Top100(类目前100名)卖家的更新情况为对照,例如"头戴式耳机",新推出的品牌和产品短时间内就取代了大多数销量排名前100的产品,6个月内748个不同品牌2 283种产品曾进入过亚马逊Top100。再如手机壳,市场容量无限巨大,对这类产品不能盲目地以大盘数据一概而论,有些机型几乎每年进行一次大换血(如华为、苹果、小米等),只要有更新,必然会导致前期备货的卖家出现大量库存积压,这时但凡是熟手卖家都会以最快的速度降价促销清库存,或者直接走线下抛售腾库容,给新产品让路,这一时段非常短暂,甚至快到连数据报表低都没做出来,如果你仍然以大盘数据作参考,感觉很棒,一旦进入市场,接下来面临的就是血本无归。但是也有一些产品(如功能机、老人机),几十年没有更新换代的都有,而这些产品的生命周期尤为漫长,值得我们长期关注。各位卖家应经常观察亚马逊平台的数据更新情况,以及分析前沿市场的可能变化,及时对店铺运营规划作出调整。

【启迪】

通过本章的学习,了解跨境电商亚马逊平台选品的特点分析及现状;亚马逊平台在选品方面逐渐趋向于品牌化;平台追求高质量、高价格产品;平台各站点热销产品大不同;平台产品更新过快,卖家应掌握平台选品的模式以及选品方向,跟上电商平台快速更新的步伐;提高卖家分析问题、解决问题的能力与对策。

复习思考题

1. 简析跨境电商亚马逊平台选品的现状。
2. 简述跨境电商亚马逊平台选品的特点。
3. 总结分析跨境电商亚马逊平台各站点的热销品类。

第三章
跨境电商亚马逊中国卖家选品存在的问题

目前,主流的跨境电商平台有 Amazon、Walmart、eBay、速卖通、Wish、Lazada 以及独立站等,其中亚马逊平台是客户流量群体最大的电商平台。入驻亚马逊的中国卖家占总卖家数量的41%,并且是以中小型卖家为主导。面对欧美国家以及其他国家或地区消费者不同的需求,选品成为亚马逊运营必不可少的一部分,选品直接关系到店铺最终产品的销售和利润以及决定店铺后期的运营效果,有不少卖家都曾遭遇选品失败导致库存滞销,甚至还得花钱弃置销毁的情况。究其原因在于,卖家不懂得选品,运营又没有决定权,面对每个月的人工和场地费的压力,不管三七二十一,先上架再说。殊不知,一旦上架,就要备货,采购、物流就是一笔不小的开支,还要花钱做推广。几个月下来,发现产品根本推不动,采用 FBA 就得交长租费,于是只能打折、赠送、线下抛售、弃置销毁,最终以失败离场。作为跨境电商亚马逊中国卖家,在选品方面可能存在以下问题:一是,忽略平台差异,照搬选品;二是,跟风选品,同质化严重;三是,大量盲目铺货,缺乏稳定供应链;四是,选品未考虑资金周转问题;五是,竞争对手太多,放弃产品;六是,分析 Review 方法不对。下面逐一进行阐述。

第一节 忽视平台差异,照搬选品

不同的跨境电商平台,消费人群会有所不同,目标国家人群的消费水平、消费观念、消费习惯也会有所不同。很多跨境电商卖家往往忽略了平台的差异,盲目照搬选品。目前市场上正在热销什么品类,就去卖什么产品,并且不具备连续或者长期性需求的产品,跟卖得快还可以赚点利润,跟卖慢,就等着积压库存。季节性产品或者短期性的节假日产品,就存在这样的问题。以下以亚马逊、速卖通、eBay、Walmart 平台为例,分别进行阐述。

亚马逊有精品运营模式和铺货运营模式之分,铺货模式就是大批量地上传产品图片到自己的店铺,通过海量的产品链接来获得流量。不需针对每个产品进行推广,靠自然曝光获得订单。这种模式可以很好地节约投入成本,店铺出单后再在国内采购并通过国际物流配送至国外买家手上。不需预先发货到亚马逊仓库,也不经过亚马逊仓库配送,这种模式比较适合新手卖家,前期投入资金比较少,不需大量囤货,节省了产品采购和物流的投入费用,也无须花费产品推广费用。经过一段时间的操练和沉淀后,后期可以转做精细化运营。精品运营模式是指精细化运营,精细化运营就必须精细化选品。通过收集亚马逊平台当季或当年爆款产品、爆款关键词、产品图片,借助选品工具如卖家精灵、Jungle Scout 等一系列数据进行比较分析,筛选出可以成为热销产品的数据,根据对调研数据的分析研究上传相关产品图片,制订精细化运营推广方案,打造爆款,掌握更多产品信息。亚马逊平台始终坚持以客户体验为中心,以产品为根本的特点,全心全意地满足消费者需求,提升消费者购物体验。亚马逊还有一个特点,"重产品,轻店铺"。亚马逊对产品质量要求严格,产品价格也比较高。不同站点,不同消费群体,不同季节和时间段都会影响店铺产品的选择。

速卖通是以新兴市场国家为主,主要涉及手机配件、家电、家装、服装配饰等品类,产品质量一般,低价产品相对较多,交易额排名前五的国家分别是俄罗斯、美国、西班牙、巴西和法国。速卖通在海外市场的品牌知晓度以及影响力比较高,在消费者中也很受认可,例如在俄罗斯的品牌知晓度达到98%。通过速卖通平台"出海",卖家可以一键卖向全球 200 多个国家或地区,有机会触达海外 1.5 亿的巨量用户。有卖家看到某款产品在速卖通平台销量可观,就照搬到亚马逊甚至其他跨境电商平台上售卖,发送大量的库存到亚马逊各站点,然而忽略了这款产品在亚马逊平台的买家群体较少,可能一年的销量都不及速卖通一个月的销量,即使有相当的销量,但价格差异太大,没有利润。

eBay 平台与其他平台不同,eBay 的产品是以拍卖为销售模式,买家通过竞拍方式,购买自己中意的产品,这种产品的利润是比较高的。在产品下线前,竞拍价最高的买家即获得该产品。除拍卖外,卖家还可以结合一口价和拍卖两种方式进行销售。卖家可以设置保底价格,再让买家竞拍,可以提升买家的购物体验。需要注意的是,产品刊登后,就不能修改销售模式。且 eBay 后台只有英文界面,对英语欠佳的卖家则不太友好。

Walmart 是近一两年内唯一可以精准对标 Amazon 的跨境电商平台,虽然它的产品品类、利润空间、流量和平台特点都接近亚马逊,但直到 2021 年 3 月才放开允许中国卖家入驻。目前主要以五大品类招商为主,分别是 Consumables、Apparel、ETS、Hardlines、Home。Walmart 跨境电商平台在中国起步较晚,但后期拓展潜力十分值得期待,相对竞争激烈的亚马逊平台而言,很多中国卖家试图利用这一新平台实现弯道超车。

由此观之,从事跨境电商行业的卖家,不应盲目照搬选品,理应根据不同电商平台的特点以及发展趋势进行选品,要注意分析平台的市场容量,视市场需求而定,不同国家的消费习惯也会有所不同。

第二节 跟风选品,同质化严重

运营人员在上架前的选品数据调研工作一定要做足做全。比如亚马逊选品,很多新手卖家可能会犯的错误是研究该平台类目销量前 10 的卖家,并具体分析销量前 10 卖家的产品数量、评论数量、好评差评内容、Listing 页面、关键词以及类目排名情况等进行盲目跟风与模仿。

卖家跟风选品主要有以下几种情况：

1. 跟风市场上正在热销的产品

市场上正在热销的产品往往不具备长期可持续性销售的特点，而且这类产品只是短暂性的，如果卖家上架时间早，可以赚取一些利润；如果上架时间比较晚，可能会积压大量的库存，甚至出现滞销情况。比如，2020年初，因为全球新冠肺炎疫情的暴发，防疫类产品需求量激增，需求带动供应，为平台卖家提供了一个绝佳的选品机会，不少卖家在疫情暴发初期就开始上架口罩、额温枪、防护服、酒精等产品，获得了极高的曝光和转化，订单纷至沓来，赚得盆满钵满。然而暴利之下必出祸端，有不法之徒利用这一大好形势，在产品上以次充好、以假乱真，甚至欺诈型交易满天飞。2020年4—5月，各大平台开始规范和整治卖家资质，对产品质量进行严格检测和管控，FDA、CE和白名单几乎将所有卖家釜底抽薪，一夜之间店铺几乎悉数关尽，欧美仓库堆满防疫用品，卖家无奈之下只能线下不计成本地抛售，导致线上价格也一落千丈。此时还有跟风选品的卖家，没有意识到市场的风云变幻，只根据前几个月的平台数据，一意孤行地上架此类产品，结果大家都能猜到，一盒曾经可以卖到59.99～99.99美元的N95口罩，这时可能9.99美元都嫌贵，如何不亏？

2. 急于求成，弯道超车

还有一小部分亚马逊卖家为了节省时间，急于求成，直接用类似于ERP等软件工具一键上传产品图片，这种情况一般是大量铺货的卖家比较常见。对于FBA卖家来说，比较繁忙，比较累，也比较困难，不太容易出单，因为大量铺货基本上是靠产品数量。

3. 因文化差异，缺少市场需求分析

有的亚马逊卖家在选品时，缺少市场分析，因中西方文化的差异、审美感的差异、使用场景的差异等，是很难实现同质化的，这些因素往往导致选品失败，因此，不能根据卖家自己的想法进行产品选择，必须结合市场调研来确定选品的思路和方向。比如，北美国家的气候与中国就有很大差异，国内一产品团队曾经开发出一款车载手机支架，当时国内很多手机支架的底座都夹在汽车出风口，该产品团队认为这种产品的缺陷在于不能适用于所有车型，因为每款车型的出风口形状都可能有差异，于是和工厂一起开发了粘连式底座，并且材质采用软性塑胶，即使车体区域有一些弧度，也可以有效地进行无缝粘连，投模、试产、成品测试、老化工作都做得非常顺利。经过两个月的筹备，产品顺利上线，订单也不错，勿须花费多余精力就自然出单，正当大家沉浸在成功的喜悦中时，第一批消费者的Review几乎让运营人员心态崩溃，清一色反映底座黏合性差，短期内发生脱落。大家都感觉很奇怪，这个问题在当初设计时已经考虑，而且已经多次测试，也在自己的车上试用了几个月，依旧稳稳地黏在那里，怎么会发生这种情况呢？产品团队再次进行了一轮粘连性测试，还是没有发现问题。产品团队请教了很多熟悉国外环境的设计专家和卖家朋友，最终找到了问题的症结：国外气候季节性很明显，热的时候非常热，冷的时候又极寒，阳光照射非常强烈。再加上国外的汽车就如同中国的自行车一般，十分普遍，人们只是将汽车当做普通的代步工具，并不像国人这样爱护和珍惜。他们经常将汽车开到哪放到哪，不像国内停在地下车库，也不会进行防晒保

护,空调使用率也没有国内高,所以我们自己测试没问题,但在不同生活场景下,就会因日照频繁和强冷强热骤变发生脱落,最后只好改回出风口夹手机的底座。

4.盲目跟风竞争对手的产品

根据同行竞争对手的数据进行选品。新手卖家选择竞争对手的同款产品销售时往往会进入竞争激烈的"红海市场",面对销量靠前的老卖家,新卖家并不具备任何优势,跟风销售产品只会不断加剧市场上的同质化,增大竞争压力,增加运营成本。

5.盲目跟卖同类产品

直接跟卖亚马逊同类产品。跟卖同类产品不需要做市场分析和调研,直接上架销售市场上相同类目销量高的产品,获取免费的流量和订单,找供应商、制造商或源头生产商模仿生产一模一样的产品即可。亚马逊美国站热门类目Top100的跟卖数据显示,50%以上的卖家产品都被跟卖过,跟卖会面临亚马逊品牌卖家和消费者的投诉,甚至面临随时被封店的风险,不具备可持续性。

6.追求高质量、高利润产品

虽说亚马逊平台以及消费者对产品品质的要求比较严格,但是,如果卖家盲目地追求高质量,则意味着成本增加,高成本意味着高售价,而售价太高意味着产品没有优势、销量低,甚至没有订单。

7.盲目追求产品差异化

追求差异化,容易导致产品运营周期变长,推广时间拉长,风险加大,直接推高成本,而包装差异化、使用习惯差异化等也会导致成本上涨问题。

8.盲目追求更大的市场

畅销产品往往被大品牌卖家把持,市场竞争激烈,对于新手卖家尤其是小卖家来说,未必有施展拳脚的空间或机会,与其在"红海市场"中浮沉,不如另寻一片属于自己的"蓝海市场"。

9.盲目追求偏门、冷门产品

还有一小部分亚马逊卖家因害怕竞争而选择竞争比较小的偏门、冷门产品,反而适得其反。没有搜索结果,固然没有竞争,但没有搜索也意味着没有市场。需要卖家从头开始培养市场需求,单纯靠卖家自己做流量引入,必然会花更多的成本去开发更多的流量入口。

10.盲目追求新颖、奇特产品

新奇产品,不易确定关键词,而国际文化的差异,更难把握关键词,这样往往无法精准聚焦潜在消费者,自然很难打造出爆款产品。

第三节　大量盲目铺货,缺乏稳定供应链

一、部分卖家大量盲目铺货

一些中小型卖家通常使用大量铺货的方法进行选品,也就是批量上传多个产品图片,采

用 FBM 自发货模式。这些中小型卖家从国内电商平台大量采集产品信息,保持每天固定上新的产品数量来吸引流量,店铺出单后再联系供应商或者阿里巴巴批发网站采购后从国内直接发货。但由于前期采集信息时并不关注产品质量以及做工精细度,导致产品质量难以保证,而且售出后,产品没有充足库存,物流时效得不到保证,这对长期稳定的运营非常不利,无法形成稳定的目标客户群体,难以形成品牌链效应。

二、缺乏长期、稳定的供应链

还有一些卖家利用现有的供应商资源,在亚马逊平台同时上架多款产品,采用 FBA 自发货模式。店铺多款产品上架时,容易出现资金周转不灵和供应链生产能力跟不上、供货不足的情况,可能导致店铺产品断货、排名下降、被竞争对手碾压的情况,进而店铺单量急剧下滑,流量散失,强制出局。虽然同时上架多款产品可以迅速覆盖目标市场,但是不可避免地导致精力分散、目标客群不明确,无法打造爆款的尴尬局面。

第四节　选品未考虑资金周转问题

因资金周转问题,产品推广进度跟不上。一款产品从开始选品到产生利润大致需要三个月时间。前期选品环节会花费大量时间做市场调研,中期找供应商、制造商生产产品,制订运营计划,后期花费大部分时间和精力在推广上。很多亚马逊卖家只看到产品的利润比较高,就马上定品上架售卖,常常因资金周转问题推广进度跟不上而被迫退出。以某传统小型外贸企业转型做亚马逊平台的跨境卖家为例,该公司成立时有 300 多万元的流动资金。2018 年底旺季期间该卖家产品日出千单,之后加大投入,运营多个亚马逊站点,并大量补货。但是该卖家考虑不全面,产品销量未达预期目标,导致大量库存积压在亚马逊仓库并且需要支付高额的月度仓储费和长期仓储费,最终该卖家资金链断裂,不得不退出亚马逊。资金周转问题可能是很多跨境卖家都存在的问题,因大规模采购产品、物流成本以及其他业务板块的开支等,需动用大量的资金而导致周转不灵的情况。在选品时,应把这一维度也考虑进去。

第五节　竞争对手太多,放弃产品

部分类目竞争对手太多,直接放弃该产品。跨境电商同质化严重,产品雷同缺乏新意,甚至是同款产品,来自同一家供货商。近年来,有不少跨境卖家常常为选择"红海"产品或者"蓝海"产品犯难。一部分卖家看到某款产品销量甚佳,其他数据表现也不错,就是竞争对手太多,几经权衡最终选择了放弃。在分析竞争对手时,数量多并不可怕,主要看竞争对手的运营情况和运营实力。同款产品的卖家数量比较多,意味着这款产品在平台上有着不错的市场需求及市场容量,参考并借鉴其他卖家的运营方法和技巧,可以辅助后期推广的顺利进行。多分析竞争对手的数据及变化趋势,有利于规划下一步运营方案,及时调整操盘技巧。

第六节　分析 Review 方法不对

分析产品评论不够全面,往往忽略掉重要的核心内容。例如,跨境卖家在选品时,一般都会分析同款产品的 Review,但是部分卖家只关心产品的差评,而忽略好评,这种分析方法是不正确的。我们应当分析差评内容反馈的产品缺陷与不足,同时关注好评带来的产品优势和流量。此外,查看好评有两个作用:第一,卖家可以直观地看到用户的使用场景,从而对产品的定位更加清晰,对产品的定义更加精准;第二,顾客之所以好评,一定是这个产品体现了一定的价值,解决了顾客的问题,这就是产品的核心卖点。查看差评可以清晰地认识到产品的缺陷与不足,仍有改善提升的空间。后期需要不断地完善与改进,用心研发每一款产品,让品牌更具影响力。

【启迪】

本章主要阐述选品存在的几大问题并具体分析跨境电商亚马逊中国卖家选品存在的问题,综合平台及目前的数据分析,选品存在的问题正是大部分亚马逊中国卖家所面临的困扰。通过本章的学习,可以使中国卖家在做跨境选品时成功地绕开这些雷区,培养细心、认真的工作态度与主动发现问题并及时解决问题的好习惯。

复习思考题

1. 请分析各大主流跨境电商平台的差异。

2. 什么是跟风选品?请评述跟风选品的各种表现。

3. 大量盲目铺货、缺少稳定供应链所带来的选品风险是什么?

4. 分析 Review 的正确方法是什么?

第四章
跨境电商亚马逊平台选品维度

第一节　跨境电商亚马逊平台选品数据维度

亚马逊平台主要通过站内和站外两个渠道进行选品。跨境电商亚马逊选品可以通过站内和站外两个渠道浏览相关网站和社交平台,一旦找到选品灵感,就要结合选品的数据维度、理论依据进行理性选品。从产品信息、市场容量、品牌分析、BSR Review 数量、BSR 新品占比、BSR 品牌垄断、亚马逊自营 VS 中国卖家、关键词抓取、关键词搜索量、关键词点击集中度、关键词供需比值、竞品分析、利润预估、产品特色、季节性、风险性、认证合规等维度进行选品分析,把每一数据维度都分析透彻,最后综合定品。

第二节　跨境电商亚马逊平台选品数据维度的提取

本节主要讨论选品的数据维度:市场情况分析、类目情况分析、竞争性分析、产品可行性分析。

一、市场情况分析

1. 产品信息

在选品过程中,了解产品参数信息是必不可少的步骤。产品质量及尺寸不仅影响配送费及头程费用,而且影响整个产品的最终利润。亚马逊的仓储类型有 4 种:标准尺寸产品、大件尺寸产品、服装、鞋靴。亚马逊根据产品质量及尺寸对应的仓储类型收取相应的 FBA 配送费和仓储费。而且头程物流运输商也是根据产品的质量和尺寸收取费用。具体的收费标准亚马逊账户后台有明确的参考指标,如标准尺寸产品的配送费分为小号标准尺寸和大号标准尺寸,小号标准尺寸产品的 FBA 配送费发货质量小于 10 盎司,每件产品的配送费收取 \$2.5 ~ \$2.84,小号标准尺寸产品的 FBA 配送费发货质量大于 10 盎司小于 16 盎司,每件产品的配送费收取 \$2.62 ~ \$3.32;大号标准尺寸产品的 FBA 配送费发货质量小于 10 盎司,每件产品的配送费收取 \$3.31 ~ \$3.64,大号标准尺寸产品的 FBA 配送费发货质量大于 10 盎司,每件产品的配送费收取 \$3.48 ~ \$4.25。例如,厨房橱柜垫子包装尺寸为长×宽 = 11.8 in×78.7 in 质量 6 盎司,属于小号标准尺寸产品,FBA 配送费约 \$3.64,尺寸为长×宽 = 23.6 in×393.7 in 质量 280 盎司,属于大件尺寸产品,FBA 配送费约 \$10.56。因此,我们在选品时要特别注意计算产品的准确参数。

2. 市场容量

市场容量是卖家在选品时需要考量的一个重要指标。一件产品若没有市场容量或者市场容量较小,基本上意味着没有爆单潜力,更谈不上爆款打造;反之,如果市场容量足够大,再加上卖家的精心打造,安全有可能取得不俗的销售业绩。因此,卖家在选品时,应尽可能地选择市场容量较大的类目或产品。那么,如何判断某个产品的市场容量呢? 判断市场容量的几种方法具体操作步骤如下:

如图 4.1 和图 4.2 所示,在亚马逊美国站官网首页搜索框中输入产品关键词,以"bath rugs"和"car accessory"为例,我们发现搜索框下方红色框起的部分"bath rugs"的搜索结果显示"over 7 000 results"表示该关键词有超过 7 000 的搜索量;"car accessory"的搜索结果显示"over 100 000 results",表示该关键词有超过 100 000 的搜索量。根据搜索数据对比,显然关键词"car accessory"的搜索量更大,相应地市场需求量也大。由此可见,某产品关键词的搜索量越大,表明该产品的市场需求也越大。

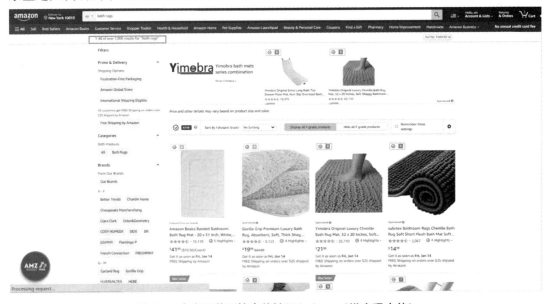

图 4.1 在官网首页搜索关键词 bath rugs(浴室吸水垫)

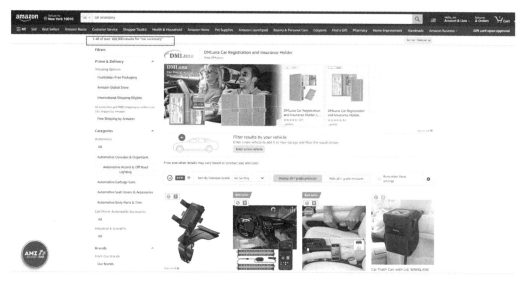

图 4.2　在官网首页搜索关键词 car accessory（汽车配件）

此外，还可以通过第三方插件如卖家精灵、Jungle Scout、AsinSeed 等工具查看产品关键词的搜索量。第三方插件能够抓取到亚马逊的大数据，卖家付费购买该插件后，可以使用该插件的特定功能去获取亚马逊相应的数据和信息。

如图 4.3 至图 4.6 所示，通过第三方插件 AsinSeed、卖家精灵查看产品关键词的搜索量。图 4.3、图 4.4 所示在第三方插件 AsinSeed 上查看产品关键词的搜索量。在 AsinSeed 搜索框中输入需要查找的关键词，则搜索框下方显示的第一个关键词就是目标关键词。当输入关键词"bath rugs"时，我们发现该关键词有 127 118 条搜索量（图 4.3），当输入关键词"car accessory"时，该关键词有 269 857 条搜索量。根据搜索数据对比，显然关键词"car accessory"的搜索量更大，相应地市场需求量也大。

#	关键词 ⑦	月搜索趋势 ⑦	旺季 ⑦	月搜索量 ⑦	商品数 ⑦	月购买量 ⑦	购买率 ⑦
1	bath rugs		✳	127,118	3,996	7,563	5.95%
2	bath rugs and mats kwhy		2020.03	49,933	428	3,784	7.58%
3	bath rugs for bathroom sets 3 piece happybeth brand		2020.09	25,677	72	2,310	9.00%
4	bath rug		✳	23,065	4,995	2,126	9.22%
5	bath rugs and mats kwhy brand		2020.06	18,550	431	1,415	7.63%
6	bath rugs for bathroom		✳	15,684	7,885	1,457	9.29%

图 4.3　在 AsinSeed 中搜索关键词 bath rugs（浴室吸水垫）

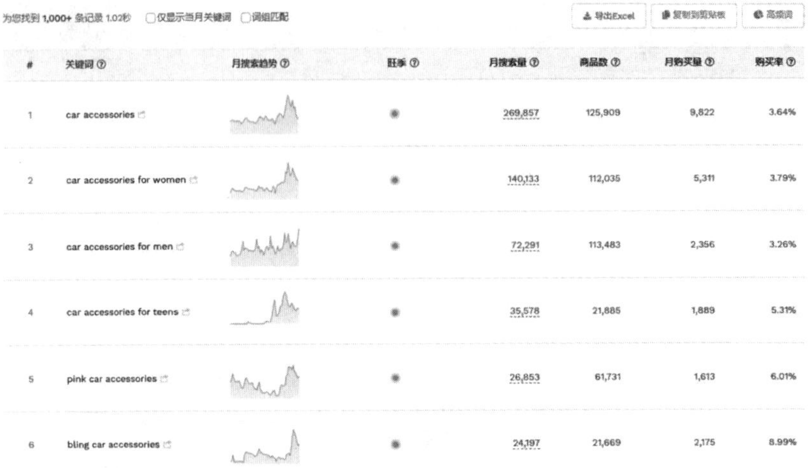

图 4.4　在 AsinSeed 中搜索关键词 Car Accessory（汽车配件）

　　图 4.5、图 4.6 所示在第三方插件卖家精灵上查看产品关键词的搜索量和月购买量。首先在卖家精灵首页选择关键词精灵—关键词挖掘—输入需要查找的关键词,在搜索框下方显示的第一个关键词的数据就是需要查找的关键词信息。图 4.5 中,搜索框显示关键词"car accessory",月购买量 9 822 表示当月通过该关键词售出 9 822 个商品,搜索量 269 857 表示该关键词的搜索量有 269 857 条。图 4.6 中,搜索框显示关键词"bath rugs",月购买量 7 563 表示当月通过该关键词售出 7 563 个订单,搜索量 127 118 表示该关键词的搜索量有 127 118。根据搜索数据对比,显然关键词"car accessory"的搜索量和月购买量更大,相应地市场需求量也大。由此可见,某产品关键词的搜索量和购买量越大,表明该产品的市场需求越大。

图 4.5　在卖家精灵中搜索关键词 car accessory（汽车配件）

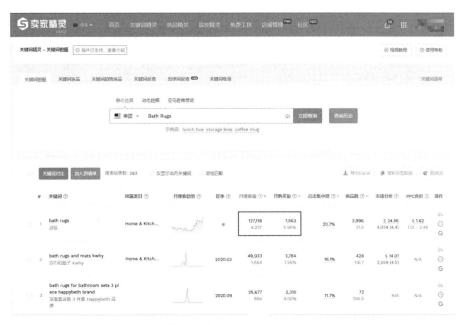

图 4.6　在卖家精灵中搜索关键词 bath rugs（浴室吸水垫）

分析市场容量大小也可以通过亚马逊美国站官网首页搜索关键词所在类目 Top 前 100 中出现的次数,Top 前 100 名是亚马逊根据某产品的销量及店铺评分、转化率、曝光率、Listing 页面等各种因素进行的综合评判,并且实时更新排名。一般来说,转化率是客户从点击该产品链接到实际下单购买的过程,曝光率是该产品展示在亚马逊页面访客浏览的次数,该产品的关键词出现在同类目 Top 前 100 的次数越多,表明市场需求量大。

图 4.7 所示的 A 产品 Car Snow Brush(车载刮冰刷)(No.4 第四个红色框线区域),首先看图左边红色框区域的产品类目,对应的品类就会显示在此类目中,亚马逊平台的每个产品都有大类目和小类目。一般来讲,大类目属于一级类目,小类目包括二级类目、三级类目等,类似于一棵大树既有树根、树干,又有树叶。以下数据是从亚马逊美国站官网 Best Sellers in Automotive 获取的信息。

A 产品 Car Snow Brush(车载刮冰刷)

一级类目 Car Accessory(Automotive)　出现次数　7

二级类目 Exterior Accessories　出现次数　24

三级类目 Snow & Ice　出现次数　68

四级类目 Ice Scrapers & Snow Brushes　出现次数　99

【解析】

一级类目 Car Accessory(Automotive)出现次数:7,表示从第 1 名到第 100 名(Top 前 100 名的产品,每个产品左上角都有数字编号排名)中 A 产品 Car Snow Brush(车载刮冰刷)或者跟 A 产品款式差不多的其他车载刮冰刷,跟 A 产品功能、特性类似的其他车载刮冰刷等出现在该类目的次数全部加起来为 7,即 A 产品在该一级类目 Car Accessory(Automotive)出现了 7 次。

图 4.7　Automotive 类（汽车配件）BSR 前 100 名

同样，二级类目 Exterior Accessories：24，表示从第 1 名数第 100 名（Top 前 100 名的产品，每个产品左上角都有数字编号排名）中 A 产品 Car Snow Brush（车载刮冰刷）或者跟 A 产品款式差不多的其他车载刮冰刷，跟 A 产品功能、特性类似的其他车载刮冰刷等出现在该类目的次数全部加起来为 24，即 A 产品在该二级类目 Exterior Accessories 出现了 24 次。

三级类目 Snow & Ice 出现次数：68，表示从第 1 名到第 100 名（Top 前 100 名的产品，每个产品左上角都有数字编号排名）中 A 产品 Car Snow Brush（车载刮冰刷）或者跟 A 产品款式差不多的其他车载刮冰刷，跟 A 产品功能、特性类似的其他车载刮冰刷等出现在该类目的次数全部加起来为 68，即 A 产品在该三级类目 Snow & Ice 出现了 68 次。

四级类目 Ice Scrapers & Snow Brushes 出现次数：99，表示从第 1 名到第 100 名（Top 前 100 名的产品，每个产品左上角都有数字编号排名）中 A 产品 Car Snow Brush（车载刮冰刷）或者跟 A 产品款式差不多的其他车载刮冰刷，跟 A 产品功能、特性类似的其他车载刮冰刷等出现在该类目的次数全部加起来为 99，即 A 产品在该四级类目 Ice Scrapers & Snow Brushes 出现了 99 次。

分析以上数据可知，从一级到四级类目出现的次数逐渐增加，表明 A 产品在此类目是有市场需求的，数据比较可观；一级类目出现了 7 次，相比二、三、四级类目而言，出现的次数较少。说明 A 产品在推广前期冲刺大类目有困难，但冲刺小类目相对比较容易。亚马逊平台的任一产品在一级类目排名越靠前，表明该产品的销量越好。因此，从以上数据可知，某产品在产品类目出现的次数越多，表明该产品的市场容量大，市场需求量也大。

图 4.8 所示的 B 产品 Bath Rugs（浴室吸水垫）（No.9 第 9 个红色框线区域），以下数据是从亚马逊美国站 Best Sellers in Bath Rugs 获取的信息。

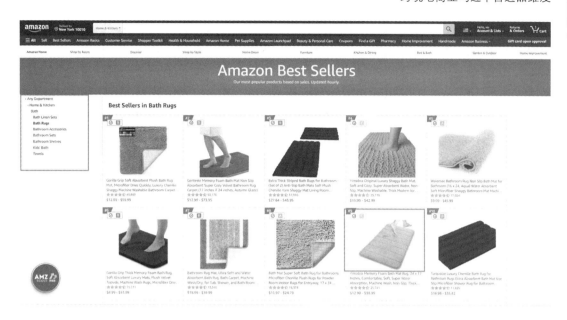

图 4.8　Bath Rugs(浴室吸水垫)类 BSR 前 100 名

B 产品 Bath Rugs(浴室吸水垫)

一级类目 Home & Kitchen　出现次数　3

二级类目 Bath　出现次数　16

三级类目 Bath Rugs　出现次数　99

【解析】

一级类目 Home & Kitchen 出现次数:3,表示从第 1 名到第 100 名(Top 前 100 名的产品,每个产品左上角都有数字编号排名)中 B 产品 Bath Rugs(浴室吸水垫)或者跟 B 产品款式差不多的其他浴室吸水垫,跟 B 产品功能、特性类似的其他浴室吸水垫等出现在该类目的次数全部加起来为 3,即 B 产品在该一级类目 Home & Kitchen 出现了 3 次。

同样,二级类目 Bath 出现次数:16,表示从第 1 名到第 100 名(Top 前 100 名的产品,每个产品左上角都有数字编号排名)中 B 产品 Bath Rugs(浴室吸水垫)或者跟 B 产品款式差不多的其他浴室吸水垫,跟 B 产品功能、特性类似的其他浴室吸水垫等出现在该类目的次数全部加起来为 16,即 B 产品在该二级类目 Bath 出现了 16 次。

三级类目 Bath Rugs 出现次数:99,表示从第 1 名到第 100 名(Top 前 100 名的产品,每个产品左上角都有数字编号排名)中 B 产品 Bath Rugs(浴室吸水垫)或者跟 B 产品款式差不多的其他浴室吸水垫,跟 B 产品功能、特性类似的其他浴室吸水垫等出现在该类目的次数全部加起来为 99,即 B 产品在该三级类目 Bath Rugs 出现了 99 次。

分析以上数据可知,从一级到三级类目出现的次数逐渐增加,表明 B 产品在此类目是有市场需求的;一级类目出现了 3 次,相比二、三级类目而言,出现的次数较少。说明 B 产品在推广前期冲刺大类目有困难,但冲刺小类目相对比较容易。亚马逊平台的任一产品在一级类目排名越靠前,表明该产品的销量越好。因此,从以上数据可知,某产品在产品类目出现的次数越多,表明该产品的市场容量大,市场需求量也大。

以上对两个产品关键词 bath rugs(浴室吸水垫)和 car accessory(汽车配件)进行了讨论:在亚马逊美国站官网首页搜索框,通过第三方插件工具 AsinSeed、卖家精灵输入产品关键词 bath rugs 和 car accessory 查找搜索量,不同的搜索方式,搜索结果有所不同,但最终结论相差不大。从搜索结果看,在亚马逊美国站官网首页搜索框输入关键词搜索,搜索结果显示:bath rugs:over 7 000 results,表示该关键词有超过 7 000 的搜索量,car accessory:over 100 000 results,表示该关键词有超过 100 000 多的搜索量。其次,通过第三方插件工具 AsinSeed 查看关键词 bath rugs 和 car accessory 的搜索量,搜索结果显示:关键词 bath rugs:127 118 results,表示该关键词有 127 118 搜索量;关键词 car accessory:269 857 results,表示该关键词有 269 857 搜索量。通过第三方插件工具卖家精灵查看关键词的搜索量和月购买量,搜索结果显示:关键词 car accessory:月购买量 9 822 表示当月通过该关键词售出 9 822 个商品,搜索量 269 857 表示该关键词的搜索量有 269 857 条;关键词 Bath Rugs:月购买量 7 563 表示当月通过该关键词售出 7 563 个商品,搜索量 127 118 表示该关键词的搜索量有 127 118 条。经搜索结果数据显示,car accessory 车载配件关键词的搜索量比较大,搜索量跟市场需求量成正比,表明市场需求量也大。综上所述,某产品关键词的搜索量和购买量越大,表明该产品的市场需求也越大。

3. 品牌分析

如图 4.9、图 4.10 所示,搜索对应品类市场品牌。分析头部品牌主要产品类型,是传统线下知名品牌转型线上,还是新兴品牌居多,进而判断客户购物习惯能否接受线上新品牌和产品。另外,可以关注与自己的产品和资源相近的头部品牌,作为后期运营的辅助参考。仔细统计头部品牌店铺在 Top 前 100(同类目前 100 名的产品)的产品数量及每款产品的具体销量,以便后期选品时能够作出正确判断。

图 4.9 是从第三方插件工具 sorftime 截取的数据,主要分析 BSR(Best Sellers)Top 前 100 名汽配类-Cell Phone Automobile Cradles(车载手机支架)的头部品牌卖家销量情况。在使用 sorftime 前,首先把 sorftime 插件安装到谷歌浏览器或者火狐浏览器,其次,在安装的指定浏览器中打开亚马逊美国站官网,输入某产品关键词,单击该产品链接进入产品类目页面,就会看到如图 4.9 所示左上角的产品类目,单击左上角小类目 Cradles(支架),就会看到右边蓝色区域的数据统计图,蓝色区域显示的是前 20 名 Cradles(支架)类头部品牌卖家的销量情况,横轴表示品牌名称,纵轴表示月销量。从图表数据可知,第 1 名卖家月销量约 5 700 单,第 2 名卖家月销量约 4 500 单,第 3 名卖家月销量约 3 500 单,第 4 名卖家月销量约 3 000 单,自第 5 名卖家往后,月销量平均 1 500 单,此类目 Cradles BSR Top 前 4 名头部卖家占据了一大半市场份额。这里重点分析为什么 Top 前 4 名头部卖家的销量数据如此显著,可从产品上架时长、是否知名品牌、是否美国本土卖家、是否亚马逊自营产品、产品价格、产品文案等方面分析。根据产品上架时间的长短,可以推测该产品的销售情况,产品上架时间直接显示在亚马逊产品页面,所有买家和卖家都可见,产品上架时间早,意味着该产品在一定程度上积累了相应的产品评论,相应稳定的订单量,反之,产品上架时间晚,意味着该产品的销售情况可能不太稳定,订单量的变化幅度较大。知名品牌具有一定的影响力和可信度,对于大多数消费者来说,还是认为名牌产品更值得信赖,就像古驰香水,很受女士的青睐。美国

本土卖家与第三方中国卖家相比,有一定的优势。美国本土卖家账户权限更高,仓储、物流成本低,对于第三方中国卖家来讲,前期资金压力更小,还可以得到亚马逊更多的照顾。亚马逊自营产品就是亚马逊官方自己售卖的产品,跟国内的京东自营一个概念,作为第三方的中国卖家,很难做到与亚马逊自营产品一样的效果。产品价格的高低也会影响销量的多少,在亚马逊上卖同款产品的卖家很多,有的卖价高,有的卖价低,可见,设置价格的决定权在卖家手上,卖家根据产品成本及其他成本计算后设置一个适合自己的价格。产品文案直接展示在消费者浏览的页面上,产品页面的内容是否吸引消费者的眼球,消费者是否愿意花时间浏览产品页面,直接影响产品订单的成交量。这些数据分析可以帮助卖家在选品时精确地掌握该产品的详细信息,作出准确的判断。此案例 Top 前 4 名头部卖家是知名品牌,卖家可以登录亚马逊美国站官网通过品牌名搜索店铺信息、上架时间。

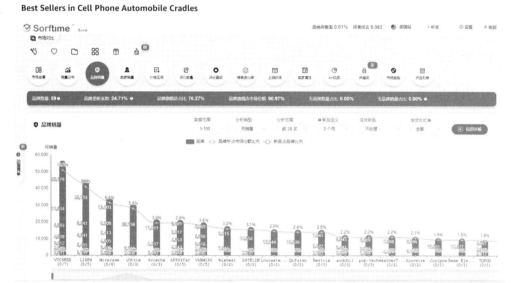

图 4.9　Sorftime 插件 Cell Phone Automotive Cradles(车载手机支架)类目品牌销量分析

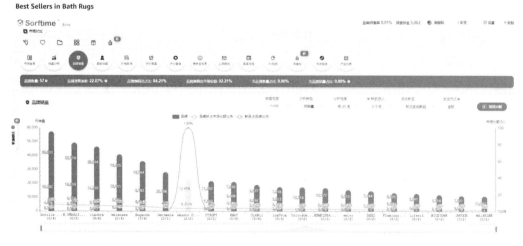

图 4.10　Sorftime 插件 Bath Rugs(浴室吸水垫)类目品牌销量分析

图 4.10 是从第三方插件工具 sorftime 截取的数据,主要分析 BSR(Best Sellers)Top 前 100 名家居类–Bath Rugs(浴室吸水垫)的头部品牌卖家销量情况。在使用 sorftime 前,首先把 sorftime 插件安装到谷歌浏览器或者火狐浏览器,其次,在安装的指定浏览器中打开亚马逊美国站官网,输入某产品关键词,单击该产品链接进入产品类目页面,就会看到如图 4.10 所示左上角的产品类目,以图 4.10 为例,单击左上角小类目 Bath Rugs,就会生成右边蓝色的数据统计图,蓝色区域显示的是前 20 名 Bath Rugs 家居类头部品牌卖家的销量情况,横轴表示品牌名称,纵轴表示月销量。从图表数据可知,第 1 名卖家月销量约 5 800 单,第 2 名卖家月销量约 4 900 单,第 3 名卖家月销量约 4 500 单,第 4 名卖家月销量约 3 700 单,第 5 名卖家月销量约 3 200 单,自第 6 名卖家往后,月销量平均 1 600 单,此类目 Bath Rugs BSR Top 前 5 名头部卖家占据了一大半市场份额。这里重点分析为什么 Top 前 5 名头部卖家的销量数据如此显著,可参考图 4.9 的分析方法。唯一与图 4.9 不同的是,图 4.10 中有一个黄色条形柱,X 轴是品牌名 Amazon,表示第 7 名是亚马逊自营产品,这是卖家在分析品牌销量时必不可少的部分。

二、类目情况分析

1. BSR Reviews、Ratings 数量

对某一品类 Reviews(产品评论)和 Ratings(产品分数)的分析,主要看 BSR(Best Seller Rank)前 100 名 Reviews 和 Ratings 的数量。Reviews 的数量代表这个类目发展的时间和对应这类产品的市场稳固程度。如亚马逊某产品 A 浴室吸水垫评论数量为 200,评分为 4.0,亚马逊某产品 B 浴室吸水垫评论数量为 2 000,评分为 4.5,B 产品的评分和评论都比 A 产品高,说明 B 产品上架时间较长,已经积淀了一定的流量。此外,在分析某个品类的 Ratings 数量和 Reviews 内容时,可以了解这类产品有待提高的空间及明显不足,这也是选品时应当注意的,评论里的负面反馈信息提醒卖家要重视产品的质量、做工精细程度。比如,Electronics 电子产品类目,很多产品都达到了 1 万 ~ 2 万的 Review(产品评论)。如果一年之内要做到跟这些产品不相上下,除了资深的研发团队、专业的运营人员以及售后团队必不可少外,前期投入可能非常大,因此,选品时要慎重考虑再作决定。

2. BSR 新品占比

在亚马逊平台,几乎每个类目都有卖家上架新产品。作为亚马逊运营人员,需要及时关注类目新品上架情况,包括独立链接新品以及变体链接新品,定期跟踪类目新品上架动态,还可以留意这个类目里是否有 Reviews 不多的新品也能冲到 BSR 前列的情况。如果有,证明这个类目还是有机会的。一般来说,我们可以借助第三方插件工具 Sorftime 等来辅助统计。图 4.11 展示的是 BSR 前 100 名 Cradles(支架)类目某个时间段新品上架的时间,在安装 sorftime 插件的指定浏览器中打开亚马逊美国站官网,输入关键词 car accessory,任意单击某 Cradles(支架)产品链接进入产品类目页面,就会看到如图 4.11 所示左上角的产品类目,单击左上角小类目 Cradles(支架),就会生成右边蓝色的数据统计图,单击上方蓝色圈的上架时间,下方的蓝色条形统计图就会显示 3 年来 Cradles(支架)类新品上架的情况。横轴表

示时间,纵轴表示产品数量。蓝色条形统计图从左往右分别表示在 BSR 前 100 名中,1 个月内 Cradles(支架)新品上架数量是 1,3 个月内 Cradles(支架)新品上架数量是 2,半年内 Cradles(支架)新品上架数量是 4,1 年内 Cradles(支架)新品上架数量是 14,1 年半内 Cradles(支架)新品上架数量是 15,2 年内 Cradles(支架)新品上架数量是 14,2 年半内 Cradles(支架)新品上架数量是 9,3 年内 Cradles(支架)新品上架数量是 15,3 年半内 Cradles(支架)新品上架数量是 26。从以上数据可以看出,Cradles(支架)在 1 个月内、3 个月内、半年内能冲到 BSR 前 100 名,表明 Cradles 的市场需求很大,对新卖家来说还有一定的机会。

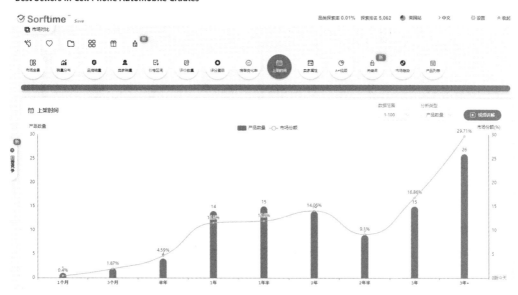

图 4.11 Sorftime 插件 Cell Phone Automotive Cradles(车载手机支架)类新品上架数量

图 4.12 所示的是 BSR 前 100 名 Bath Rugs(浴室吸水垫)类目某个时间段新品上架的时间,在安装 Sorftime 插件的指定浏览器中打开亚马逊美国站官网,输入关键词 Bath Rugs(浴室吸水垫),任意点击某 Bath Rugs(浴室吸水垫)产品链接进入产品类目页面,就会看到如图 4.12 所示左上角的产品类目,点击左上角小类目 Bath Rugs(浴室吸水垫),就会生成右边蓝色的数据统计图,点击上方蓝色圈的上架时间,下方的蓝色条形统计图就会显示 3 年来 Bath Rugs(浴室吸水垫)类新品上架的情况。横轴表示时间,纵轴表示产品数量。蓝色条形统计图从左往右分别表示在 BSR 前 100 名中,1 个月内 Bath Rugs(浴室吸水垫)新品上架数量是 0,3 个月内 Bath Rugs(浴室吸水垫)新品上架数量是 6,半年内 Bath Rugs(浴室吸水垫)新品上架数量是 7,1 年内 Bath Rugs(浴室吸水垫)新品上架数量是 22,1 年半内 Bath Rugs(浴室吸水垫)新品上架数量是 20,2 年内 Bath Rugs(浴室吸水垫)新品上架数量是 7,2 年半内 Bath Rugs(浴室吸水垫)新品上架数量是 13,3 年内 Bath Rugs(浴室吸水垫)新品上架数量是 9,3 年半内 Bath Rugs(浴室吸水垫)新品上架数量是 16。从以上数据可以看出,Bath Rugs(浴室吸水垫)在 3 个月内冲到 BSR 前 100 名的有 6 个新品,表明这款产品的市场需求量比较大,对新卖家来说是一个不错的机会。

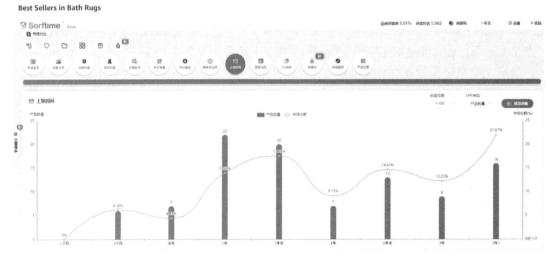

图 4.12　Sorftime 插件 Bath Rugs(浴室吸水垫)类新品上架数量

3.BSR 品牌垄断

品牌垄断需要考虑某个类目、某个品牌的垄断系数及其销售占比情况。比如,美国的一些大品牌就垄断了工具类的某些产品,基本上 BSR Top 10 或者 Top 100 一大半 Listings 都是同一个品牌的产品。这种品类的产品分布得非常完整,积累时间也比较长,甚至销量、评论等都比较稳定,新品牌在短期内冲销量的机会相对比较小。图 4.13 展示的是从 Sorftime 插件截取的 BSR 前 100 名 Bath Rugs(浴室吸水垫)品牌卖家销量,横轴表示品牌名,纵轴表示月销量,前 4 名头部卖家的销量比较显著,尤其是第一、二名卖家,几乎占据了 Bath Rugs(浴室吸水垫)类目的一大半市场份额。通过在亚马逊美国站官网首页输入关键词品牌名查找第一名卖家信息,结果显示,这是一位美国本土卖家,店铺已经运营多年,产品数量众多,产品评论和评分都很高,店铺分数 100 分,单个产品链接的评论都在 1 万条以上,星级评分4.5+以上,店铺产品的销量比较好;第二名是资深中国大卖家,这位卖家在亚马逊也运营了好多年,是精品运营卖家,店铺的评分和评论都很高,店铺分数 97 分,单个产品链接的评论都在 1 万条以上,星级评分4.4+以上,跟第一名的数据相差不大。因此,想做这类产品的新卖家,要特别注意 BSR 前 100 名品牌垄断分析。

4.亚马逊自营 VS 中国卖家

作为第三方中国卖家在流量方面肯定比不上亚马逊自营店铺的产品。一个类目 BSRTop 前 100 名亚马逊自营店铺占比大,留给第三方中国卖家的发展空间实属有限。因此,要分析某个类目 Top 前 100 有多少个亚马逊自营店铺,又有多少个第三方中国卖家。经统计,如果 Top 前 100 有一定数量的第三方中国卖家,表明这个类目还是有发展空间的。图 4.14显示的数据是从第三方插件工具 Sorftime 截取的 BSR Top 前 100 名 Bath Rugs(浴室吸水垫)的品牌卖家销量,横轴表示品牌名,纵轴表示月销量。操作步骤同前,在安装了 Sorftime 插件的指定浏览器中打开亚马逊美国站官网,输入关键词 Bath Rugs(浴室吸水垫),单击任一产品链接进入产品类目页面,就会看到图 4.14 所示左上角的产品类目,单击左上角小类目 Bath Rugs(浴室吸水垫),就会生成右边蓝色的数据统计图,横轴表示卖家数量,纵轴表示国家。点击上方蓝色圈的卖家销量,下方的蓝色条形统计图从左到右分别表示 BSR 前 100 名 Bath Rugs 类目中国卖家约 48 个,美国本土卖家约 10 个,加拿大卖家约 2 个。经数据分析,Top 前 100 的第三方中国卖家占比较高,想进军 Bath Rugs(浴室吸水垫)类目的中国新卖家,还是值得考虑的。

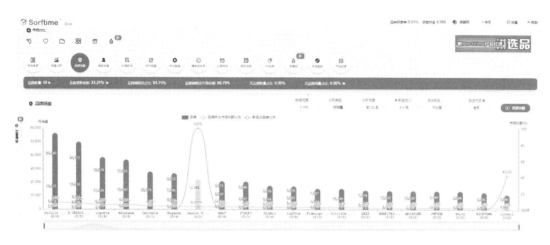

图 4.13　Sorftime 插件 BSR 品牌垄断 Bath Rugs(浴室吸水垫)类目

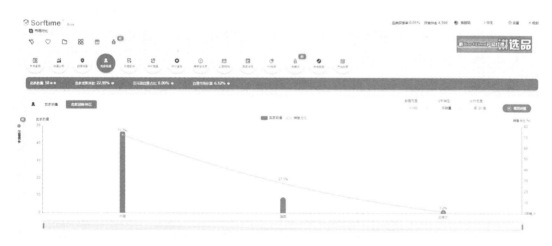

图 4.14　Sorftime 插件 中国卖家 VS 亚马逊自营

三、竞争性分析

1. 关键词抓取

关键词抓取有多种方法,前面的章节已提及几种方法:一是可以借助亚马逊美国站官网首页搜索框输入关键词查找;二是可以通过同类产品或竞品的 Listing 页面抓取;三是可以借助第三方插件工具卖家精灵等查找。另外,要特别注意关键词的活跃时间,防止筛选到过期关键词。

2. 关键词搜索量

抓取到产品关键词后,需要分析每一个关键词的搜索量,关键词的搜索量代表这个品类的市场容量及销量走势,同时也要结合其他数据进行分析。关键词搜索量的大小决定市场容量的大小,关键词搜索量大,意味着该类目市场容量大;反之,关键词搜索量小,意味着该类目市场容量小。

3. 产品 Listing 数量

分析抓取到关键词的产品 Listing 数量,可以通过 Listing 数量的多少决定该关键词能否作为产品主打核心词,关键词的产品 Listing 数量越多,表明该关键词类目下竞争越激烈,在推广后期的投入比较大。

4. 关键词点击集中度

通过关键词点击集中度可以分析出该关键词在 Top 前 3 名的垄断程度,但不同插件工具挖掘出的数据可能不同,一般卖家常用的插件工具是卖家精灵,该关键词点击集中度 Top 前 3 名占比越大,表明 BSR 前 3 名卖家产品抢到该关键词的点击率最大。

5. 关键词供需比值

通过关键词供需比值,可以判断某一类目的产品是否属于"蓝海产品"及其供求关系。关键词供需比值等于关键词的搜索量/商品 Listing 数量,供需比值越大,表明该关键词获得亚马逊流量(订单转化)的比例越大。

图 4.15 以 Bath Rugs 为例,通过在卖家精灵首页选择关键词精灵—关键词挖掘—输入需要查找的关键词 Bath Rugs,在搜索框下方出现的第一个关键词就是 Bath Rugs。根据搜索结果,Bath Rugs 月搜索量为 127 118,月购买量为 7 563,产品数(产品 Listing 数量)为 3 996,点击集中度为 20.7%。该关键词的月搜索量和月购买量较大,表示市场容量大,供需比值 = 搜索量/Listing 数量 = 127 118/3 996 = 32,供需比值较小,竞争比较激烈。该关键词前三名卖家点击集中度为 20.7%,垄断了 1/5 的市场份额。

6. 竞品数据分析

竞品数据分析主要分析竞争对手数据,包括评论(好评、差评)、销量情况、品牌、排名、价格等维度。亚马逊运营人员一般都用 Excel 表格对这些数据进行汇总。

图 4.16 所示为亚马逊运营人员日常做竞品分析所用的表格,这个表格的格式不是固定的,表格中填写的内容可以根据运营人员所分析的数据进行编辑。例如,第一行从左到右依

图 4.15　卖家精灵插件关键词竞争性分析

次是产品类目排名(大类目和小类目排名)、产品链接、产品图片、产品标题、产品价格、ASIN (亚马逊赋予每一个产品的唯一编码,类似于个人身份证号码)、Review(产品评论包括文字评论、图片评论、视频评论)、星级(产品评分,满分为 5 分)、关键词入口(通过哪些关键词可以搜索到该产品)、关键词流量入口(该产品订单来源主要来自哪一个关键词)。

类目排名	链接	关键词	产品图片	产品标题	价格$	Asin	Review	星级评分
#4,029 in Camera & Photo (See Top 100 in Camera & Photo) #279 in Dome Surveillance Cameras	less-Security-Detection-Supports-Surveillance/dp/B07TIL64LY/ref=zg_bs_14241151_2?_encoding=UTF8&refRID=SAD3FZ0NQCBB0GEWTJDN&th=1	Wireless Camera		Baby Monitor, Pan/Tilt/Zoom IP Camera for Elder/Nanny Security Cam Night Vision Motion Detection 2-Way Audio Cloud Service Available Webcam White	$45.99	B07TIL64LY	112	4.2
#46 in Camera & Photo (See Top 100 in Camera & Photo) #3 in Dome Surveillance Cameras	https://www.amazon.com/Wireless-Monitor-Security-Detection-Available/dp/B07QFVQ2DY/ref=zg_bs_14241151_3?_encoding=UTF8&psc=1&refRID=SAD3FZ0NQCBB0GEWTJDN	Wireless Camera		Wireless Camera, 1080P HD WiFi Pet Camera Baby Monitor, Pan/Tilt/Zoom IP Camera for Elder/Nanny Security Cam Night Vision Motion Detection 2-Way Audio Cloud Service Available Webcam White	$39.99	B07QFVQ2DY	1298	4.4
#153 in Camera & Photo (See Top 100 in Camera & Photo) #5 in Baby Monitors	https://www.amazon.com/Peteme-Security-Detection-Available-Compatible/dp/B07RKJN7FY/ref=zg_bs_166870011_52?_encoding=UTF8&psc=1&refRID=5VAZWQNVA32P4Q71QK5D	Baby Monitor/WiFi Security Camera		Peteme Baby Monitor 1080P FHD Home WiFi Security Camera Sound/Motion Detection with Night Vision 2-Way Audio Cloud Service Available Monitor Baby/Elder/Pet Compatible with iOS/Android	$39.99	B07RKJN7FY	957	4.3
#2,016 in Electronics (See Top 100 in Electronics) #13 in Baby Monitors	https://www.amazon.com/Baby-Monitor-Surveillance-Support-Android/dp/B07WFF4GYG/ref=zg_bs_166870011_13?_encoding=UTF8&psc=1&refRID=5VAZWQNVA32P4Q71QK5D	WiFi Baby Camera		Baby Monitor - WiFi Baby Camera 2.4Ghz(not 5G) with Two Way Audio Surveillance Camera Pan Tilt Zoom Night Vision Motion Detect for Indoor Home Shop Office,Support iOS/Android/Windows	28.88	B07WFF4GYG	482	4.6

图 4.16　竞品分析数据统计表格

分析竞争对手数据时,主要分析竞争对手的店铺运营情况和实力:

(1)品牌

要分析品牌:一是要了解自己的产品品牌布局,找到目标竞品,即分析同行同类产品;二是查看是否存在品牌垄断,即分析该产品在该类目下活跃着多少个大卖家品牌。一般在选品时已做好品牌分析。

(2)卖家身份

分析店铺是亚马逊自营、第三方卖家或者美国本土卖家。因为不同的店铺有不同的特权,这一点也非常重要。

(3)产品特性

分析产品的颜色、款式、材料等,在同类产品中,总会有几款是消费者喜欢的。卖家通过多方了解产品信息,包括客户的好评、差评等内容,从自身的产品出发挖掘新图片。产品特性是竞品分析最核心的部分,通过分析产品特性,读出产品画像。在分析产品功能、特性过程中,一定要遵循的原则:一切从消费者角度出发,挖掘并解决消费者的痛点。

(4)评价

假如一个产品市场的评论数量越来越多,意味着这个产品市场的竞争会越来越大,当某一个产品的评论分数越来越高,表明这类产品越来越成熟,基本上没有太大缺陷,卖家可以自我评估是否进入这个类目。卖家也可以通过对整个行业的年评论数量进行分析,从而推测出某个类目的增长比例,另外,卖家还可以通过评论的内容挖掘产品的短板并对产品进行改良。

(5)价格

整体来看,价格越低销量越好,但亚马逊平台则不一定。亚马逊也存在价格垄断,卖家可以利用运营工具分析目标产品的价格变动趋势或调价幅度。

(6)销量

销量是卖家做竞品分析时必不可少的数据,它直接体现了哪个产品最受消费者欢迎,哪些产品消费者愿意买单,销量体现该产品是否符合消费者的需求,可以判断消费者的喜好,同时也可以判断市场容量的大小,销量越高说明市场容量越大。这是卖家在做竞品分析时需要特别关注的数据,也为后期推广提前做铺垫。

四、产品可行性分析

1. 利润预估

首先,计算产品的利润,需要确定产品售价、产品成本、佣金、头程、FBA配送费、推广费等。产品利润的计算公式如下:

$$销售利润=销售收入-成本$$

第一步:根据产品定价核算销售收入。例如,产品售价为 $18.99,根据实时汇率换算成人民币 120.96 元。

第二步:核算产品的各项成本。产品成本主要包括采购成本、头程运费、亚马逊物流配送费、亚马逊平台佣金等。

第三步:通过销售收入和成本计算利润和利润率。

具体公式如下：

$$利润 = 售价 - 成本 - 佣金 - 头程 - FBA\,配送 - 推广$$

$$利润率 = \frac{利润}{售价}(一般至少25\%以上)$$

$$采购成本占比 = \frac{成本}{售价}(合理占比\,15\% \sim 25\%)$$

举例说明：

假设某产品售价 18.99 美元，产品进货价 2.73 美元，按照亚马逊平台的规定，产品佣金一般为 15%，产品质量约 0.17 kg，海运头程费用 20 美元/kg，FBA 3.47 美元，产品质量和包装尺寸对照亚马逊的 FBA 收费标准，推广费预估按照售价的 15% 计费，退货费预估按照售价的 10% 计费，则产品利润计算如下：

利润 = \$18.99 卖价 - \$2.73 进价 - \$2.85 佣金(15%) - \$1.11 头程 - \$3.47FBA - \$2.85 推广(15%) - \$1.9 退货(10%) = \$4.08(￥26.34)

$$利润率 = \frac{\$4.08}{\$18.99} = 21.48\%$$

$$采购成本占比 = \frac{\$2.73}{\$18.99} = 14.3\%(合理占比\,15\% \sim 25\%)$$

$$投入产出比 = \frac{\$2.73}{\$4.08} = 1 : 1.5$$

不同的产品尺寸和质量，利润、利润率都不一样，卖家可根据自身的产品情况自行计算。

2. 产品卖点

亚马逊 Listing 页面标题下方就是产品卖点，从亚马逊的页面布局来看，明显可以看出哪些位置比较重要，亚马逊为卖家安排了产品呈现的最好方式，也是编者一直注重的五大卖点。

在撰写产品卖点时，第一，熟悉产品，把产品的最大卖点，以及功能、特性，适用人群和主要适用场景等凸显出来。精准的产品定位不仅助力卖家瞄准特定人群，而且能在最快、最短的时间实现目标。第二，卖点必须快速抓住消费者的眼球，满足消费者的购买欲望。理性购买产品的消费者总会货比三家，展示产品的独特性才能让消费者的目光停留在产品页面，即使产品没有独到之处，也要制造出独特性。

3. 风险评估

调研产品是否涉及品牌侵权、外观设计专利侵权以及退货率的问题。这是确定产品的最后一道关口。卖家可以登录相关网站，输入品牌名查核是否已被注册商标或外观专利申请，如图 4.17 所示（美国站点）。

例如，若查询某个词是否已被注册商标，第一步，打开网站如图 4.17 所示；第二步，按照图中红色框区域选择 Trademarks——Searching trademarks 进入下一个页面，点击红色框区域，再往下一个页面，点击红色框区域，跳转到下一个页面，在红色框线圈出的区域输入该查找词，点击 Submit Query。查询结果页面如有信息出现表明该词已注册；反之，若为空白页，说明未被注册。

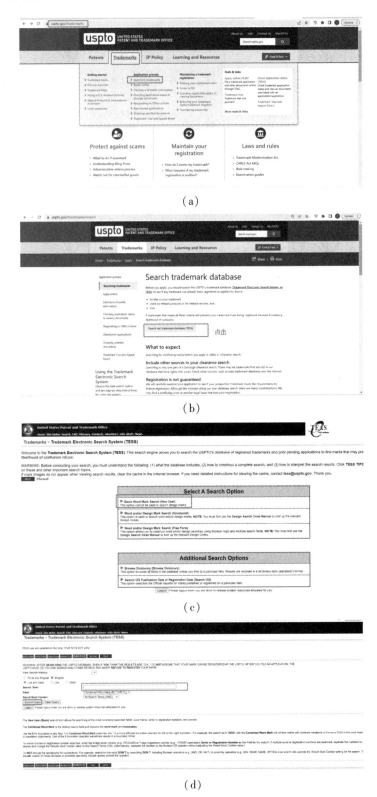

图 4.17　美国站查商标或专利网址

4. 季节性分析

季节性产品是指全年的某一时间段为销售旺季,过了这一时间段,销量会逐渐下滑的产品。季节性分析是关于时间节点把控的问题,在新品上架推广期间,如果产品具有季节性,运营人员就必须考虑推广进度与时间把控,否则产品就会过季,导致库存积压,甚至待来年再卖。为避免不必要的损失,建议新手卖家不做季节性、节假日产品。

5. 认证合规

认证合规是指产品是否符合当地的法律法规及相关规范认证。比如美国 UL 认证、日本 PSE 认证、德国 WEEE 注册、欧盟 CE 认证等。如果产品不具备上述证书,可能会为后期销售带来麻烦,因此要提前具备这些资质证书。

(1)亚马逊美国站

①UL 认证。亚马逊美国站要求电子产品经过 UL 认证。UL 主要从事产品的安全认证以及经营安全证明业务,目的是使市场得到具有相当安全水准的产品,为消费者的人身健康和财产安全得到保证作出贡献。UL 认证已成为一种趋势,跟电子产品有关的一般都要申请 UL 认证,像电池类产品就需要完成 UL 认证。

②FCC 认证。我国的 3C 消费类电子产品一直深受美国消费者的青睐,而亚马逊要求凡是在美国市场上销售的电子电气产品、无线电相关产品,如 Wi-Fi、蓝牙、微波等设备都要进行 FCC 认证。FCC 对不同产品的管制程度不同,据此可以将 FCC 认证分为以下 3 种:

a. Certification:电信认证机构(Telecommunication Certification Bodies,TCB)对申请者提交的样品及检测数据进行审核,如果符合 FCC 规则,则给设备授权一个 FCC ID 号码。大多数用于一般无线电产品的申请。适用此认证方式的设备包括各类短距离、低功率发射器,无线电话,蓝牙设备,WLAN 设备等。

b. DOC:制造商或进口商在 FCC 指定的合格检测机构对产品进行检测,以确保设备符合相关的技术标准并保留检测报告,认证不需 FCC 人员审查测试报告,制造商可使用自我认证方式。申请这种认证的产品主要是 IT 产品及周边辅助设备。这是目前使用最广泛、最常见的认证方式。涉及产品较多,认证机构必须具有 NVLAP/A2LA 的授权。

c. Vertification:制造商或进口商必须确保产品进行了相关检测,以确认产品符合相关的技术标准,并保留检测报告。

③FDA 认证。近两年亚马逊在中国发展迅猛,很多国内卖家想把产品上架到亚马逊平台销往世界各地。亚马逊平台很重视产品的安全性与合规性,某些类目的产品必须提供相关的测试报告和 FDA 认证。根据要求,医疗器械、食品、药品、化妆品都要完成 FDA 认证。食品接触材料,如微波炉、锅、碗等均需符合 FDA 要求。

④CPC 认证。CPC 认证是儿童产品证书,跟 12 岁以下儿童有关的产品,例如玩具、书包等。亚马逊美国站要求所有儿童玩具和儿童产品必须提供 CPC 证书,否则不允许销售。CPC 认证不由任何官方机构签发,也不需要在政府部门归档,本质上是由制造商或者进口商自行起草并全权负责的"保证书",声明产品符合所有美国当地适用的儿童产品安全条款和其他法律法规。

⑤DOE 认证。很多电子电器产品需经 DOE 认证,只有符合 DOE 认证要求的产品才能在美国市场销售。

⑥ETL 认证。ETL 认证是产品出口美国及加拿大所需的认证。具有 ETL 标志的任何电气、机械或机电产品均表明它已经过测试符合相关的产品安全标准。

(2)亚马逊欧洲站

CE 认证是欧盟国家实行的强制性产品安全认证,CE 标志是安全合格标志而不是质量合格标志。国内大部分产品出口欧盟都必须加贴 CE 认证标识,例如电子产品、电源、玩具、个人防护设备等。该认证是欧盟法律对欧盟市场上自由流通的产品在安全性方面作出的一种强制性要求。只有经确认符合相应欧盟指令及适用标准的前提下,不同类型的餐厨产品才能打上 CE Mark。

①欧盟授权代表。为了确保 CE 各项指标,欧盟法律要求欧盟境外的生产商必须在欧盟境内指定一个欧盟授权代表,这个欧盟授权代表仅代表产品安全方面,它既不是进口商也不是代理商或销售代表。

②WEEE。WEEE 指报废的电子电气设备,包含的产品类目有大型家用电器、玩具、医用设备、娱乐运动器材等。例如德国强制要求对电子电器产品进行回收注册。WEEE 必须进行注册,产品上还要贴上回收箱的标识,不符合要求的产品会被亚马逊强制下架。

如果某一个 Listing 被亚马逊检测到 WEEE 尚未注册,就会导致 Listing 被下架,可能还会导致店铺的其他产品被下架,甚至导致店铺被关闭。

③德国包装法。强制要求生产商或出售商第一次销售产品含有包装,包括外包装和内包装。企业必须注册和认领许可证,包装法强制出售商必须申报出售产品的包装材料、种类以及质量。不遵守德国包装法的卖家,将会面临高额的罚款和销售禁令。尤其需要注意的是,德国要求只要卖家有产品出售到德国,都要办理包装法的注册和回收。

(3)亚马逊日本站

①PSE 认证。PSE 认证是日本强制性安全认证。电机电子产品出口到日本,必须经过安全认证。PES 认证用以证明电机电子产品已通过日本电气和原料安全法或者国际 IEC 标准的安全测试。比如一些电线电缆、家用电热产品、家用电动或电玩产品。日本的DENTORL 法(电器装置和材料控制法)规定,498 种产品进入日本市场必须通过 PSE 安全认证。其中,165 种 A 类产品应取得菱形的 PSE 标志,333 种 B 类产品应取得圆形 PSE 标志。PSE 认证产品必须向日本经济产业省(Ministry of Economy, Trade and Industry, METI)备案:日本的采购商在购进商品后一个月内必须向 METI 注册申报,并务必将采购商名称或 ID 标注在产品上,以便在日后产品销售过程中进行监督管理。

②无线电波法。适用于无线电波产品。

③食品卫生法。日本食品卫生法要求产品不得含有对人体造成危害的有毒有害物质,并设置相应的检验标准。只有通过了检测和检验的产品才能出口到日本并进行销售,日本厚生劳动省也会依据相应标准进行管控。

第三节　跨境电商亚马逊平台选品数据维度的分类

亚马逊平台选品数据维度可以分为以下几类：市场情况分析、类目情况分析、竞争性分析、产品可行性分析。

1. 市场情况分析

首先从市场情况分析，包括产品信息，如尺寸、质量等，这些信息会涉及头程运费问题。其次是市场容量分析，市场容量可以从总体上概括这个品类的目标需求量，并确定后期的推广方案。最后是品牌分析，分析品牌的目的主要是了解这个品类目前比较知名的大品牌卖家有哪些，这对后期产品能否快速推进具有重要作用。

2. 类目情况分析

从类目分析 BSR Reviews、Ratings 数量，可知同行卖家产品的评论和星级评分，进而了解这类产品后期可能遇到的问题以及需要优化提升的空间。对 BSR 新品占比，主要了解近期新卖家进驻的数量、新产品上架的数量以及目前销量情况，便于后期推广方案的制订。BSR 品牌垄断，就是分析 BSR 前 100 名卖家中，大品牌卖家占比，这对后期推广具有重大影响。最后，亚马逊自营 VS 中国卖家，当然需要分析 BSR 前 100 名卖家中，亚马逊自营店铺与第三方中国卖家的占比，这也是后期产品能否推广成功的重要因素。

3. 竞争性分析

从抓取关键词、关键词搜索量、商品 Listing 数量、关键词点击集中度、关键词供需比值中确定产品的准确关键词，买家最习惯性的搜索词，从 Listing 数量也可得知产品竞争度是否激烈。另外，还需具体地分析每一个竞争对手的店铺数据，包括销量、价格、评价、产品特性、卖家性质、品牌等，这些分析对后期推广具有重要作用。

4. 产品可行性分析

除了上述的分析，还要考虑产品的利润预估、风险预估、季节性分析、认证合规等因素。利润预估决定卖出单位产品赚取利润的多少，季节性分析涉及产品是否存在某个季节销量剧烈下滑的情况，认证合规涉及产品的安全问题，如电池类产品需提供认证报告才能上架售卖。

【启迪】

本章阐述了跨境电商亚马逊平台选品的数据维度、选品数据维度的提取、选品数据维度的分类，使卖家了解并掌握选品可从哪些方面着手，如何提取维度、如何分类、如何解析、维度判断等，综合所有的数据维度确定选品结果。

复习思考题

1. 阐述跨境电商亚马逊平台选品的数据维度。

2. 跨境电商亚马逊平台选品数据维度应如何提取？

3. 跨境电商亚马逊平台选品数据维度的分类。

第五章
跨境电商亚马逊平台选品技巧

第一节　根据亚马逊平台特点和市场容量趋势选品

一、根据亚马逊平台的特点选品

亚马逊平台不同于其他跨境电商平台，具有鲜明的独特性。第一，"重产品，轻店铺"。亚马逊平台非常注重产品的质量及品牌的知识产权，这与国外消费者的购物习惯息息相关。国内电商平台的广告推广方式在亚马逊平台并不适用。在国内，店铺开店时间长就是优势，这种店铺积累了比较久的信誉与消费者信任度，也积累了一定的忠实消费者；在亚马逊，不论是新店铺还是老店铺，只要产品足够优质，产品质量没有问题，引流效果以及推广做到位，产品介绍刚好是消费者所需，就有机会获得亚马逊平台的流量支持，提高产品曝光率和转化率以及提升店铺的订单量。第二，"重展示，轻客服"。产品展示页面 Listing 详细地描写产品的特性、材质、颜色等特征，展示产品的评论以及评分，直观清晰地供消费者选择，消费者对产品是否为自己所需一目了然。亚马逊不像国内电商需要客服长时间的交流才能成交订单，这个平台没有在线客服，客户只能通过电子邮件与店铺卖家进行沟通，因此在店铺运营中帮助卖家节省了大部分人力和时间。第三，"重推荐，轻广告"。亚马逊平台对新入驻的卖家给予三个月的扶持期，对新入驻店铺给予大力支持，这种支持并不是用大量资金进行广告直推，而是只要产品质量好，能够满足消费者的需求，亚马逊平台就会给予店铺足够的曝光量，提升店铺的转化率。第四，"重客户，轻卖家"。亚马逊平台的消费者比较注重购物体验以及产品性价比，比较注重产品质量，亚马逊平台也一贯强调产品与图片的符合性、真实性，不能出现夸大、虚假以及欺诈，这给卖家减少了很多不必要的售后麻烦。与国内电商平台相比，亚马逊平台的产品拥有独立的页面展示，内容详细。其中，包括产品详情页面、消费者评论、卖家报价及其他产品信息等。当消费者搜索一款产品时，只会出现一模一样的产品，这种单一产品页面,不需支付任何推广费用就能增加曝光,卖家只需专注产品的销售量就可以好好地享受新店铺的红利期。亚马逊平台产品品类齐全、差异化比较明显,产品质量、产品价格比其他平台高并且平台逐渐重视品牌、注重店铺质量,对产品质量的把控更加严格。

二、根据亚马逊平台的市场容量大小选品

亚马逊中小型卖家应当立足平台本身选品,通过分析不同站点的热卖品类以及销量趋势,选择体积小、质量高、包装精美、产品成本相对适中的产品。在亚马逊平台选品时,可以从各站点官网首页左侧的类目进行分析,依次从前 100 名的大类目分析到小类目。例如,在为某一款手机壳做产品数据调研时,卖家需要在各站点官网首页左侧类目栏统计该款产品在前 100 名从大类目到小类目依次出现的次数,并把数据整理填入产品调研表。这款产品出现在类目的次数可以体现该款产品在该站点的市场容量以及市场需求。出现在类目的次数比较多,表明该款产品在推广期内没有任何问题的话,理论上可以达到预期目标,稍微比较容易实现。反之,如果这款产品出现在类目的次数比较少,推广起来就不太容易,可能需要比较长的时间、精力与成本。此外,卖家还要注意分析此类目前 100 名卖家的销量数据,预估同类产品的月销量或日销量,进而对自己三个月的推广期的目标销量以及推广排名进行预估。

亚马逊平台产品的市场趋势反映产品的生命周期。卖家也可以根据亚马逊官方数据公布的趋势选品,中小卖家应当重点选择买家有需求、卖家参与度低、竞争相对不激烈的类目切入市场。当然,通过谷歌趋势也可以分析产品的市场趋势,最近 5 年的数据可以很直观地展示产品的生命周期,根据趋势数据判断产品所处的阶段来制订产品的选品规划。

第二节　结合数据分析产品利润预估和同类产品竞争性选品

一、根据计算出产品的利润预估选品

价格不是卖家擅自设定的,而是由市场决定的。卖家应根据市场上的普遍价格酌定产品的售价,而不是根据自己的成本高低去设置,否则违背市场规律。在计算产品利润时,应把产品的所有费用罗列出来。例如,某款产品质量为 81 g,尺寸 13.8×9×0.7 in,售价 \$23.99,产品成本 30 元,目前美国海运价格 20 元/kg,空运价格 50 元/kg,FBA 配送费 \$2.7,佣金 15%,推广费 15%,退货率 10%,汇率 US 6.37。

①按空运计算。

利润预估 = \$23.99(售价) − \$4.71 产品成本 − \$0.64 头程运费 − \$4.5 佣金 − \$2.7FBA 配送费 − \$4.5 推广费 − \$2.3 退货 = \$4.64(￥29.56)

$$利润率 = \frac{利润}{售价} = \frac{\$4.64}{\$23.99} = 19.34\%$$

$$采购成本卖价占比 = \frac{成本}{售价} = \frac{\$4.71}{\$23.99} = 19.63\%(合理占比 15\% \sim 25\%)$$

$$投入产出比 = \frac{成本}{利润} = \frac{\$4.71}{\$4.64} = 1 : 1.02$$

②按海运计算。

利润预估 = \$23.99(售价) − 4.71 产品成本 − \$0.25 头程运费 − \$4.5 佣金 − \$2.7FBA
配送费 − \$4.5 推广费 − \$2.3 退货 = \$5.03(¥32.04)

$$利润率 = \frac{利润}{售价} = \frac{\$5.03}{\$23.99} = 20.97\%$$

$$采购成本卖价占比 = \frac{\$4.71}{\$23.99} = 19.63\%（合理占比 15\% \sim 25\%）$$

利润率在 20% 以上,采购成本卖价占比的比值在 15% ~ 25%,投入产出比至少达到 1∶1,这样的选品才算合格。亚马逊中国卖家在选品过程中必须掌握以上利润预估计算方法,选出的每一款产品都要综合分析每一个数据维度,特别是选品人员一定要把每个选品的每一个数据维度分析透彻,综合考虑最后作出决定。

二、分析同类产品竞争数据选品

由于大部分中小型卖家在初期投入的运营资金有限,可以承受最长的资金周转时间的 6 个月,因此中小型卖家应充分结合运营资金进行选品。为了减少库存压力和减低运输成本,建议中小型卖家选择产品的质量最好不要超过 0.5 kg,体积最好是亚马逊要求的标准尺寸,也就是"质量轻,体积小"的产品,可以大幅度降低前期的风险成本。为有效规避滞销、积压库存的风险,中小型卖家应分析产品特点,尽量选择价格相对便宜、退货率低的产品。为了适当降低推广成本,中小型卖家选品要尽量规避垄断寡头品牌的类目,避免和亚马逊自营产品或者品牌实力较强的大卖家正面交锋,寻找竞争小又有一定需求的类目,具体表现为选择新产品评价数量在 4 位数以内的类目,减少竞争压力,降低推广花费。国内很多比较有格调的游泳衣品牌,都想在亚马逊上做游泳衣服装类目。有的卖家认为,好的品牌好的质量,售价在 \$20 以上。而服装类目当前市场价为 \$12 ~ \$17。因此卖家不得不放弃,因为亚马逊平台的产品销售价格区间代表消费者的喜好,若超过这个价格区间,销量就会受到限制。通常外国人在夏天都会买游泳衣,他们主要是度假使用,用后直接扔掉,下次再买新的。这样的购物习惯,如果卖家想要做一个知名品牌,售价又高的产品,根本是行不通的,价格必须贴近市场实际需求。

第三节　综合考虑产品特性、竞争性、风险性、季节性选品

一、考虑产品的特性

所谓产品的特性是指产品的卖点,产品的卖点在于这个产品的优势以及主要功能、特性。例如,一个宠物水瓶有哪些特性呢？卖点：①防漏水；②真正的食品级杯子；③适用群体(除了狗,人也可以用)；④夏天可用作喷雾；⑤可手提和挂包。这样的呈现方式,能把产品的卖点淋漓尽致地展示在跨境电商平台的产品详情页面,顾客对产品的了解就一目了然。因

此,在编辑产品卖点时,尽量把产品最吸引人眼球以及最能体现其功能的关键点表现出来。

二、考虑产品的竞争性

通常卖家会根据市场 Listing 垄断性、品牌垄断性、卖家垄断性3个方面分析市场的竞争性,只要其中一项偏高就说明这个市场竞争激烈,新卖家如果没有资金、资源的优势建议不要轻易进入。

三、考虑产品的风险性

产品涉及侵权或者存在认证等问题意味着产品的后期推广存在一定的风险。因此,在选品时,要全面分析并综合考虑所有的维度,确保选品数据的准确性。

四、考虑产品的季节性

季节性产品是指在一年中的某个时间段销售的产品,有一定的时间限制。例如,特殊节日的产品顾客大多在节日期间购买。旺季销售额激增,订单量可能非常大。过了季节,可能卖不出去,成为滞销的压箱货。因此,经营此类产品的亚马逊卖家非常头疼。季节性产品的选择很重要,需要了解每年的流行趋势,去年的畅销热品今年可能不太受欢迎;季节性产品可分为地域型、节日型、文化型等,经营季节性产品的卖家需要认真分析、谨慎选品,还要考虑选品后的准备和推进工作。

第四节　优化后端供应链,开展创新性选品

一、优化后端供应链

对于跨境卖家来说,强大的后端供应链也是推广产品的关键。一旦产品推上来,订单就会猛涨,就需要充足的库存。缺乏稳定供应链的中小型卖家,选品时应根据亚马逊类目信息选择竞争相对小,近几年需求量增加的垂直类目区寻找供应商,可以通过 1688 平台或者其他渠道寻找合适的供应商,对比分析多家供应商并进行实地考察,选择具有相对竞争优势的供应商,研发与生产相对稳定的产品。

二、开展创新性选品

稳定的供应链,可以选择厂家最新研发的产品,也可以结合亚马逊平台消费者的反馈与建议创新研发新产品。有稳定供应链的中小型卖家需要不断地推出差异化、创新性产品,这样不仅能够稳定消费者群体,而且可以提升消费者购物体验。中小型卖家应密切关注平台市场类目的新品趋势,通过 Top 100 新品榜获取产品数据,同时借助卖家精灵等选品工具筛选出具体的销量数据,并与供应商深度合作,不断优化、迭代升级产品,打造适应市场需求的创新型产品,满足对产品有更高要求的消费者,抢占更多市场份额,赚取最大化利润。

第五节 根据不同国家消费者的需求选品

不同国家消费者的消费习惯以及需求不同,卖家务必根据不同站点的消费者需求选品。经统计,自从新冠肺炎暴发以来,全球近50%的消费者在网上购买更多的杂货和清洁用品。而且疫情期间消费者对其他产品的兴趣也大为增加,精明的亚马逊卖家紧跟并响应了这一需求。例如,炊具、拼图、孩子们的游戏、家庭健身器材和家庭办公用品等也吸引了众多居家隔离的消费者。购物行为一直在变化,虽然卖家无法预测像新冠肺炎突发时引起需求的急剧变化,但这些变化提醒卖家,消费者需求可能随时发生变化。可喜的是,疫情之后,线上消费习惯越来越根深蒂固地体现在消费者行为上。好产品源自生活。不同国家有不同的消费习惯与消费需求,亚马逊中小卖家需要及时了解目标市场的情况选品。以美国为例,人们比较喜欢音乐、运动、养宠物、电玩、看电视、电影、购物等,同时也越来越喜欢在网上购买日用品。那么,卖家可以在居家产品、美妆护理、消费电子周边、户外健身品类、宠物用品等方面选品。以欧洲站流量最大的德国和英国为例,德国站数据显示,首先是健康个护类目深受德国人的喜爱,其次是厨房家具类目和家庭装饰类目,运动户外以及电子产品类目在德国市场也占据不少的市场份额,以上类目的市场份额占比均超过10%。英国站数据显示,英国人最喜欢厨房家具,健康个护类目次之,消费电子类目占比在不断增长,以上类目的市场份额占比均超过10%,中小卖家可参考这些类目选品。

【启迪】

本章详细地解析了跨境电商选品的五大技巧,每个技巧分别进行了具体分析,通过举例和示意图相结合,清楚地展示了每一个选品的操作技巧,使卖家很好地熟悉并掌握每一个选品技巧。

复习思考题

1. 简述亚马逊平台的特性。

2. 选择某款产品并计算利润值。

3. 阐述跨境电商亚马逊选品的技巧。

第六章
跨境电商亚马逊平台选品实操案例

亚马逊平台畅销品类非常多,其三大核心站点——美国站(表6.1)、欧洲(英国、法国、德国、意大利、西班牙)站(表6.1)、日本站(表6.1),爆款产品非常多。消费类电子产品在各国常年热卖,家居生活用品也涌现诸多黑马,玩具、家庭娱乐等产品也深受青睐。

表6.1 2021年亚马逊美国站线上零售销售额(按品类)

Category		Retail E-Commerce sales/billion $	Change/%	of total retail E-commerce sales/%	of total retail sales/%
个人电脑和消费电子	Computer and consumer electronics	194.94	9.1	21.5	53.2
服装配饰	Apparel and accessories	183.52	18.9	20.2	37.9
家具和家居装饰	Furniture and home furnishings	105.93	12.3	11.7	31.3
健康与个护	Health and personal care and beauty	85.67	16.1	9.4	14.9
宠物用品	Pet Products	16.28	7.1	1.8	30.1
美妆用品	Cosmetics and beauty	12.98	9.7	1.4	17.8
玩具和兴趣相关	Toys and hobby	64.74	13.1	7.1	45.4
汽配	Auto and parts	62.73	13.5	6.9	4.8

续表

Category		Retail E-Commerce sales/billion $	Change/%	of total retail E-commerce sales/%	of total retail sales/%
书籍、音乐、影视	Books/music/video	53.85	12.5	5.9	69.1
食品饮料	Food and beverage	53.42	18.1	5.9	4.8
办公用品	Office equipment and supplies	18.53	8.5	2.0	39.9
其他	Other	85.42	13.4	9.4	6.1
总计		908.73	13.7	100.0	5.5

一、亚马逊海外四大消费趋势

1. 追求即时消费,受社交媒体影响巨大

不仅每个人都爱看直播,而且全民直播已成普遍现象。海外消费者的购物习惯受社交平台的影响巨大。

针对人人都爱看直播的趋势,热卖品类预测如图6.1所示。

①KOL 推荐用户日用消费品选择的影响力日益增加:日用消费品属于快消类,客单价相对比较低,短视频等媒体 KOL 的推荐很容易影响消费者转化。热卖品类如彩妆(眼影、眼线、护肤)。

②网红直播刺激宠物品类消费,猫狗用品需求量大。网红直播也带动了猫猫狗狗的用品需求,欧美一直是宠物消费热点市场,热卖产品如喂食类产品。

美容美妆　　　宠物用品　　　服饰鞋靴　　　家居

图6.1　热卖品类1

针对人人都有成为主播的趋势,热卖品类预测如图6.2所示。

消费电子　　　美容美妆　　　办公家具　　　家居服饰

图6.2　热卖品类2

全民直播背景下,上镜用产品的需求量激增。直播用的电子产品、无线设备、家具、家居

装饰设备的需求增加;帮助上镜的美妆护肤产品的需求激增。

2.追求个人和家庭的身心健康

疫情让海外消费者更注重自己和家人的身心健康。可以预见的是,健康需求、运动以及出行需求、社交需求、与个人兴趣相关的需求依然强劲。

针对个护健康需求,热卖品类预测如图6.3所示:海外消费者希望在家就能进行一些基础性的个护按摩。亚马逊北美站消费者对按摩产品的需求不断提升,例如,眼部按摩棒、颈部按摩棒、SPA按摩床等;亚马逊日本站消费者近一年对个护健康产品的搜索量飙升,超700%。

个体健康　　　　　　　　　　　美容美妆

图6.3　热卖品类3

针对室内外活动和出行的需求,热卖品类预测如图6.4所示:运动健身需求提升,热卖产品包括瑜伽服、骑行裤、运动内衣等。后疫情时代走出去的冲动与日俱增,野营、露营产品,包括帐篷、野营桌子、睡袋等需求日渐旺盛。出于健康以及环保需求的考虑,越来越多的消费者选择电动自行车出行。

室内健身

运动（户外）　　　　　　　　　户外用品

图6.4　热卖品类4

针对社交需求,热卖品类预测如图6.5所示:疫情让消费者有更多的时间陪伴家人,享受小范围的家庭活动,家庭娱乐产品、庭院派对装饰以及其他庭院用品等需求增加。

针对个性兴趣需求,热卖品类预测如图6.6所示,不少消费者热衷于定制化、个性化产品,DIY增加。例如,自己动手粉刷墙壁,或者给自己的汽车添加配饰等。

3.追求生产与消费的可持续性和绿色环保

海外消费者非常重视产品制造商或品牌是否具有环保理念,比较关注制造商或者品牌是否使用可回收材料,这一点在某些品类上体现得特别明显,如图6.7所示,例如,童装、母婴用品;同时,消费者自己也可以践行绿色家居和环保出行。

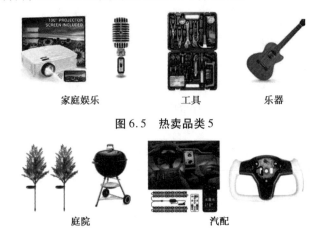

家庭娱乐   工具   乐器

图 6.5   热卖品类 5

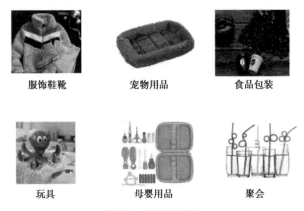

庭院   汽配

图 6.6   热卖品类 6

针对生产端绿色环保需求,热卖品类预测:再生和可回收材料制作的服装受到消费者欢迎。例如,女士内衣、家居服等在舒适的基础上应当健康环保。具有环保理念的产品将被优先选择;对童装、母婴用品等产品的质量要求更严格,对环保材质要求更高。

服饰鞋靴   宠物用品   食品包装

玩具   母婴用品   聚会

图 6.7   热卖品类 7

针对绿色家居、环保出行需求,热卖品类预测如图6.8所示。随着全球高温天数的增多(全球变暖),对制冷设备的需求也日渐增多,不过出于环保考虑,消费者更多地选择环保类的产品及风扇。同时,欧美消费者强烈的环保意识也带动了骑行裤的风靡。

4. 追求产品的个性化、智能化以及多功能性

科技的迅猛发展助推了产品的多样性以及品类精细化发展,海外消费者更多地关注产品的个性化、智能化以及能否一物多用。

针对个性化需求,热卖品类预测如图6.9所示。个性化产品在购买时存在排他性,因此可直观地体现消费者的满意度。个性化使消费者购物体验更轻松,并增强品牌忠诚度。例如,定制的毛毯、镌刻名字的首饰;另外,吸管、杯子、牙刷托的个性化需求也日渐高涨。

图 6.8　热卖品类 8

图 6.9　热卖品类 9

针对智能化需求,热卖品类预测如图 6.10 所示。人工智能增强了在线购物体验的潜力,包括语音搜索、AI/AR/VR 科技运用、购物聊天机器人等;同时,智能产品让人们生活更便捷。美国智能家居市场将超过 450 亿美元,其中包括智能家居、关控与连接、安防、灯具、能源管理、家庭娱乐、智能设备等。截至目前,24% 的美国民众拥有 2 个 smart speaker, 29% 的美国民众拥有 3 个或 3 个以上的 smart speaker;欧洲的智能家居规模预计将达到 2.1 亿件;日本消费者对产品、购物服务等要求更高,在产品个性化以及智能、多功能方面要求同样如此。

图 6.10　热卖品类 10

针对产品多功能需求,热卖品类预测如图 6.11 所示。多功能性满足消费者对产品在更多场景使用的需求;同时,性价比提升。例如,传统品类智能化的宠物喂食器带摄像头、红外线玩耍功能;产品的使用场景更广泛,宠物家具和家居用品也更多地在庭院场景中出现。

这四大趋势,前三或多或少受到黑天鹅事件的影响迅速爆发,而第四点则是顺应时代的发展需求应运而生。

亚马逊预估 2025 年全球智能家居总价值将达 1 823 亿美元,其中美国站 488 亿美元、欧洲站 449 亿美元,年复合增长率均超两位数,预计近半数美国家庭将会使用智能家居设备。

宠物家具和宠物用品　　　　　家具和家居

图 6.11　热卖品类 11

二、智能家居全球概况以及消费者

目前全球比较热门的智能家居类别为控制连接（Control and Connectivity）、智能灯光（Comfort and Lighting）、智能安防（Security）、家庭娱乐（Home Entertainment）、能源管理（Energy Management）以及智能设备（Smart Appliance）。

纵观全球,消费者入手的第一件智能家居产品通常是价格比较低的小物件,随后会尝试更多、价格更高的智能家居产品。例如,智能灯泡和智能音箱的结合就是大多数消费者的智能家居入门产品。从长远看,智能家居用品将取代传统家居用品。

1. 美国站

智能家居产品作为一种新产品在美国接受度很高,2020 年智能家居产品在美国的渗透率位居全球第一,高达 36.6%,大约是中国的 2 倍;控制连接产品在美国等英语系国家渗透率也很高,美国大约是意大利的 7 倍,前景广阔。美国家庭在智能家居上的平均花费位居世界前列,其中在智能设备上的投入最高,花费高达每户年均 665 美元。

2. 英国站

英国 2020 年互联网和智能手机的渗透率双双超过美国,位居全球首位,分别达到了 91.4% 和 90.5%。成熟的互联网环境,使英国消费者更愿意尝试智能家居产品;智能设备也广受英国消费者青睐,2025 年智能设备在英国的体量将达到 33.5 亿美元。2020 年英国家庭在智能家居上的平均花费已经超过 663 美元。

3. 德国站

德国 2025 年将有超过 2 000 万户家庭使用智能灯光产品;将有超过 1 500 万户家庭使用家庭娱乐类产品,是法国的 3 倍多。德国 2025 年智能设备的体量将达到 32.5 亿美元,潜力巨大。

4. 日本站

亚洲消费者使用智能设备的速度将比西欧、北美消费者更快。通常消费者入手的第一件智能设备是价格较低的小物件,随后会尝试价格更高的智能家居产品。

三、智能家居星级选品

表 6.2 至表 6.5 是亚马逊美国、英国、德国和日本 4 个站点的智能家居星级选品示例。

①推荐指数考虑了多个参数,包括类目的站点容量、增长速度、中国卖家渗透率、渗透速度等,星级越高越推荐。

②竞争指数考虑了中国卖家的渗透率情况,星级越高竞争程度越低,越推荐进入。

③热力指数考虑了过去特定时间段的销售增长幅度,星级越高增速越快。

表6.2　美国智能家居星级造品

第一季度美国站家居类目潜力推荐选品类目			
类目名称	推荐指数/星	竞争指数/星	热力指数/星
窗式空调 Window-Air-Conditioners	4	4	5
婴儿车风扇 Baby-Stroller-Cooling-Fans	1	5	4
冷水机 Evaporative-Coolers	4	5	4
台式风扇(可置地) Floor-Fans	3	4	4
家用回收垃圾桶 In-Home-Recycling-Bins	4	3	3
家用扫地机 Household-Floor-Sweepers	4	3	2
便携式空调 Portable-Air-Conditioners	3	3	2
立式吸尘器 Upright-Vacuums	5	1	2
第二季度美国站家居类目潜力推荐选品类目			
窗式空调 Window-Air-Conditioners	5	2	5
婴儿车风扇 Baby-Stroller-Cooling-Fans	3	3	3
冷水机 Evaporative-Coolers	4	4	5
台式风扇(可置地) Floor-Fans	4	5	4
便携式空调 Portable-Air-Conditioners	3	4	4
家用挂壁式风扇 Eletric-Household-Wall-Mounted-Fans	2	5	5

续表

第二季度美国站家居类目潜力推荐选品类目			
家用座式风扇 Eletric-Household-Pedestal-Fans	1	5	5
户外喷雾风扇 Outdoor-Cooling-Misting-Fans	1	5	4
家用落地电风扇 Eletric-Hosehold-Floor-Fans	4	3	3
可嵌入墙中的空调 Through-The-Wall- Air-Conditioners	2	2	3
家用塔扇 Eletric-Household-Tower-Fans	4	3	2
家用台式电风扇 Eletric-Household-Tabletop-Fans	2	1	2
家用窗扇 Eletric-Household-Window-Fans	3	4	1

表6.3　英国智能家居星级选品

第一季度英国站家居类目潜力推荐选品类目			
类目名称	推荐指数/星	竞争指数/星	热力指数/星
猫砂盆 Litter Boxes	1	5	5
健身呼啦圈 Fitness Hula Hoops	2	5	4
高尔夫打击垫 Golf Mats	1	4	4
摇椅 Swing Chairs	5	4	3
塔式风扇 Tower Fans	4	3	3
手持花洒 Handheld Showers	4	2	3
第二季度英国站家居类目潜力推荐选品类目			
智能手表 Smart Watches	3	5	5
户外取暖器 Patio Heaters	1	5	5
室外庭院摇椅 Canopy Swings	1	3	4
喷泉 Fountains	2	3	3
电竞椅 Video Game Chairs	2	3	3
割草机 Grass Trimmers	4	2	3
电子游戏机 Eletronic Games	3	1	1

表6.4 德国智能家居星级选品

第一季度德国站家居类目潜力推荐选品类目			
类目名称	推荐指数/星	竞争指数/星	热力指数/星
办公凳	2	2	5
支承箱	5	1	5
箱子	5	4	5
包袋	3	1	4
高架床	4	4	4
挤压玩具	2	3	4
旋转式干衣机	5	5	3
躺椅	3	3	3
座椅和扶手椅	5	2	2
遮篷	3	2	2
户外窗帘	1	2	2
好莱坞式秋千	4	3	1
防蝇网门	2	4	1
第二季度德国站家居类目潜力推荐选品类目			
冰块机	2	2	5
好莱坞式秋千	5	4	5
包袋	2	3	4
移动式空调	5	5	3
户外窗帘	3	3	3
成套家具	1	2	2
葡萄酒和香槟酒冷却器	4	5	2
伸缩式梯子	3	3	1
冰模	4	3	1
长椅	2	4	1

表6.5 日本智能家居星级选品

第一季度日本站家居类目潜力推荐选品类目			
类目名称	推荐指数/星	竞争指数/星	热力指数/星
攀登架 秋千	1	4	5
防灾罩	4	5	5

续表

第一季度日本站家居类目潜力推荐选品类目			
类目名称	推荐指数/星	竞争指数/星	热力指数/星
园艺剪刀	1	5	5
应急、紧急避难套装	5	5	4
防止跌倒用的顶杆	3	4	4
抗震防止跌倒用的垫子、挡块	2	4	4
杯子、茶托	3	3	4
看护用床头柜	3	3	3
单张书桌	4	3	3
热三明治、华夫饼机	3	1	3
储物柜	5	2	3
书架	2	2	3
会议桌	4	4	2
按摩用靠垫、枕头	1	3	2
电动咖啡研磨机	4	2	2
中碗	5	1	1
厨房用纸	5	1	1
办公室工作桌	3	3	1
第二季度日本站家居类目潜力推荐选品类目			
伸缩梯子	1	4	5
台式风扇	4	5	5
被套	1	5	5
滴水器	2	5	5
水池	5	5	4
吸入器	3	4	4
枕巾	3	3	4
毛巾毯	3	3	3
起居风扇	4	3	3
电动灯笼	3	1	3
长柄伞	5	2	3
纱布毯	2	2	3
便携式风扇	4	4	2

续表

第二季度日本站家居类目潜力推荐选品类目			
类目名称	推荐指数/星	竞争指数/星	热力指数/星
蚊帐	1	3	2
手动刨冰机	2	2	2
香薰喷雾器、香薰喷灯	4	2	2
啤酒供应机	5	1	1
冷感毛巾	5	1	1
餐具套装	3	3	1

美国、英国、德国、日本有关智能家居选品的关键词列举如下:

美国:shower curtain、vacuum cleaner、shoe rack、tapestry、bathroom decor、weighted blanket、jewelry organizer、fan;

英国:halloween decorations、pillows、laundry basket、led lights、toilet brush、shower curtain、solar lights outdoor garden、kitchen bin;

德国:led strip、duschvorhang、wäschest änder、Wäschekorb、bettwäsche135×200、deckenlampe、teppich、sodastream;

日本:ゲーミングチェア、本棚、座椅子、ゴミ箱、水桶、テレビ台、ハンガー、バスタオル。

四、结合全球消费者对智能家居的消费偏好,总结几个值得卖家关注的细节

1.简单易上手的DIY安装设计

大多数海外买家,专业的上门安装服务既费时又费钱。因此,安装困难是消费者购买智能家居的一大障碍,解决了这个问题,消费者更愿意购买。

2.产品功能整合

建议卖家根据消费者的习惯整合产品功能,实现一物多用。同时也要注意,一物多用并不是想尽办法整合过多不必要的功能。

3.智能生态建设

建议卖家设计更加便捷的连接功能,使各智能产品之间构成智能家居生态系统。

4.语音控制及自然语言处理

语音控制在智能家居方面的运用非常重要,自然语言处理技术能够促进更加有效的人机互动。卖家可以从这个方面着手,迭代升级自己的产品。智能语音是人工智能感知领域的重要技术之一,简单来说,就是让计算机、智能仪表、手机甚至家电或者玩具都具备像人一样"能听会说"的技术。智能语音包含3项主要技术:语音识别、自然语言处理(Natural Language Processing,NLP)、语音合成。语音识别就是让计算机将人类的语言转化为相应文

本,侧重于分析语法,以便进行转录和翻译;自然语言处理侧重于理解上下文语境和说话者的意图。通过对自然语言处理的研究,能够让计算机理解自然语言,使计算机获得人类理解自然语言的智能,并对人类向计算机提出的问题,通过对话的方式,用自然语言回答;语音合成是把自然语言处理的结果合成人类语音,语音合成的质量取决于与人声的相似度以及语义是否被理解。其中,自然语言处理在搜索引擎中早有应用,但在人机交互领域仍属于浅层处理,这也是众多公司和研发机构最感兴趣的领域。通过最新发布的 Gartner 曲线,我们发现,语音识别已进入"实质生产高峰期"。这意味着语音识别技术已经被广泛接受,规模化落地即将全面铺开。在语音语义识别方面,国外 IBM 与 Nuance,国内科大讯飞、小 i 机器人和搜狗处于前沿领先地位。而自然语言处理、虚拟智能助理等相关智能语音技术历经大浪淘沙即将迈入泡沫化低谷期。商业模式越来越成熟,必将进一步推动智能语音的落地。据了解,与亚马逊智能助手 Alexa 绑定的智能音箱 Echo 已经售出了超过 1 亿台,跟苹果和 Google 相比处于劣势。不过 Alexa 去年已占据全球智能音箱约 35% 的市场份额,Google 则紧随其后约占 30% 的市场份额,连苹果也推出了 HomePod 智能音箱。可见竞争格局愈发激烈。在亚马逊发布的产品中,有 3 款是可穿戴产品:智能眼镜、智能戒指、无线耳机。智能眼镜(Echo Frames)里内置了麦克风,可以直接和智能助手 Alexa 交谈,让 Alexa 创建提醒、播放音乐、控制其他智能家用设备。智能戒指(Echo Loop)采用钛合金框架,配备触觉引擎、扬声器和麦克风。通过这个戒指,用户可以和 Alexa 通话。Echo Loop 会通过振动提醒用户有新消息或来电。智能眼镜和智能戒指都是限量发行,仅限被邀请者购买。无线耳机(Echo Buds)同样支持语音助手功能,不仅支持自家的 Alexa,还能兼容 Google Assistant 和苹果的 Siri。

5. 用户数据信息保护全面

由于全面联网以及对用户行为的适应,隐私以及数据信息安全方面的保护变得更加重要,尤其在亚马逊欧美日站点,用户的数据流量必须得到保护。

6. 品牌建设是卖家店铺的加分项

亚马逊品牌意识是所有营销活动中最看重的要素之一,智能家居行业同样如此,建议卖家多多关注品牌建设。

(1)产品品牌要素

产品品牌要素是指用以标记和区分产品品牌的符号设计,一般包括品牌的名称、标志或图标、标志字、标志色、标志包装、广告等。既准确又成功的品牌要素设计,不仅能加强消费者对品牌的认知,而且可以促成强有力的、偏好的、独特的品牌联想的形成,提升消费者对品牌的正面感受,提升产品品牌的影响力和推广力度,使广大消费者能够更快速地了解产品的信息及其背后的悠久历史。

(2)产品品牌名称

品牌名称,首先,应简明朴实、通俗易懂,方便普通人群的口口相传,并且有利于建立品牌联想。其次,品牌名称应亲切熟悉并富有意义,使消费者很容易记住并自然地传播开来。

(3)品牌标志

品牌标志或图标属于品牌视觉要素,选择一个恰当且适合的品牌标志、符号或者字符对品牌的推广与传播具有很大的促进作用。亚马逊公司的标志由文字"Amazon.com"和一个黄色箭头组成。Logo"Amazon.com"底下的弧形箭头像一个笑脸而且从字母 A 横跨到 Z,代表亚马逊从以字母 A 到 Z 为开头的一切服务都会展示给消费者一个满意的笑脸和极佳的购物体验。亚马逊公司的 Logo 融合了文字和抽象标志,容易识别,又深刻蕴含着公司的服务理念,从而传递给消费者积极的感知和理念,并支持企业通过多种营销方式激发人们的联想,加深公司在消费者头脑中的印象。

(4)亚马逊品牌营销。

①多样化的购买服务。在购买方面,亚马逊依托各种网络社交平台,拥有其他零售平台所不具备的优势。亚马逊目前可以提供高达 430 万种商品,包括图书、DVD、音乐光碟、电脑、软件、电子游戏、电子产品、家具等。此外,还在美洲、欧洲、亚洲设立分公司,24 小时为全球消费者提供质优价廉的服务。特别是网上销售省去了很多中间环节,成本大大降低,保证了较高的价格折扣。以图书为例,一本精装书的折扣在 30% 以上,平装书在 20% 以上。在购买过程中,亚马逊还通过友好的使用界面提供比较购物、在线阅读、地图搜索、专设礼物、24 小时电话客服等各种附加服务。

②快捷的物流服务。亚马逊的物流服务以快捷性广受好评。它的订货到达时间有一个恒等式: 找到订货商品的时间+装运时间=送货所需时间。如此重视物流服务是因为亚马逊意识到,仅仅拥有虚拟商店的便利而无法将货物快速地送达客户手中就失去了网上快速购物的意义。亚马逊在美国设有 5 家大型配送中心,每家有 60 万 ~70 万平方英尺。并能以很高的效率将很不一样的两种商品装进同一个盒子,而这主要依靠亚马逊自己开发的软件和流程。另外,由于 28% 的产品是由第三方公司从其仓库或下属商店发送的,为了使这些第三方服务质量保持同样的水准,亚马逊做了很多的努力,包括提供亚马逊统一定制的包装盒。

③维持与消费者的关系。虽然网络销售方式使购买者与卖家之间无法面对面交流,但亚马逊公司充分利用互联网的交互性,展示商品、提供有关商品信息的查询,与消费者进行双向互动沟通,并不断收集反馈意见。为了实现这一目标,亚马逊研发了世界顶尖的网络技术,包括及时电子邮件回复,编辑记录消费者的购买历史、个人资料,根据消费者的喜好提供相关商品的信息,甚至为每一位消费者建立个性化的购物界面。除个性化服务外,亚马逊还创办了网上社区,开创了网上评价之先河。在维持与消费者关系方面,亚马逊深知网络销售没有面对面的亲切笑容,更需要以人性化的贴心服务来征服消费者。

(5)亚马逊的品牌管理

品牌管理一般被认为是管理者为培育品牌资产而展开的以消费者为中心的规划、传播、提升和评估等一系列战略决策和策略执行活动。亚马逊公司主要从产品线的延伸、自有品牌等方面入手提升公司整体竞争力,不断强化品牌实力。

①产品线的延伸。自 1998 年以来,亚马逊网站的产品目录呈现出惊人的增幅。亚马逊的产品线延伸不仅拓展了服务对象,将亚马逊的品牌特性传递给更多消费者,而且节省了广告费用,有利于打消顾客对新产品的不信任感,使新产品借助品牌地位快速成长。这正是亚马逊的战略目标: 建立网上服务中心,在这里消费者可以找到需要的一切东西。2010 年亚马逊销售的非图书音像类产品,如家电和 IT 产品,已经超过了所有销售商品的 50%(1999

年的比例只有10%）。在核心业务——图书、唱片和录像产品受各种因素影响而销售增长缓慢,甚至出现负增长的情况下,正是这种多样化经营使亚马逊仍旧保持了较高的总体销售增长趋势。

②自有品牌的创建。在自有品牌方面,2007年亚马逊推出了名为kindle的电子阅读器。推出伊始,亚马逊就把这款产品定位为纸质书籍的替代者,让读者拥有与普通书籍一样的阅读体验,并赋予了便捷可靠、价格低廉、绿色环保等特性。2008年、2009年和2010年,亚马逊又推出了kindle D×、kindle 2、kindle 3等迭代升级产品。据统计,2010年亚马逊kindle电子阅读器销量在500万台左右,市场份额达到47%,无愧为电子阅读器的第一品牌。除电子阅读器外,亚马逊的自有品牌还包括冠名为Strathwood品牌的户外用具、Pinzon品牌的家具和园艺产品、PikeStreet品牌的浴室用品以及Denali品牌的电动工具。2009年和2010年,亚马逊在美国和全球其他地区先后推出了新品牌AmazonBasics的电子配件产品。在自有品牌产品类别的选择上,亚马逊特别关注需求量大,但市场上产品种类、价格和质量千差万别,不便于搜寻和购买的产品。亚马逊意在通过品牌保障赢得消费者的信任,同时便捷的购物过程、低价位的产品和更完善的售后服务,使亚马逊的自有品牌更具市场竞争力。

第一节　3C电子产品类

通过第五章的学习,卖家朋友们应该掌握了选品的技巧和方法,下面介绍亚马逊平台主要类目的选品实操案例。

1. 电子类蓝牙耳机产品(表6.6)

表6.6　电子类蓝牙耳机产品

Bluetooth Earbuds 蓝牙耳机		
产品信息	尺寸:2.8 in×2 in×1 in　　质量:0.13 kg	
市场容量	一级类目 Electronics　出现7次	该产品前10名日均销量420单(1~10名),预期最终目标排名是小类1 000名,日均170单
	二级类目 Audio headset　出现73次	
	三级类目 earbuds　出现100次	
	四级类目　出现0次	
	五级类目　出现0次	
	六级类目　出现0次	

利润预估(海运 20 元/kg)	$ 39.99 卖价－$ 6.50 进价－$ 7.50 佣金(15%)－$ 0.41 头程－$ 3.88FBA－$ 7.50 推广(15%)－$ 5.00 退货(10%)＝$ 9.2(￥58.05)净利
	利润率:$ 9.2/ $ 39.99＝23.00% 前期投入:($ 6.50+$ 0.41+$ 7.50)×500＝$ 7 205(￥45 463.55) 前期测评:20×(本金￥252+佣金￥70)＝￥6 440 前期总计成本:￥45 463.55+￥6 440＝￥51 903.55
	采购成本卖价占比:$ 6.50/ $ 39.99＝16.25%(合理占比 15%～25%) 投入产出比:$ 6.50/ $ 9.21＝1:1.42
利润预估(空运 50 元/kg)	$ 39.99 卖价－$ 6.50 进价－$ 7.50 佣金(15%)－$ 1.03 头程－$ 3.88FBA－$ 7.50 推广(15%)－$ 5.00 退货(10%)＝$ 8.58(￥54.14)净利
	利润率:$ 8.58/ $ 39.99＝21.46% 前期投入:($ 6.50+$ 1.03+$ 7.50)×500＝$ 7 515(￥47 419.65) 前期测评:20×(本金￥252+佣金￥70)＝￥6 440 前期总计成本:￥47 419.65+￥6 440＝￥53 859.65
	采购成本卖价占比:$ 6.5/ $ 39.99＝16.25%(合理占比 15%～25%) 投入产出比:$ 6.5/ $ 8.58＝1:1.32
竞争性	卖家精灵抓取　关键词 earbuds 搜索量 10 359 449,Listing 数 11 768,供需比值880.3,点击集中度 22.6%(10.5%、7.0%、5.1%) 卖家精灵抓取　关键词 earbuds wireless 搜索量 247 806,Listing 数 5 995,供需比值41.3,点击集中度 44.8%(27.0%、12.2%、5.6%) 卖家精灵抓取　关键词 wireless earphones 搜索量 84 467,Listing 数 8 330,供需比值10.1,点击集中度 31.7%(12.3%、11.3%、8.1%)
产品特色	卖点: ①全新芯片; ②指纹触控; ③IP×5 级防水; ④快速充电,持久续航; ⑤开机自动匹配
风险性	无
季节性	

续表

总结	1.搜索量最高的关键词点击前三占比分别为11.2%、9.0%、8.0%
	2.利润率　空运：$8.58/$39.99＝21.46%；海运：$9.2/$39.99＝23.00%
	3.产品热搜词：earbuds，wireless earbuds，earbuds wireless。此类目关键词数据显示，earbuds热搜度较高
	4.卖点：①全新芯片；②指纹触控；③IP×5级防水；④快速充电，持久续航；⑤开机自动匹配
	5.总结：该产品不受季节性影响，质量轻，earbuds的搜索热度高，但卖家数量多，竞争比较大，排名靠前的卖家占据相当部分市场，后期推广需加大力度
运营规划	一月推广，日均30单，小类排名5 000～4 000　二月推广，日均50单，小类排名4 000～2 000　三月推广，日均170单，小类排名2 000～1 000

（1）亚马逊美国站 Top 前10卖家销售量数据（表6.7）

表6.7　亚马逊美国站 Top 前10卖家销量数据

大类排名	小类排名	售价$	Review数量	Rating评分	月销量	日销量
12	1	199	44 242	4.8	69 198	2 306
54	2	119.99	47 272	4.8	65 774	2 192
118	3	23.66	42 544	4.6	63 058	2 101
146	4	29.99	45 321	4.4	56 137	1 871
3 262	5	49.85	2 594	4.3	50 561	1 685
5 006	6	19.49	2 581	4.3	49 424	1 647
7 199	7	23.93	7 838	4.6	52 610	1 753
8 129	8	26.99	3 639	4.4	54 473	1 815
8 370	9	169	6 187	4.6	55 979	1 865
9 219	10	22.99	1 809	4.5	32 213	1 073

（2）案例分析

建议：该款蓝牙耳机体积小，质量轻，可以省去一大笔头程成本的费用；采用海运或者空运方式都适合，且海运和空运的利润相差不大，卖家需要考虑的是产品本身的质量问题或者寻找优质供货商以及把控好后期推广的进度安排；依据情况，采用合适的关键词做推广。另外，还可以考虑多变体链接，也就是多种颜色、型号、款式等。从类目情况看，该产品从一级类目到三级类目，出现的次数在逐渐增加，在三级小类目的出现次数是100次，表明这款产品在该类目的市场需求是不错的，在亚马逊美国站电子产品的市场非常大，电子产品客单价一般都比较高，相应地利润也比较可观。按照海运20元/kg计算，投入产出比达到1∶1.42；按照空运50元/kg计算，投入产出比达到1∶1.32。从上述表格可见关键词earbuds的竞争十分激烈,可见蓝牙耳机这个类目的竞争也十分激烈。另外,第二、第三个关键词竞争也比较激烈,但相较于第一个关键词,第二、第三个关键词的搜索热度还是稍逊色。总而言之,重点抓产品质量及售后问题。因此,在制订推广预算时,需持严谨态度。

2. 电子产品智能手表(表6.8)

表6.8　Smart Watch 智能手表

产品信息	W26+PRO 尺寸:6.3 in×3.7 in×0.9 in　　质量:0.47 kg	
市场容量	一级类目 Electronics　出现 2 次	该产品前 10 名日均销量 146 单(1～10 名),预期最终目标排名是小类 89 名,日均 50 单
	二级类目 Wearable Technology　出现 2 次	
	三级类目 Smartwatches　出现 62 次	
	四级类目　出现 0 次	
	五级类目　出现 0 次	
	六级类目　出现 0 次	
利润预估(海运 20 元/kg)	$ 49.99 售价－$ 10.82 进价－$ 7.5 佣金(15%)－$ 1.48 头程－$ 3.47FBA－$ 10 推广(20%)－$ 5 退货(10%)＝$ 11.72(￥73.95)净利	
	利润率:$ 11.72/ $ 42.99＝23.44% 前期投入:($ 10.82+$ 1.48+$ 10)×500＝$ 11 150(￥70 356.5) 前期测评:20×(本金￥315+佣金￥70)＝￥7 700 前期总计成本:￥70 356.5+￥7 700＝￥78 056.5	
	采购成本卖价占比:$ 10.82/ $ 42.99＝21.6%(合理占比 15% ~25%) 投入产出比:$ 10.82/ $ 11.72＝1∶1.08	
利润预估(空运 50 元/kg)	$ 49.99 售价－$ 10.82 进价－$ 7.5 佣金(15%)－$ 3.72 头程－$ 3.47FBA－$ 10 推广(20%)－$ 5 退货(10%)＝$ 9.48(￥59.81)净利	
	利润率:$ 9.48/ $ 42.99＝22.05% 前期投入:($ 10.82+$ 3.72+$ 10)×500＝$ 12 270(￥77 423.7) 前期测评:20×(本金￥315+佣金￥70)＝￥7 700 前期总计成本:￥77 423.7+￥7 700＝￥85 123.7	
	采购成本卖价占比:$ 10.82/ $ 42.99＝21.6%(合理占比 15% ~25%) 投入产出比:$ 9.48/ $ 10.82＝1∶1.14	

续表

竞争性	卖家精灵抓取　关键词 smart watch 搜索量 2 251 027,Listing 数 2 000,供需比值 1 125.5,点击集中度 18.9%(8.4%、6.7%、3.8%) 卖家精灵抓取　关键词 smart watch 搜索量 159 085,Listing 数 2 000,供需比值 79.5,点击集中度 21.0%(11.1%、6.2%、3.6%) 卖家精灵抓取　关键词 smart watch for android phones 搜索量 288 721,Listing 数 1 000,供需比值 288.7,点击集中度 18.3%(7.5%、5.5%、5.3%) 卖家精灵抓取　关键词 android smart watch 搜索量 107 341, Listing 数 1 000,供需比值 107.3,点击集中度 19.0%(7.3%、6.0%、5.7%)		
产品特色	卖点: ①蓝牙通话; ②实时同步推送; ③接收各类消息; ④多种运动模式; ⑤运动数据追踪		
风险性	无		
季节性			
总结	1. 搜索量最高的关键词点击前三占比分别为 8.4%、6.7%、3.8% 2. 利润率　海运: \$ 11.72/ \$ 42.99＝23.44%;空运: \$ 9.48/ \$ 42.99＝22.05% 3. 产品热搜词:smart watch, smartwatch, smart watch for android phones,android smart watch。数据显示,此类目关键词 smart watch 热搜度较高 4. 卖点:①蓝牙通话;②实时同步推送;③接收各类消息;④多种运动模式;⑤运动数据追踪 5. 总结:该产品受季节性影响小,年底促销季销量会翻倍,smart watch 的搜索热度高,产品竞争比较剧烈,但是需求也很旺盛,市场抢占不易,卖家大多是亚马逊自营或者美国卖家,中国卖家的产品都是低价产品,但是利润可观,有拓展空间		
运营规划	一月推广,日均 5 单, 小类排名 1 500 ~ 900	二月推广,日均 15 单, 小类排名 800 ~ 500	三月推广,日均 25 单, 小类排名 Top 前 100

（1）亚马逊美国站 Top 前 10 卖家销量数据（表6.9）

表6.9 亚马逊美国站 Top 前 10 卖家销量数据

大类排名	小类排名	$ 售价	Review 数量	Rating 评分	月销量	日销量
64	1	39.99	13 357	4.1	12 021	401
69	2	349	15 105	4.8	11 466	382
79	3	409	15 105	4.8	10 596	353
241	4	349	15 105	4.8	6 548	218
261	5	379	15 105	4.8	5 580	186
297	6	29.71	1 762	4.2	5 241	175
349	7	32.29	18 617	4.0	4 757	159
411	8	239.99	7 699	4.6	4 185	140
447	9	349	15 105	4.8	3 838	128
481	10	269	558	4.5	3 532	118

（2）案例分析

建议:该产品受季节性影响小,年底促销季销量会翻倍,smart watch 的搜索热度高,商品竞争比较激烈,但是市场需求很旺盛,销量排名靠前的大多是亚马逊自营或者美国卖家,中国卖家的产品都是低价产品。从市场容量分析,该产品从一级类目到三级类目出现的次数来看,一级类目出现的次数比较少,表明该产品推广前期往大类目方向冲刺比较困难,二级、三级类目出现的次数一般。说明该产品的市场容量一般,BSR 前 10 名卖家的日均单量为 146 单。根据产品的尺寸和质量,海运利润率: $ 11.72/ $ 42.99=23.44%,投入产出比达到 1:1.08;空运利润率: $ 9.48/ $ 42.99=22.05% 投入产出比达到 1:1.14。可见,海运和空运的利润都比较可观,但电子产品的售后服务要求比较高,因此要重点抓产品质量问题。从竞争性分析,卖家精灵挖掘出的几个核心关键词中,smart watch 搜索量比较高,商品 Listing 数量多,供需比值大,竞争比较激烈。

3. 电子类安防监控产品（表6.10）

表6.10 Cameras for Home Security 家用安全摄像头

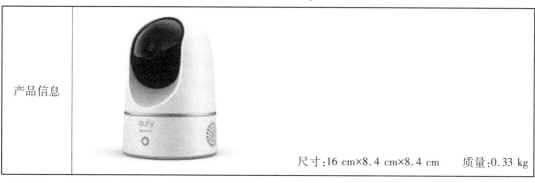

| 产品信息 | 尺寸:16 cm×8.4 cm×8.4 cm　　质量:0.33 kg |

续表

市场容量	一级类目 Camera & Photo Products　出现 35 次	该产品前 10 名日均销量 320 单 (1~10 名),预期最终目标排名是小类前 80 名,日均 50 单
	二级类目 Surveillance Cameras　出现 56 次	
	三级类目 Dome Cameras　出现 100 次	
	四级类目　出现 0 次	
	五级类目　出现 0 次	
	六级类目　出现 0 次	
利润预估(海运 20 元/kg)	\$ 40.99 卖价-\$ 7.92 进价-\$ 6.15 佣金(15%)-\$ 1.05 头程-\$ 3.77FBA-\$ 8.2 推广 (20%)-\$ 1.4 退货(10%)=\$ 12.5(￥78.8)净利	
	利润率:\$ 12.5/\$ 40.99=30.5% 前期投入:(\$ 7.92+\$ 1.05+\$ 8.2)×500=\$ 8 585(￥54 171) 前期测评:20×(本金￥258+佣金￥70)=￥6 560 前期总计成本:￥54 171+￥6 560=￥60 731	
	采购成本卖价占比:\$ 7.92/\$ 40.99=19%(合理占比 15%~25%) 投入产出比:\$ 7.92/\$ 12.5=1:1.57	
利润预估(空运 50 元/kg)	\$ 40.99 卖价-\$ 7.92 进价-\$ 6.15 佣金(15%)-\$ 2.61 头程-\$ 3.77FBA-\$ 8.2 推广 (20%)-\$ 1.4 退货(10%)=\$ 10.79(￥68.3)净利	
	利润率:\$ 10.79/\$ 40.99=26.3% 前期投入:(\$ 7.92+\$ 2.61+\$ 8.2)×500=\$ 9 365(￥59 093) 前期测评:20×(本金￥258+佣金￥70)=￥6 560 前期总计成本:￥59 093+￥6 560=￥65 653	
	采购成本卖价占比:\$ 7.92/\$ 40.99=19%(合理占比 15%~25%) 投入产出比:\$ 7.92/\$ 10.79=1:1.36	
竞争性	卖家精灵抓取　关键词 camaras de seguridad 搜索量 86 374,Listing 数 2 098,供需比值 38.6,点击集中度 29.4%(11.7%、5.4% 5.4%) 卖家精灵抓取　关键词 cameras for home security 搜索量 144 177,Listing 数 6 724,供需比值 21.4,点击集中度 35.1%(25.9%、5.4%、3.9%) 卖家精灵抓取　关键词 security camera 搜索量 114 221,Listing 数 9 885,供需比值 11.6,点击集中度 28.4%(19.7%、4.7%、4.0%)	
产品特色	卖点: ①可双向语音,远程监听; ②360°全景视图; ③手机监控,Wi-Fi 连接; ④AI 移动跟踪,红外夜视; ⑤可插卡储存,有声音警报功能	
风险性	无	

季节性	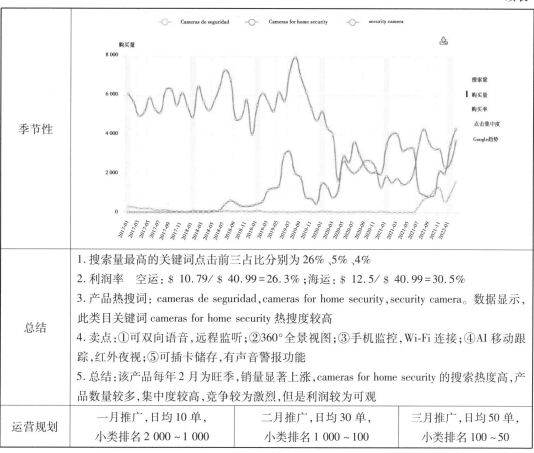
总结	1. 搜索量最高的关键词点击前三占比分别为 26%、5%、4% 2. 利润率　空运：$ 10.79/ $ 40.99 = 26.3%；海运：$ 12.5/ $ 40.99 = 30.5% 3. 产品热搜词：cameras de seguridad，cameras for home security，security camera。数据显示，此类目关键词 cameras for home security 热搜度较高 4. 卖点：①可双向语音，远程监听；②360°全景视图；③手机监控，Wi-Fi 连接；④AI 移动跟踪，红外夜视；⑤可插卡储存，有声音警报功能 5. 总结：该产品每年 2 月为旺季，销量显著上涨，cameras for home security 的搜索热度高，产品数量较多，集中度较高，竞争较为激烈，但是利润较为可观
运营规划	一月推广，日均 10 单， 小类排名 2 000 ~ 1 000 　　二月推广，日均 30 单， 小类排名 1 000 ~ 100 　　三月推广，日均 50 单， 小类排名 100 ~ 50

（1）亚马逊美国站 Top 前 10 卖家销量数据（表 6.11）

表 6.11　亚马逊美国站 Top 前 10 卖家销量数据

大类排名	小类排名	$ 售价	Review 数量	Rating 评分	月销量	日销量
8	1	132.96	1 010	4.6	55 024	1 834
8	2	84.99	174 001	4.5	42 782	1 426
8	3	99.99	39 843	4.7	45 052	1 501
7	4	26.99	15 514	4.3	12 629	420
20	5	33.99	222	4.9	2 200	73
21	6	124.40	4 960	4.3	4 071	136
21	7	99.99	7 449	4.7	4 847	162
22	8	99.99	7 609	4.1	4 147	139
30	9	62.99	6 187	4.1	4 632	155
31	10	197.99	5 786	4.2	2 612	88

（2）案例分析

建议：由表6.11可知，该安防监控类产品在一级、二级、三级类目出现的次数都比较多，表明该产品在亚马逊的市场容量很大，对卖家后期推广产品有很大的帮助。一般来说，消费者对电子产品的质量要求都比较高，相较其他类目而言，竞争更为激烈，同时利润也较为可观。按照海运20元/kg计算，投入产出比达到1∶1.57；按照空运50元/kg计算，投入产出比达到1∶1.36。如果是工厂型外贸卖家，在价格方面就会有很大的优势，可以跟同行其他卖家竞争价格。尤其重要的是，工厂研发团队对产品技术操作等问题的掌控以及售后问题的解决都为卖家提供了强有力的保障和支持。在关键词选取方面，第二个关键词的搜索量比较大，但Listing数量比较多，供需比值较小，如果后期选择该词作为主打关键词，可能不占优势，应尽量选择竞争比较小的长尾词作辅助。当然，还要重点抓产品质量，这是电子产品的核心问题。

4.电子产品蓝牙耳机（表6.12）

表6.12　Bluetooth Earbuds 蓝牙耳机

产品信息	 尺寸:10 cm×10 cm×4 cm　　质量:0.11 kg	
市场容量	一级类目 Electronics　出现0次	该产品前10名日均销量1 204单(1~10名)，预期最终目标排名是小类前500名，日均100单
	二级类目 Headphones　出现69次	
	三级类目 Earbud Headphones　出现100次	
	四级类目　出现0次	
	五级类目　出现0次	
	六级类目　出现0次	
利润预估(海运20元/kg)	＄35.99卖价－＄11.41进价－＄5.4佣金(15%)－＄0.35头程－＄3.54FBA－＄7.2推广(20%)－＄1.64退货(10%)＝＄6.45(￥40.71)净利	
	利润率：＄6.45/＄35.99＝17.92% 前期投入：(＄11.41+＄0.35+＄7.2)×500＝＄9 480(￥59 818.8) 前期测评:20×(本金￥227.1+佣金￥70)＝￥5 942 前期总计成本：￥59 818.8+￥5 942＝￥65 760.8	
	采购成本卖价占比：＄11.41/＄35.99＝31%(合理占比15%~25%) 投入产出比：＄11.41/＄6.45＝1∶0.56	

利润预估(空运 50 元/kg)	$35.99 卖价－$11.41 进价－$5.4 佣金(15%)－$0.87 头程－$3.54FBA－$7.2 推广(20%)－$1.64 退货(10%)＝$5.88(¥37.1)净利
	利润率:$5.88/$35.99＝16.34% 前期投入:($11.41+$0.87+$7.2)×500＝$9 740(¥61 459.4) 前期测评:20×(本金¥227.1+佣金¥70)＝¥5 942 前期总计成本:¥61 459.4+¥5 942＝¥67 401.4
	采购成本卖价占比:$11.41/$35.99＝31%(合理占比15%~25%) 投入产出比:$11.41/$5.88＝1:0.51
竞争性	卖家精灵抓取　关键词 bluetooth earbuds 搜索量 222 152,Listing 数 9 034,供需比值24.6,点击集中度21.0%(9.4%、5.8%、5.8%) 卖家精灵抓取　关键词 earbuds 搜索量 594 770,Listing 数 11 398,供需比值52.2,点击集中度22.6%(10.5%、7.0%、5.1%) 卖家精灵抓取　关键词 wireless earbuds 搜索量 308 895,Listing 数 8 784,供需比值35.2,点击集中度21.0%(10.7%、5.0%、5.3%)
产品特色	卖点: ①电池容量 400 mA·h,耳机 4 h 续航; ②室外直线传输距离 15 m; ③操作简单,可唤醒语音助手; ④多种降噪模式,可根据不同场景选择; ⑤蓝牙 5.1 主控芯片,稳定连接
风险性	无
季节性	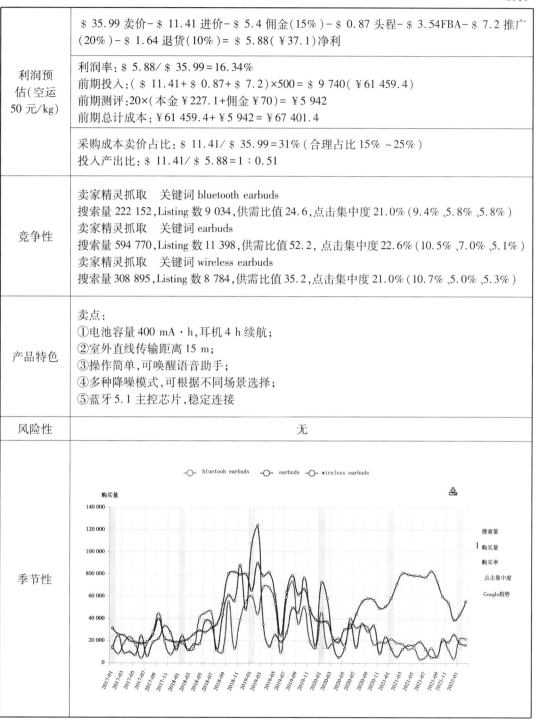

续表

总结	1. 搜索量最高的关键词点击前三占比分别为 10.5%、7%、5% 2. 利润率　空运：$ 5.88/ $ 35.99＝16.34%；海运：$ 6.45/ $ 35.99＝17.92% 3. 产品热搜词：bluetooth earbuds，earbuds，wireless earbuds。数据显示，此类目关键词 earbuds 热搜度较高 4. 卖点：①电池容量 400 mA·h，耳机 4 h 续航；②室外直线传输距离 15 m；③操作简单，可唤醒语音助手；④多种降噪模式，可根据不同场景选择；⑤蓝牙 5.1 主控芯片，稳定连接 5. 总结：该产品无季节性，earbuds 的搜索热度高，垄断程度低；产品数量较多，竞争激烈，市场需求量大，新卖家可以获取一定的销量		
运营规划	一月推广，日均 30 单， 小类排名 3 000～2 000	二月推广，日均 50 单， 小类排名 2 000～1000	三月推广，日均 100 单， 小类排名 1 000～500

（1）亚马逊美国站 Top 前 10 卖家销量数据（表6.13）

表 6.13　亚马逊美国站 Top 前 10 卖家销量数据

大类排名	小类排名	$ 售价	Review 数量	Rating 评分	月销量	日销量
1	1	197.00	45 479	4.8	69 198	2 307
2	2	118.98	480 178	4.8	66 122	2 204
3	3	19	198 090	4.6	62 710	2 090
4	4	149.98	19 726	4.6	55 850	1 861
5	5	49.95	18 956	4.3	50 629	1 688
6	6	29.99	188 039	4.4	56 492	1 883
7	7	26.99	283 452	4.4	54 380	1 812
8	8	19.49	44 513	4.3	49 800	1 660
9	9	14.49	198 090	4.6	52 400	1 746
10	10	19.98	5 703	4.4	49 867	1 662

（2）案例分析

建议：该款蓝牙耳机跟案例 1 差不多，体积小，质量小，可以省去一大笔头程成本的费用；采用海运或者空运方式都适合，且海运和空运的利润相差不大，卖家需要考虑的是产品本身的质量问题或者寻找优质供货商以及把控好后期推广的进度安排；另外，还可以考虑多变体链接，也就是多个颜色、型号、款式等。该产品的卖点：①电池容量 400 mA·h，耳机 4 h 续航；②室外直线传输距离 15 m；③操作简单，可唤醒语音助手；④多种降噪模式，可根据不同场景选择；⑤蓝牙 5.1 主控芯片，稳定连接，这是它的特别之处。另外，该产品 BSR 前 10 名卖家的平均日单量可达 1 204，利润按照海运 20 元/kg 计算，投入产出比达到 1：0.56，按照空运计算，投入产出比达到 1：0.51，可见这款产品的投入产出比没有达到 1：1。由于该产品的成本略高 $ 11.41（约 RMB227.1），因此存在成本下降的可能，可以寻求有价格优势的厂家合作,切实降低产品成本。总之,竞争比较激烈的产品,采取新颖独特的设计方式或者组合销售方式都是创新之举。

第二节　家居厨房用品类

1. 家居类厨房秤产品(表6.14)

表6.14　Kitchen Scale 厨房秤

产品信息	尺寸:8.1 in×6.13 in×0.55 in　　质量:0.21 kg	
市场容量	一级类目 Home & Kitchen　出现1次	该产品前10名日均销量519单(1~10名),预期最终目标排名是小类前50名,日均100单
	二级类目 Kitchen & Dining　出现1次	
	三级类目 Kitchen Utensils & Gadgets　出现6次	
	四级类目 Measuring Tools & Scales　出现42次	
	五级类目 Scales　出现97次	
	六级类目 Digital Scales　出现83次	
利润预估(海运20元/kg)	\$ 19.99 卖价-\$ 2.73 进价-\$ 2.99 佣金(15%)-\$ 0.66 头程-\$ 3.19FBA-\$ 2.99 推广(15%)-\$ 1.99 退货(10%)=\$ 5.44(¥34.32)净利	
	利润率:\$ 5.44/\$ 19.99=27.21% 前期投入:(\$ 2.73+\$ 0.66+\$ 2.99)×500=\$ 3 190(¥20 128.9) 前期测评:20×(本金¥126+佣金¥70)=¥3 920 前期总计成本:¥20 128.9+¥3 920=¥24 048.9	
	采购成本卖价占比:\$ 2.73/\$ 19.99=13.66%(合理占比15%~25%) 投入产出比:\$ 2.73/\$ 5.44=1:1.99	
利润预估(空运50元/kg)	\$ 19.99 卖价-\$ 2.73 进价-\$ 2.99 佣金(15%)-\$ 1.66 头程-\$ 3.19FBA-\$ 2.99 推广(15%)-\$ 1.99 退货(10%)=\$ 4.44(¥28.02)净利	
	利润率:\$ 4.44/\$ 19.99=22.21% 前期投入:(\$ 2.73+\$ 1.66+\$ 2.99)×500=\$ 3 690(¥23 283.9) 前期测评:20×(本金¥252+佣金¥70)=¥6 440 前期总计成本:¥23 283.9+¥6 440=¥29 723.9	
	采购成本卖价占比:\$ 2.73/\$ 19.99=13.66%(合理占比15%~25%) 投入产出比:\$ 2.73/\$ 4.44=1:1.63	

续表

竞争性	卖家精灵抓取　关键词 food scale 搜索量 491 390,Listing 数 1 000,供需比值 491.4,点击集中度 57.5%(29.8%、9.6%、6.4%) 卖家精灵抓取　kitchen scale 搜索量 201 722,Listing 数 1 000,供需比值 201.7,点击集中度 48.5%(29.7%、19.0%、6.3%) 卖家精灵抓取　关键词 food scales digital weight grams and oz 搜索量 74 588,Listing 数 640,供需比值 116.5,点击集中度 48.1%(28.2%、22.8%、7.7%)
产品特色	卖点: ①操作方便; ②高精度达到 0.1 g; ③双勺头可拆洗; ④方便收纳; ⑤一秤多用(粉状、液体、固体)
风险性	无
季节性	
总结	1.搜索量最高的关键词点击前三占比分别为 32.3%、12.6%、12.5% 2.利润率　空运:$ 4.44/$ 19.99=22.21%;海运:$ 5.44/$ 19.99=27.21% 3.产品热搜词:food scale,kitchen scale,food scales digital weight grams and oz。数据显示,此类目关键词 food scale 热搜度较高 4.卖点:①操作方便;②高精度达到 0.1 g;③双勺头可拆洗;④方便收纳;⑤一秤多用(粉状、液体、固体) 5.总结:该产品受季节性影响小,food scale 的搜索热度高;头部卖家占据份额大,点击集中度过半;产品数量较多,利润可观,且该产品是差异化产品;质量 120 g,新卖家还有拓展空间
运营规划	一月推广,日均 30 单, 小类排名 2 000~1 000　｜　二月推广,日均 60 单, 小类排名 1 000~500　｜　三月推广,日均 80 单, 小类排名 500~100

（1）亚马逊美国站 Top 前 10 卖家销量数据（表 6.15）

表 6.15　亚马逊美国站 Top 前 10 卖家销量数据

大类排名	小类排名	$ 售价	Review 数量	Rating 评分	月销量	日销量
3	1	19.95	128 561	4.6	45 337	1 511
4	2	16.99	96 714	4.6	30 639	1 021
29	3	11.02	44 492	4.7	33 512	1 117
81	4	8.91	35 897	4.6	14 907	497
82	5	26.90	32 086	4.7	12 622	421
105	6	38.98	12 548	4.8	18 393	614
193	7	23.22	77 553	4.7	12 084	403
260	8	29.99	23 662	4.7	9 512	318
338	9	11.99	4 668	4.6	8 077	269
566	10	21.99	11 349	4.7	6 328	211

（2）案例分析

建议：该产品在国外家庭中比较常见，小型迷你的厨房秤方便操作使用，不仅精度高，可拆卸，还可称为固体和液体。该产品在一级、二级、三级类目中出现的次数比较少，而在四级、五级、六级类目中出现的次数比较多，说明该产品还是有一定的市场需求，这对后期的推广起到很好的提示作用。该品类 BSR 前 10 名卖家每日平均销量约 500 单，利润空间相当可观，在后期如果头程物流成本还有下降幅度的话，则利润还是有上涨的空间。按照海运 20 元/kg 计算，投入产出比达到 1∶1.99，按照空运 50 元/kg 计算，投入产出比达到 1∶1.63，关键词的点击集中度也比较高，Listing 数量决定该产品竞争的激烈程度。另外，需考虑该产品是使用电池还是充电使用，因为亚马逊对电池类产品审核比较严格。当需要注意的点都规避之后，该产品还是有市场空间的。

2. 厨房用具冰箱收纳盒（表 6.16）

表 6.16　fridge organizers and storage clear（冰箱收纳盒）

产品信息	 尺寸:12.13 in× 8.03 in× 6.81 in 质量:0.35 kg

续表

市场容量	一级类目 Kitchen & Dining　出现 0 次	该产品前 10 名日均销量为 204 单(1 ~ 10 名),预期最终目标排名是小类 60 名,日均 60 单
	二级类目 Storage & Organization　出现 3 次	
	三级类目 Kitchen Storage & Organization Accessories　出现 33 次	
	四级类目　出现 0 次	
	五级类目　出现 0 次	
	六级类目　出现 0 次	
利润预估(海运 20 元/kg)	$ 26.99 卖价 - $ 3.09 进价 - $ 4.05 佣金(15%) - $ 1.11 头程 - $ 6.88FBA - $ 2.7 推广(10%) - $ 1.35 退货(5%) = $ 7.81(¥49)净利	
	利润率: $ 7.81/ $ 26.99 = 28.94% 前期投入:($ 3.09 + $ 1.11 + $ 2.7)×500 = $ 3 450(¥21 769.5) 前期测评:20×(本金 ¥170 + 佣金 ¥70) = ¥4 800 前期总计成本: ¥21 769.5 + ¥4 800 = ¥26 569.5	
	采购成本卖价占比: $ 3.09/ $ 26.99 = 11.45% (合理占比 15% ~ 25%) 投入产出比: $ 3.09/ $ 7.81 = 1 : 2.53	
利润预估(空运 50 元/kg)	$ 26.99 卖价 - $ 3.09 进价 - $ 4.05 佣金(15%) - $ 2.77 头程 - $ 6.88FBA - $ 2.7 推广(10%) - $ 1.35 退货(5%) = $ 6.15(¥38.8)净利	
	利润率: $ 6.15/ $ 26.99 = 22.79% 前期投入:($ 3.09 + $ 2.77 + $ 2.7)×500 = $ 4 280(¥27 006.8) 前期测评:20×(本金 ¥170 + 佣金 ¥70) = ¥4 800 前期总计成本: ¥27 006.8 + ¥4 800 = ¥31 806.8	
	采购成本卖价占比: $ 3.09/ $ 26.99 = 11.45% (合理占比 15% ~ 25%) 投入产出比: $ 3.09/ $ 6.15 = 1 : 1.99	
竞争性	卖家精灵抓取　关键词 fridge organizer 搜索量 363 023,Listing 数 2 000,供需比值 181,点击集中度(17.3% 、15.3% 、12.0%) 卖家精灵抓取　关键词 refrigerator organizer bins 搜索量 292 403,Listing 数 1 000,供需比值 292,点击集中度(16.1% 、12.2% 、9.3%) 卖家精灵抓取　关键词 fridge organizers and storage clear 搜索量 123 476,Listing 数 1 000,供需比值 123,点击集中度(24.5% 、11.4% 、9.4%)	
产品特色	卖点: ①防漏、360°透明; ②保持新鲜和安全; ③方便携带; ④厚实耐用的塑料材质; ⑤套装型	
风险性	无	

季节性	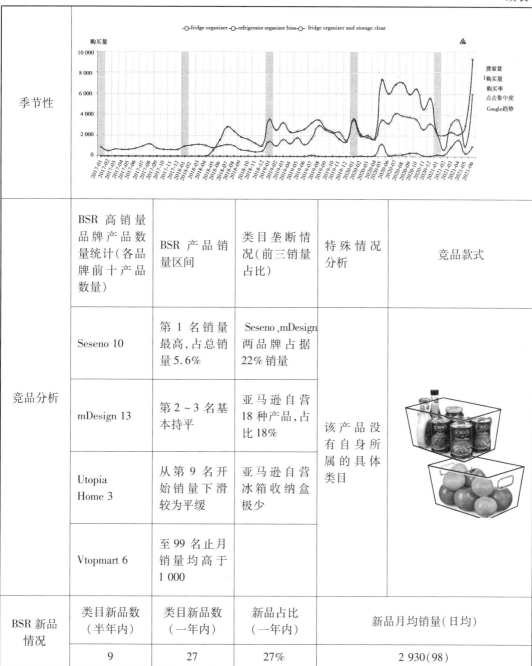				
竞品分析	BSR 高销量品牌产品数量统计(各品牌前十产品数量)	BSR 产品销量区间	类目垄断情况(前三销量占比)	特殊情况分析	竞品款式
	Seseno 10	第 1 名销量最高,占总销量 5.6%	Seseno、mDesign 两品牌占据 22% 销量	该产品没有自身所属的具体类目	
	mDesign 13	第 2~3 名基本持平	亚马逊自营 18 种产品,占比 18%		
	Utopia Home 3	从第 9 名开始销量下滑较为平缓	亚马逊自营冰箱收纳盒极少		
	Vtopmart 6	至 99 名止月销量均高于 1 000			
BSR 新品情况	类目新品数(半年内)	类目新品数(一年内)	新品占比(一年内)	新品月均销量(日均)	
	9	27	27%	2 930(98)	

续表

总结	1. 该产品无明显的季节性,且绝大多数为 2019 年及 2020 年上架的产品		
	2. 利润率 空运: \$ 6.15/ \$ 26.99 = 22.79%;海运: \$ 7.81/ \$ 26.99 = 28.94%		
	3. 需求量较大,且近一月销量暴增		
	4. 产品热搜词:fridge organizer, refrigerator organizer bins, fridge organizers and storage clear。数据显示,此类目关键词 fridge organizer 热搜度较高		
	5. 产品类目属于日常用品,且竞争者较少,近期销量巨大		
运营规划	一月推广,日均 10 单,小类排名 2 000 ~ 1 000	二月推广,日均 20 单,小类排名 1 000 ~ 500	三月推广,日均 30 单,小类排名 100 ~ 80

（1）亚马逊美国站 Top 前 10 卖家销量数据（表 6.17）

表 6.17　亚马逊美国站 Top 前 10 卖家销量数据

大类排名	小类排名	\$ 售价	Review 数量	Rating 评分	月销量	日销量
8	1	9.99	36 365	4.8	30 614	1 020
22	2	13.99	47 272	4.6	27 043	901
38	3	7.99	791	4.5	18 897	630
53	4	12.99	14 169	4.7	15 227	508
89	5	26.99	17 459	4.6	14 069	469
108	6	7.99	26 361	4.7	10 859	362
124	7	10.99	83 070	4.7	14 565	486
126	8	19.97	43 942	4.7	846	28
129	9	29.97	32 119	4.7	13 721	457
157	10	15.17	14 376	4.9	10 299	344

（2）案例分析

建议:该产品属于日常用品,无明显季节性,且绝大多数为 2019 年及 2020 年上架的产品。利润率空运为 \$ 6.15/ \$ 26.99 = 22.79%,投入产出比达到 1:1.99;海运为 \$ 7.81/ \$ 26.99 = 28.94%,投入产出比达到 1:2.53。从以上数据可以看出,利润一般,走海运稍许有优势,按套装销售比较适合用户需求。

3. 家居厨房类加湿器产品(表 6.18)

表 6.18　Humidifiers for Bedroom(加湿器)

产品信息	 尺寸:16.18 cm×11.97 cm×8.35 cm　　　质量:0.9 kg	
市场容量	一级类目 Home & Kitchen　出现 4 次	该产品前 10 名日均销量为 1 321 单(1~10 名),预期最终目标排名是小类 100 名,日均 50 单
	二级类目 Heating, Cooling & Air Quality　出现 12 次	
	三级类目 Humidifiers　出现 35 次	
	四级类目　出现 0 次	
	五级类目　出现 0 次	
	六级类目　出现 0 次	
利润预估(海运 20 元/kg)	$ 39.99 卖价－$ 5.82 进价－$ 5.99 佣金(15%)－$ 2.85 头程－$ 6.28FBA－$ 7.99 推广(20%)－$ 3.99 退货(10%)＝$ 7.07(￥44.61)净利	
	利润率:$ 7.07/$ 39.99＝17.68% 前期投入:($ 5.82+$ 2.85+$ 7.99)×500＝$ 8 330(￥52 562.3) 前期测评:20×(本金￥252+佣金￥70)＝￥6 440 前期总计成本:￥52 562.3+￥6 440＝￥59 002.3	
	采购成本卖价占比:$ 5.82/$ 39.99＝14.55%(合理占比 15%~25%) 投入产出比:$ 5.82/$ 7.07＝1:1.21	
利润预估(空运 50 元/kg)	$ 39.99 卖价－$ 5.82 进价－$ 5.99 佣金(15%)－$ 7 头程－$ 6.28FBA－$ 7.99 推广(20%)－$ 3.99 退货(10%)＝$ 2.92(￥18.4)净利	
	利润率:$ 2.92/$ 39.99＝7.3% 前期投入:($ 5.82+$ 7+$ 7.99)×500＝$ 10 405(￥65 655.55) 前期测评:20×(本金￥252+佣金￥70)＝￥6 440 前期总计成本:￥65 655.55+￥6 440＝￥72 095.55	
	采购成本卖价占比:$ 5.82/$ 39.99＝14.55%(合理占比 15%~25%) 投入产出比:$ 5.82/$ 2.92＝1:0.5	

续表

竞争性	卖家精灵抓取　关键词 humidifiers for bedroom 搜索量 203 872,Listing 数 1 992,供需比值 102.3,点击集中度 45.9%（28.8%、8.1%、7.1%） 卖家精灵抓取　关键词 humidifiers 搜索量 159 926,Listing 数 2 118,供需比值 75.5,点击集中度 39.1%（22.4%、9.55%、7.0%） 卖家精灵抓取　关键词 humidifier 搜索量 141 848,Listing 数 1 369,供需比值 103.6,点击集中度 40.1%（21.5%、11.6%、7.1%） 卖家精灵抓取　关键词 humidifiers for large room 搜索量 77 054,Listing 数 1 898,供需比值 40.6,点击集中度 33.2%（18.9%、9.8%、7.5%）
产品特色	卖点： ①净化室内空气； ②有效缓解压力； ③完全静音运行模式； ④360°旋转喷嘴； ⑤超大水箱供应 24 h
风险性	无
季节性	

竞品分析	BSR 高销量品牌产品数量统计（各品牌前十产品数量）	BSR 产品销量区间	类目垄断情况（前三销量占比）	特殊情况分析	竞品款式
	LEVOIT	第 1～30 名月销量均高于 10 000	卖家垄断系数 56.23%		
	Pure	第 31 名开始销量下降趋势平缓	品牌垄断系数 44.65%		
	AquaOasis	最后一名月销量高于 2 000	品牌 LEVOIT 销量占比 20.9%,Pure 销量占比 14%		
	raydrop				

BSR 新品情况	类目新品数（半年内）	类目新品数（一年内）	新品占比（一年内）	新品月均销量（日均）
	20	29	29%	6 010
总结	1. 该产品具有季节性,旺季在每年的 1 月和 11 月,需在旺季前备货			
	2. 利润率　空运: $ 2.92/ $ 39.99 = 7.3%;海运: $ 7.07/ $ 39.99 = 17.68%			
	3. 透明水箱的款式更受用户欢迎,该产品多用于卧室			
	4. 类目垄断程度高,但该类产品需求量较大,新品也可争取较大的市场份额			
	5. 差评主要集中在发霉及漏水方面			
运营规划	一月推广,日均 10 单,小类排名 2 000 ~ 1 000		二月推广,日均 20 单,小类排名 1 000 ~ 5000	三月推广,日均 30 单,小类排名 100 ~ 80

（1）亚马逊美国站 Top 前 10 卖家销量数据（表 6.19）

表 6.19　亚马逊美国站 Top 前 10 卖家销量数据

大类排名	小类排名	$ 售价	Review 数量	Rating 评分	月销量	日销量
34	1	33.12	54 221	4.4	41 486	1 382
140	2	30	77 318	4.5	24 574	819
350	3	59.99	11 825	4.5	16 984	566
445	4	28.99	8 658	4.5	14 692	489
461	5	55.22	29 948	4.5	14 339	477
612	6	67.48	46 359	4.3	12 460	415
854	7	22.99	21 038	4.1	10 476	349
883	8	45.99	5 269	4.6	10 231	341
1 132	9	19.97	2 892	4.4	8 855	295
1 152	10	39.99	14 421	4.5	8 793	293

（2）案例分析

建议:该产品受季节性影响大,旺季在每年的 1 月和 11 月。从产品特性看:①净化室内空气;②有效缓解压力;③完全静音运行模式;④360°旋转喷嘴;⑤超大水箱供应 24 h。卖家在撰写卖点时要特别注意,编辑产品卖点要重点突出产品的核心功能及优势。从市场容量看,统计一级类目到三级类目出现的次数可以发现,一级类目出现的次数比较少,表明该产品在推广前期往大类目方向冲刺比较困难,小类目出现的次数比较多,意味着该产品在推广前期往小类目冲刺的概率比较大,待后期单量稳定,再慢慢往大类目方向推广。BSR 前 10名卖家的日均销量达 1 321 单,表明该产品的市场容量很大。根据产品质量和尺寸,空运利

润率 $ 2.92/ $ 39.99＝7.3%,投入产出比达到1∶0.5;海运利润率: $ 7.07/ $ 39.99＝17.68%,投入产出比达到1∶1.21。头程物流成本较昂贵,产品成本较高,海运利润还不错,而空运利润基本被砍掉一大半,因此较重的产品,建议走海运,头程比较便宜。此外,卖家精灵抓取的4个关键词,搜索热度都比较高,其中关键词 humidifiers for bedroom 的搜索热度相对较高,Listing 数量适中,供需比值较高,因此,可选该词作为主打关键词,加湿器类产品要重点关注产品质量问题,筛选优质供货商。

4. 家居类定制抱枕套(表 6.20)

表 6.20 Throw Pillow Covers 抱枕套

产品信息	尺寸:12 in×12 in×0.2 in 质量:0.17 kg	
市场容量	一级类目 Home & Kitchen 出现 2 次	该产品前 10 名日均销量 336 单(1～50 名),预期最终目标排名是小类 523 名,日均 50 单
	二级类目 Bedding 出现 6 次	
	三级类目 Decorative Pillows, Inserts & Covers 出现 34 次	
	四级类目 Throw Pillow Covers 出现 99 次	
	五级类目 出现 0 次	
	六级类目 出现 0 次	
利润预估(海运 20 元/kg)	$ 17.99 卖价 - $ 2.16 进价- $ 2.43 佣金(15%) - $ 0.56 头程- $ 3.48FBA- $ 2.89 推广(15%) - $ 1.79 退货(10%) = $ 4.86(¥31.41)净利	
	利润率: $ 4.86/ $ 17.99＝27.0% 前期投入:($ 2.16+ $ 0.56+ $ 2.89)×500= $ 2 805(¥17 699.55) 前期测评:20×(本金 ¥114+佣金 ¥70)= ¥3 680 前期总计成本: ¥17 699.5+ ¥3 680 = ¥21 379.5	
	采购成本卖价占比: $ 2.16/ $ 17.99＝12%(合理占比 15%～25%) 投入产出比: $ 2.16/ $ 4.86＝1∶2.25	
利润预估(空运 50 元/kg)	$ 17.99 卖价 - $ 2.16 进价- $ 2.43 佣金(15%) - $ 1.35 头程- $ 3.48FBA- $ 2.89 推广(15%) - $ 1.79 退货(10%) = $ 3.89(¥24.54)净利	
	利润率: $ 3.89/ $ 17.99＝21.6% 前期投入:($ 2.16+ $ 1.35+ $ 2.89)×500= $ 3 200(¥20 192) 前期测评:20×(本金 ¥114+佣金 ¥70)= ¥3 680 前期总计成本: ¥20 192+ ¥3 680 = ¥23 872	
	采购成本卖价占比: $ 2.16/ $ 17.99＝12%(合理占比 15%～25%) 投入产出比: $ 2.16/ $ 3.89＝1∶1.8	

竞争性	卖家精灵抓取　关键词 throw pillows 搜索量 1 018 311,Listing 数 3 000,供需比值 339,点击集中度 17.2%(6.8%、5.9%、4.5%) 卖家精灵抓取　关键词 throw pillow covers 搜索量 407 137,Listing 数 9 000,供需比值 45,点击集中度 18.0%(6.9%、6.7%、4.4%) 卖家精灵抓取　关键词 throw pillows for couch 搜索量 226 012,Listing 数 200,供需比值 1 130,点击集中度 13.6%(5.8%、4.5%、3.3%)
产品特色	卖点: ①来图定制; ②专业设计; ③多种面料可选; ④普通拉链和隐形拉链可选; ⑤面料质量优,抱枕舒适温暖
风险性	无
季节性	

总结	1. 搜索量最高的关键词点击前三占比分别为 6.7%、5.9%、5.2%		
	2. 利润率　空运:\$ 3.89/ \$ 17.99＝21.6%;海运:\$ 4.86/ \$ 17.99＝27.0%		
	3. 产品热搜词:throw pillows,throw pillow covers,throw pillows for couch。数据显示,此类目关键词 throw pillows 热搜度较高		
	4. 卖点:①来图定制;②专业设计;③多种面料可选;④普通拉链和隐形拉链可选;⑤面料质量优,抱枕舒适温暖		
	5. 总结:该产品受季节性影响小,throw pillows 数据显示热搜度较高,处于上升阶段		
运营规划	一月推广,日均 30 单, 小类排名 2 000~1 000	二月推广,日均 50 单, 小类排名 1 000~800	三月推广,日均 10 单, 小类排名 800~500

（1）亚马逊美国站 Top 前 10 卖家销量数据（表 6.21）

表 6.21　亚马逊美国站 Top 前 10 卖家销量数据

大类排名	小类排名	＄售价	Review 数量	Rating 评分	月销量	日销量
199	1	10.99	61 174	4.6	20 622	687
964	2	11.99	9 004	4.7	9 574	319
1 133	3	11.99	20 250	4.6	8 853	295
1 166	4	14.99	5 843	4.7	8 748	291
1 176	5	11.99	17 996	4.6	8 715	290
1 178	6	13.99	16 145	4.7	8 709	290
1 210	7	11.99	22 817	4.7	8 611	287
1 258	8	12.98	18 081	4.5	8 461	282
1 268	9	13.99	15 966	4.6	8 426	280
1 272	10	12.99	24 808	4.7	8 413	280

（2）案例分析

建议：该产品受季节性影响小，抱枕属日常生活用品。从产品特性看：①来图定制；②专业设计；③多种面料可选；④普通拉链和隐形拉链可选；⑤面料质量优，抱枕舒适温暖。卖家在撰写卖点时要特别注意，编辑产品卖点要重点突出产品的核心功能及优势。从市场容量看，统计一级类目到四级类目出现的次数可以发现，类目出现的次数逐渐增加，表明该产品在推广前期往大类目方向冲刺比较困难，而小类目出现的次数比较多，意味着该产品在推广前期往小类目冲刺的概率比较大，待后期单量稳定，再慢慢往大类目方向推。BSR 前 10 名卖家的日均销量达 336 单，表明该产品的市场容量适中。根据产品质量和尺寸，空运利润率：＄3.89/＄17.99＝21.6%，投入产出比达到 1∶1.8；海运利润率：＄4.86/＄17.99＝27.0%，投入产出比达到 1∶2.25。可见，头程物流成本并不昂贵，产品成本也比较便宜，海运和空运的利润适中。此外，卖家精灵抓取的 3 个关键词搜索热度都比较高，其中，关键词 throw pillows 的搜索热度相对较高，Listing 数量适中，供需比值大，因此，可选该词作为主打关键词，抱枕类产品要考虑尺码及材质问题，建议筛选优质供货商。

5. 家居厨房类浴室吸水垫（表 6.22）

表 6.22　Bath Rugs（浴室吸水垫）

产品信息	
	尺寸：2 in×16 in×10 in　　质量：0.45 kg

市场容量	一级类目 Home & Kitchen　出现 3 次	该产品前 10 名日均销量 486 单（1~10 名），预期目标排名是 20 000 名,日均 45 单
	二级类目 Bath　出现 16 次	
	三级类目 Bath Rugs　出现 99 次	
	四级类目　出现 0 次	
	五级类目　出现 0 次	
	六级类目　出现 0 次	
利润预估(海运 20 元/kg)	＄14.99 卖价－＄1.3 进价－＄2.25 佣金(15%)－＄1.42 头程－＄3.64FBA－＄2.9 推广(20%)－＄1.5 退货(10%)＝＄1.98(￥12.49)净利	
	利润率:＄1.98/＄14.99＝13.2% 前期投入:(＄1.3+＄1.42+＄2.9)×500＝＄2 810(￥17 731.1) 前期测评:20×(本金￥95+佣金￥70)＝￥3 300 前期总计成本:￥17 731.1+￥3 300＝￥21 031.1	
	采购成本卖价占比:＄1.3/＄14.99＝8.6%(合理占比 15%~25%) 投入产出比:＄1.3/＄1.98＝1:1.52	
利润预估(空运 50 元/kg)	＄14.99 卖价－＄1.3 进价－＄2.25 佣金(15%)－＄3.56 头程－＄3.64FBA－＄2.9 推广(20%)－＄1.5 退货(10%)＝＄-0.16(￥-1.1)净利	
	利润率:＄-0.16/＄14.99＝-1% 前期投入:(＄1.3+＄3.56+＄2.9)×500＝＄3 880(￥24 482.8) 前期测评:20×(本金￥95+佣金￥70)＝￥3 300 前期总计成本:￥24 482.8+￥3 300＝￥27 782.8	
	采购成本卖价占比:＄1.3/＄14.99＝8.6%(合理占比 15%~25%) 投入产出比:＄1.3/＄-0.16＝1:-0.12	
竞争性	卖家精灵抓取　关键词 bath mat 搜索量 168 036,Listing 数 7 000,供需比值 24,点击集中度 34.0%(16.9%、11.9%、5.3%) 卖家精灵抓取　关键词 bath rugs 搜索量 248 842,Listing 数 6 000,供需比值 41,点击集中度 19.4%(8.1%、5.9%、5.5%) 卖家精灵抓取　关键词 bathroom rugs and mats sets 搜索量 345 996,Listing 数 3 000,供需比值 115,点击集中度 21.8%(7.8%、7.6%、6.4%)	
产品特色	卖点: ①颜色多以棕色、卡其色、深色调为主; ②尺寸以 17 in×24 in,20 in×32 in 等小号垫子最受欢迎; ③吸水性、干燥速度、防滑性; ④折痕(运输产生); ⑤舒适感、记忆海绵质量	
风险性	无	

续表

季节性	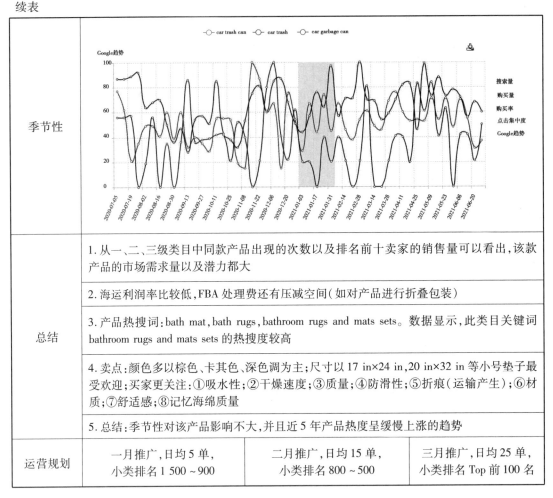

总结	1. 从一、二、三级类目中同款产品出现的次数以及排名前十卖家的销售量可以看出,该款产品的市场需求量以及潜力都大
	2. 海运利润率比较低,FBA 处理费还有压减空间(如对产品进行折叠包装)
	3. 产品热搜词:bath mat,bath rugs,bathroom rugs and mats sets。数据显示,此类目关键词 bathroom rugs and mats sets 的热搜度较高
	4. 卖点:颜色多以棕色、卡其色、深色调为主;尺寸以 17 in×24 in,20 in×32 in 等小号垫子最受欢迎;买家更关注:①吸水性;②干燥速度;③质量;④防滑性;⑤折痕(运输产生);⑥材质;⑦舒适感;⑧记忆海绵质量
	5. 总结:季节性对该产品影响不大,并且近 5 年产品热度呈缓慢上涨的趋势

运营规划	一月推广,日均 5 单, 小类排名 1 500~900	二月推广,日均 15 单, 小类排名 800~500	三月推广,日均 25 单, 小类排名 Top 前 100 名

(1)亚马逊美国站 Top 前 10 卖家销量数据(表 6.23)

表 6.23　亚马逊美国站 Top 前 10 卖家销量数据

大类排名	小类排名	$ 售价	Review 数量	Rating 评分	月销量	日销量
185	1	7.99	43 721	4.5	21 168	705
247	2	12	53 256	4.6	15 847	528
252	3	14.99	1 895	4.5	19 458	648
392	4	10.17	18 033	4.6	8 442	281
484	5	11.69	11 249	4.3	11 727	390
486	6	16.99	27 705	4.5	7 420	247
515	7	27.64	40 997	4.5	15 328	510
709	8	6.99	16 805	4.6	11 237	374

大类排名	小类排名	$ 售价	Review 数量	Rating 评分	月销量	日销量
800	9	12.98	27 235	4.5	9 757	325
802	10	10.99	1 663	4.6	9 524	317

（2）案例分析

建议：该产品受季节性影响不大，近 5 年热度呈缓慢上涨趋势。从市场容量看，统计一级类目到三级类目出现的次数可以发现，一级类目出现的次数比较少，表明该产品在推广前期往大类目方向冲刺比较困难，而小类目出现的次数比较多，意味着该产品冲刺 BSR 小类前100，相较于大类目而言，比较容易。BSR 前 10 名卖家的日均销量可达 486 单，表明该产品的市场容量还不错。经计算，海运和空运的利润都很低，空运已经呈亏本状态，但可以采用可压减空间（对产品进行折叠包装）的方式节省 FBA 配送费。此外，卖家精灵抓取的关键词中 bathroom rugs and mats sets 的搜索热度相对较高，竞争比较小，还可以采取多种颜色的售卖方式。

6.家居厨房烤面包机（表 6.24）

表 6.24　Bread Toaster（烤面包机）

产品信息	 尺寸：11.1 in×11.02 in×7.08 in　　质量：2 kg	
市场容量	一级类目 Kitchen & Dining　出现 1 次	该产品前 10 名日均销量 310 单（1~10 名），预期最终目标排名是小类 61 名，日均 28 单
	二级类目 Small Appliances　出现 3 次	
	三级类目 Ovens & Toasters　出现 62 次	
	四级类目　出现 0 次	
	五级类目　出现 0 次	
	六级类目　出现 0 次	
利润预估（海运20 元/kg）	$ 35.99 卖价 − $ 5.45 进价 − $ 5.4 佣金（15%）− $ 1.31 头程 − $ 5.42FBA − $ 5.4 推广（15%）− $ 3.6 退货（10%）= $ 9.41（¥59.37）净利	
	利润率：$ 9.41/ $ 35.99 = 26.14% 前期投入：（ $ 5.45 + $ 1.31 + $ 5.4）×500 = $ 6 080（¥38 364.8） 前期测评：20×（本金 ¥227 + 佣金 ¥70）= ¥5 940 前期总计成本：¥38 364.8 + ¥5 940 = ¥44 304.8	
	采购成本卖价占比：$ 5.45/ $ 35.99 = 15.14%（合理占比 15%~25%） 投入产出比：$ 5.45/ $ 9.41 = 1 : 1.72	

续表

利润预估(空运 50 元/kg)	＄35.99 卖价－＄5.45 进价－＄5.4 佣金(15%)－＄10 头程－＄5.42FBA－＄5.4 推广(15%)－＄3.6 退货(10%)＝＄0.72(￥4.5)净利		
	利润率：＄0.72/＄35.99＝2% 前期投入：(＄5.45＋＄10＋＄5.4)×500＝＄10 425(￥65 781.75) 前期测评：20×(本金￥227＋佣金￥70)＝￥5 940 前期总计成本：￥65 781.75＋￥5 940＝￥71 721.75		
	采购成本卖价占比：＄5.45/＄35.99＝15.14%(合理占比15%～25%) 投入产出比：＄5.45/＄0.72＝1：0.13		
竞争性	卖家精灵抓取　关键词 toaster 搜索量 926 287,Listing 数 396,供需比值 2 339,点击集中度 26.2%(10.6%、9.7%、5.9%) 卖家精灵抓取　toaster 2 slice 搜索量 284 971,Listing 数 371,供需比值 768,点击集中度 28.2%(10.2%、9.9%、8.1%) 卖家精灵抓取　toasters 搜索量 86 602,Listing 数 660,供需比值 131,点击集中度 29.8%(11.8%、10.3%、7.6%)		
产品特色	卖点： ①超宽烤箱； ②2 个面包温架； ③独立控制； ④可调烘烤； ⑤可拆卸		
风险性	无		
季节性			
总结	1.产品热搜词,toaster,toaster 2 slice,toasters,此类目关键词 toaster 数据显示热搜度较高		
	2.利润率　海运：＄9.41/＄35.99＝26.14%；空运：＄0.72/＄35.99＝2%		
	3.产品热搜词:toaster,toaster 2 slice,toasters。数据显示此类目关键词 toaster,热搜度较高		
	4.卖点：①超宽烤箱；②2 个面包温架；③独立控制；④可调烘烤；⑤可拆卸		
	5.总结：与同类其他产品相比较,本产品采用食品级不锈钢外壳,且下挡板可打开,方便清洗		
运营规划	一月推广,日均 5 单, 小类排名 1 500～900	二月推广,日均 15 单, 小类排名 800～500	三月推广,日均 25 单, 小类排名 Top 前 100 名

（1）亚马逊美国站 Top 前 10 卖家销量数据（表 6.25）

表 6.25　亚马逊美国站 Top 前 10 卖家销量数据

大类排名	小类排名	$ 售价	Review 数量	Rating 评分	月销量	日销量
82	1	29.79	20 171	4.5	15 394	513
305	2	44.99	23 260	4.5	6 331	211
360	3	39.99	506	4.5	7 598	253
444	4	29.99	22 417	4.5	2 502	83
533	5	23.98	3 177	4.5	1 319	44
687	6	59.9	18 532	4.5	5 553	185
737	7	30.22	29 189	4.5	5 058	169
801	8	16.99	2 618	4.0	1 937	65
922	9	37.63	5 334	4.5	3 025	101
983	10	59.99	7 942	4.5	3 999	133

（2）案例分析

建议:该产品具有以下 5 个优势:①超宽烤箱;②2 个面包温架;③独立控制;④可调烘烤;⑤可拆卸。从市场容量看,统计一级类目到三级类目出现的次数可以发现,一级类目出现的次数比较少,表明该产品在推广前期往大类目方向冲刺比较困难,而小类目出现的次数比较多,意味着该产品冲刺 BSR 小类前 100,相较于大类目而言,比较容易。BSR 前 10 名卖家的日均销量可达 310 单,表明该产品的市场容量还不错。根据产品质量和尺寸,海运利润率: $ 9.41/ $ 35.99＝26.14% ,投入产出比达到 1∶1.72;空运利润率: $ 0.72/ $ 35.99＝2% ,投入产出比达到 1∶0.13。可见,海运利润率比较可观,而空运利润十分低,建议较重的产品走海运。此外,卖家精灵抓取的关键词中 toaster 的搜索热度相对较高,还要重视产品的售后问题,多多分析竞争对手的数据。

第三节　运动与户外类

1. 户外类吊床(表6.26)

表6.26　Hammock with Stand(吊床)

产品信息	尺寸:5.5 in×4.2 in×2.2 in　　　质量:0.1 kg	
市场容量	一级类目 Patio, Lawn & Garden　　出现2次	该产品前10名日均销量177单(1～10名),预期最终目标排名是小类前35名,日均50单
	二级类目 Patio Furniture & Accessories　　出现8次	
	三级类目 Hammocks, Stands & Accessories　　出现47次	
	四级类目 Hammocks　　出现100次	
	五级类目　　出现0次	
	六级类目　　出现0次	
利润预估(海运 20元/kg)	＄23.99 卖价－＄3.88 进价－＄3.6 佣金(15%)－＄0.32 头程－＄4.95FBA－＄3.6 推广(15%)－＄2.4 退货(10%)＝＄5.24(¥33.06)净利	
	利润率:＄5.24/＄23.99＝21.8% 前期投入:(＄3.88＋＄0.32＋＄3.6)×500＝＄3 900(¥24 609) 前期测评:20×(本金¥152＋佣金¥70)＝¥4 440 前期总计成本:¥24 609＋¥4 440＝¥29 049	
	采购成本卖价占比:＄3.88/＄23.99＝16.17%(合理占比15%～25%) 投入产出比:＄3.88/＄5.24＝1∶1.35	
利润预估(空运 50元/kg)	＄23.99 卖价－＄3.88 进价－＄3.6 佣金(15%)－＄0.79 头程－＄4.95FBA－＄3.6 推广(15%)－＄2.4 退货(10%)＝＄4.77(¥30)净利	
	利润率:＄4.77/＄23.99＝19.88% 前期投入:(＄3.88＋＄0.79＋＄3.6)×500＝＄4 135(¥26 091.85) 前期测评:20×(本金¥152＋佣金¥70)＝¥4 440 前期总计成本:¥26 091.85＋¥4 440＝¥30 531.85	
	采购成本卖价占比:＄3.88/＄23.99＝16.17%(合理占比15%～25%) 投入产出比:＄3.88/＄4.77＝1∶1.23	

竞争性	卖家精灵抓取　关键词 hammock 搜索量 1 927 867,Listing 数 2 000,供需比值 963.9,点击集中度 27.0%(11.9%、9.0%、6.1%) 卖家精灵抓取　关键词 hammocks 搜索量 676 483,Listing 数 1 000,供需比值 676.5,点击集中度 35.8%(13.3%、13.1%、9.3%) 卖家精灵抓取　关键词 hammock with stand 搜索量 279 743,Listing 数 259,供需比值 1 080.1,点击集中度 30.5%(14.9%、7.8%、7.7%)		
产品特色	卖点: ①面料光滑不伤皮肤; ②收纳方便轻巧; ③耐用; ④舒适; ⑤不易侧翻		
风险性	无		
季节性			
总结	1. 搜索量最高的关键词点击前三占比分别为 11.9%、9.0%、6.1%		
	2. 利润率　空运: $ 4.77/ $ 23.99 =19.88% ;海运: $ 5.24/ $ 23.99 =21.8%		
	3. 产品热搜词:hammock, hammocks, hammock with stand。数据显示,此类目关键词 hammock 热搜度较高		
	4. 卖点:①面料光滑不伤皮肤;②收纳方便轻巧;③耐用;④舒适;⑤不易侧翻		
	5. 总结:该产品受季节性影响大,销售旺季一般在3—8月。hammock 的搜索热度高,但竞争对手比较多,点击集中度小于30%。总体需求旺盛		
运营规划	一月推广,日均 10 单, 小类排名 8 000 ~ 4 000	二月推广,日均 15 单, 小类排名 3 000 ~ 1 500	三月推广,日均 25 单, 小类排名 1 000 ~ 300

（1）亚马逊美国站 Top 前 10 卖家销量数据（表 6.27）

表 6.27　亚马逊美国站 Top 前 10 卖家销量数据

大类排名	小类排名	$ 售价	Review 数量	Rating 评分	月销量	日销量
144	1	29.95	39 454	4.8	9 907	330
256	2	22.99	24 373	4.8	4 525	151
588	3	75.97	31 089	4.8	2 291	76
1 117	4	26.99	129	4.4	1 443	48
1 398	5	139.89	1 821	4.6	796	26
2 103	6	53.99	73	4.4	491	17
2 497	7	62.99	1 633	4.5	646	22
2 745	8	20.69	1 391	4.4	980	33
2 972	9	31.99	1 221	4.5	1 171	40
3 158	10	154.89	1 231	4.5	824	28

（2）案例分析

建议：该产品出现在一级类目的次数比较少，出现在二、三、四级类目的次数比较多，表明该产品还是有市场需求的。该产品 BSR 前 10 名卖家的日均单量是 177 单，这个数据并不固定，随着 BSR 排名的变化而变化。根据产品的尺寸和质量，海运利润率：$ 5.24/ $ 23.99 = 21.8%，投入产出比达到 1 ∶ 1.35；空运利润率：$ 4.77/ $ 23.99 = 19.88%，投入产出比达到 1 ∶ 1.23。正常情况下，投入产出比 1 ∶ 1 能保证不亏本。此外，卖家精灵挖掘出的几个关键词中，hammock 的搜索热度最大，但 Listing 数量多，竞争比较激烈；hammock with stand 搜索热度小，但 Listing 数量比较少。因此，在选取关键词时，一定要准确定位产品的主打关键词。另外，该产品还有一定的季节性，卖家务必要掌握好旺季时段。

2. 家居园艺防尘罩（表 6.28）

表 6.28　Outdoor Furniture Cover（防尘罩）

| 产品信息 | 尺寸：13 in×11 in×4 in　质量：0.42 kg |

市场容量	一级类目 Patio, Lawn & Garden　出现 0 次	该产品前 10 名日均销量 104 单（1~10 名），预期最终目标排名是小类 20 名,日均 25 单
	二级类目 Patio Furniture & Accessories　出现 3 次	
	三级类目 Patio Furniture Covers　出现 18 次	
	四级类目　出现 0 次	
	五级类目　出现 0 次	
	六级类目　出现 0 次	
	七级类目　出现 0 次	
利润预估(海运 20 元/kg)	＄27.99 卖价 − ＄4.7 进价− ＄4.2 佣金(15%) − ＄1.34 头程− ＄5.68FBA− ＄2.8 推广(10%) − ＄1.4 退货(5%) = ＄7.87(￥49.66)净利	
	利润率: ＄7.87/ ＄27.99＝28.11% 前期投入:(＄4.7＋ ＄1.34＋ ＄2.8)×500＝ ＄4 420(￥27 890.2) 前期测评:20×(本金￥176＋佣金￥70) ＝ ￥4 920 前期总计成本:￥27 890.2＋ ￥4 920 ＝ ￥32 810.2	
	采购成本卖价占比: ＄4.7/ ＄27.99＝16.79%(合理占比 15% ~25%) 投入产出比: ＄4.7/ ＄7.87＝1∶1.67	
利润预估(空运 50 元/kg)	＄27.99 卖价 − ＄4.7 进价− ＄4.2 佣金(15%) − ＄3.33 头程− ＄5.68FBA− ＄2.8 推广(10%) − ＄1.4 退货(5%) = ＄5.88(￥37)净利	
	利润率: ＄5.88/ ＄27.99＝21% 前期投入:(＄4.7＋ ＄3.33＋ ＄2.8)×500＝ ＄5 415(￥34 168.65) 前期测评:20×(本金￥176＋佣金￥70) ＝ ￥4 920 前期总计成本:￥34 168.65＋ ￥4 920 ＝ ￥39 088.65	
	采购成本卖价占比: ＄4.7/ ＄27.99＝16.79%(合理占比 15% ~25%) 投入产出比: ＄4.7/ ＄5.88＝1∶1.25	
竞争性	卖家精灵抓取　关键词 patio furniture cover 搜索量 239 662,Listing 数 1 000,供需比值 239,点击集中度 45.9%(28.9% 、9.1% 、7.8%) 卖家精灵抓取　关键词 outdoor furniture cover 搜索量 147 060,Listing 数 2 000,供需比值 73,点击集中度 33.4%(13.1% 、10.5% 、9.8%) 卖家精灵抓取　关键词 patio furniture covers 搜索量 136 461,Listing 数 1 000,供需比值 136,点击集中度 32.5%(16.1% 、9.4% 、6.9%)	
产品特色	卖点: ①防尘防紫外线; ②全面设计; ③优质材料; ④带有 PU 涂层; ⑤价格实惠耐用	
风险性	无	

续表

季节性	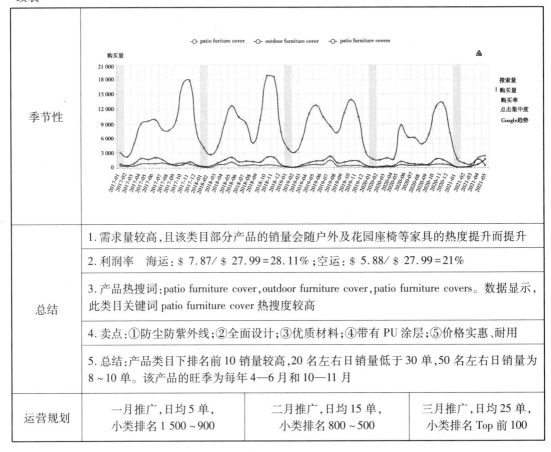

<table>
<tr><td rowspan="5">总结</td><td>1. 需求量较高, 且该类目部分产品的销量会随户外及花园座椅等家具的热度提升而提升</td></tr>
<tr><td>2. 利润率　海运: $7.87/$27.99＝28.11%;空运: $5.88/$27.99＝21%</td></tr>
<tr><td>3. 产品热搜词:patio furniture cover, outdoor furniture cover, patio furniture covers。数据显示, 此类目关键词 patio furniture cover 热搜度较高</td></tr>
<tr><td>4. 卖点:①防尘防紫外线;②全面设计;③优质材料;④带有 PU 涂层;⑤价格实惠、耐用</td></tr>
<tr><td>5. 总结:产品类目下排名前 10 销量较高,20 名左右日销量低于 30 单,50 名左右日销量为 8～10 单。该产品的旺季为每年 4—6 月和 10—11 月</td></tr>
<tr><td>运营规划</td><td>一月推广,日均 5 单, 小类排名 1 500～900 二月推广,日均 15 单, 小类排名 800～500 三月推广,日均 25 单, 小类排名 Top 前 100</td></tr>
</table>

（1）亚马逊美国站 Top 前 10 卖家销量数据（表 6.29）

表 6.29　亚马逊美国站 Top 前 10 卖家销量数据

大类排名	小类排名	$ 售价	Review 数量	Rating 评分	月销量	日销量
101	1	29.99	9 604	4.3	8 103	270
1 026	2	32.29	4 875	4.5	2 078	69
1 674	3	7.59	5 074	4.6	1 554	52
1 972	4	25.99	6 373	4.3	1 458	49
2 651	5	39.99	2 837	4.7	1 146	38
3 064	6	35.99	3 337	4.7	1 055	35
3 114	7	38.99	162	4.4	1 044	35
3 793	8	44.99	3 983	4.5	895	30
4 203	9	29.99	15	4.8	805	27
4 476	10	45.99	2 577	4.6	745	25

（2）案例分析

建议：该产品受季节性影响较大。从市场容量看，统计一级类目到三级类目出现的次数可以发现，一级类目出现的次数为零，表明该产品在推广前期往大类目方向冲刺比较困难，且小类目出现的次数也比较少，意味着小类目方向冲刺也是比较困难的。由此可见，需花费更多的时间和精力去推广，慢慢地沉淀，BSR 前 10 名卖家的日均单量为 104 单。根据产品的尺寸和质量，海运利润率：$ 7.87/ $ 27.99＝28.11％，投入产出比达到 1∶1.67；空运利润率：$ 5.88/ $ 27.99＝21％，投入产出比达到 1∶1.25。海运和空运的利润相差不多。此外，在卖家精灵挖掘出的几个关键词中，patio furniture cover 搜索量相对较高，Listing 数量一般，供需比值大，因此可以选取该词作为主打关键词。该产品还有防紫外线的特殊性能。

第四节　玩具类

1.婴儿玩具类产品（表6.30）

表6.30　Stroller Toys（婴儿玩具）

产品信息	尺寸:10.71 cm× 6.77 cm× 4.13 cm　　质量:0.18 kg	
市场容量	一级类目 Toys & Games　　　　出现 0 次	该产品前 10 名日均销量 135 单（1～10 名），预期最终目标排名是小类 80 名，日均 50 单
	二级类目 Baby & Toddler Toys　　出现 3 次	
	三级类目 Car Seat & Stroller Toys　出现 99 次	
	四级类目　出现 0 次	
	五级类目　出现 0 次	
	六级类目　出现 0 次	
利润预估（海运20 元/kg）	$ 14.99 卖价－$ 1.18 进价－$ 1.19 佣金(8%)－$ 0.57 头程－$ 3.77FBA－$ 2.99 推广(20%)－$ 0.75 退货(5%)＝$ 4.54（¥28.65）净利	
	利润率：$ 4.54/ $ 14.99＝30.29% 前期投入：($ 1.18＋$ 0.57＋$ 2.99)×500＝$ 2 370(¥14 954.7) 前期测评:20×(本金¥94.59＋佣金¥70)＝¥3 291.8 前期总计成本：¥14 954.7＋¥3 291.8＝¥18 246.5	
	采购成本卖价占比：$ 1.18/ $ 14.99＝7.9%（合理占比 15%～25%） 投入产出比：$ 1.18/ $ 4.54＝1∶3.8	

续表

利润预估(空运 50 元/kg)	$14.99 卖价 - $1.18 进价 - $1.19 佣金(8%) - $1.43 头程 - $3.77FBA - $2.99 推广(20%) - $0.75 退货(5%) = $3.68(¥23.22)净利
	利润率: $3.68/ $14.99 = 24.55% 前期投入:($1.18+ $1.43+ $2.99)×500 = $2 800(¥17 668) 前期测评:20×(本金¥107+佣金¥70) = ¥3 540 前期总计成本:¥17 668+ ¥3 540 = ¥21 208
	采购成本卖价占比: $1.18/ $14.99 = 7.9%(合理占比15% ~25%) 投入产出比: $1.18/ $3.68 = 1 : 3.12
竞争性	卖家精灵抓取　关键词 stroller toys 搜索量 10 411,Listing 数 5 128,供需比值2,点击集中度为 37.4%(16.1%、11.3%、9.9%) 卖家精灵抓取　关键词 car seat toys 搜索量 15 507,Listing 数 5 276,供需比值3,点击集中度为 34.5%(13.0%、11.3%、10.2%) 卖家精灵抓取　关键词 newborn toys 搜索量 43 911,Listing 数 27 809,供需比值1.6,点击集中度为 24.4%(8.3%、8.2%、7.9%)
产品特色	卖点: ①吸引婴儿注意; ②锻炼婴儿协调能力; ③可发声; ④可组合; ⑤能放置在婴儿床及婴儿座椅上
风险性	无
季节性	

竞品分析	BSR 高销量品牌产品数量统计（各品牌前十产品数量）	BSR 产品销量区间	类目垄断情况（前三销量占比）	特殊情况分析	竞品款式
	Bigib	第 1~25 名月销量均高于 2 000	卖家垄断系数 64%		
	Sassy	第 50 名后月销量低于 1 000	品牌垄断系数 21%		
	TOMY	最后一名月销量低于 100	Sassy 牌销量占比 8.13%		
	MOMOK	第 1、2 名销量极高	亚马逊自营销量占比 53.44%		

BSR 新品情况	类目新品数（半年内）	类目新品数（一年内）	新品占比（一年内）	新品月均销量（日均）	
	14	27	27%	578	

总结	1. 每年 12 月为旺季，car seat toys 搜索热度最高，搜索量最高的关键词点击前三占比分别为 13.0%、11.3%、10.2%
	2. 利润率　空运：$ 3.68/ $ 14.99＝24.55%；海运：$ 4.54/ $ 14.99＝30.29%
	3. 亚马逊自营产品的高垄断性使类目竞争更加激烈
	4. 该类产品的差评主要表现为质量问题
	5. 新品进入该市场较为困难且市场容量不大

运营规划	一月推广，日均 10 单，小类排名 2 000~1 000	二月推广，日均 20 单，小类排名 1000~500	三月推广，日均 30 单，小类排名 100~80

（1）亚马逊美国站 Top 前 10 卖家销量数据（表 6.31）

表 6.31　亚马逊美国站 Top 前 10 卖家销量数据

大类排名	小类排名	售价	Review 数量	Rating 评分	月销量	日销量
1 441	1	24.99	6 273	4.7	1 876	63
1 712	2	15.98	759	4.6	2 222	74
7 289	3	99.99	567	4.8	521	18
10 260	4	149.99	303	4.7	264	9
9 978	5	199.99	178	4.8	219	8
9 982	6	119.99	94	4.8	205	7
14 061	7	149.99	414	4.8	230	8

续表

大类排名	小类排名	售价	Review 数量	Rating 评分	月销量	日销量
13 728	8	198.95	120	4.7	125	5
15 772	9	149.99	192	4.8	132	5
21 652	10	99.99	36	4.5	101	4

（2）案例分析

建议：该产品在市场容量一级类目出现，说明此类产品很难进入大类目。二级、三级类目出现的次数比较多，表明该产品在推广前期冲刺小类目排名还是可行的，BSR 前 10 名卖家的日均单量一般。根据产品的尺寸和质量，海运利润率：\$ 4.54/ \$ 14.99 = 30.29%，投入产出比达到 1∶3.8；空运利润率：\$ 3.68/ \$ 14.99 = 24.55%，投入产出比达到 1∶3.12。正常情况下，投入产出比 1∶1，能保证不亏本。此外，卖家精灵抓取的关键词的供需比值很低，意味着产品在后期推广环节时这几个关键词会十分被动，建议挖掘更多的长尾核心词。该产品的旺季为每年 12 月，另外，还要进行竞品分析，分析该产品的客户痛点及如何规避问题，这也是店铺后期运营的重中之重。

2. 早教点读机（表 6.32）

表 6.32　Learning & Education Toys（早教点读机）

产品信息	尺寸：11 cm×9 cm×3 cm　　　　质量：0.13 kg	
市场容量	一级类目 Toys & Games　出现 2 次	该产品前 10 名日均销量 262 单（1~10 名），预期最终目标排名是小类前 100 名，日均 50 单
	二级类目 Preschool　出现 5 次	
	三级类目 Learning　出现 10 次	
	四级类目　出现 0 次	
	五级类目　出现 0 次	
	六级类目　出现 0 次	
利润预估（海运 20 元/kg）	\$ 20.99 卖价 - \$ 2.38 进价 - \$ 3.15 佣金（15%）- \$ 0.41 头程 - \$ 3.54 FBA - \$ 4.2 推广（20%）- \$ 0.7 退货（10%）= \$ 6.61（¥41）净利	
	利润率：\$ 6.61/ \$ 20.9 = 31.4% 前期投入：(\$ 2.38 + \$ 0.41 + \$ 4.2)×500 = \$ 3 495（¥22 053） 前期测评：20×（本金 ¥132 + 佣金 ¥70）= ¥4 040 前期总计成本：¥22 053 + ¥4 040 = ¥26 093	
	采购成本卖价占比：\$ 2.38/ \$ 20.99 = 11%（合理占比 15%~25%） 投入产出比：\$ 2.38/ \$ 6.61 = 1∶2.7	

续表

利润预估(空运 50 元/kg)	$ 20.99 卖价 – $ 2.38 进价 – $ 3.15 佣金(15%) – $ 1.03 头程 – $ 3.54FBA – $ 4.2 推广 (20%) – $ 0.7 退货(10%) = $ 5.93(￥37)净利
	利润率: $ 5.93/ $ 20.9 = 28% 前期投入: ($ 2.38 + $ 1.03 + $ 4.2)×500 = $ 3 805(￥24 009) 前期测评:20×(本金￥132+佣金￥70) = ￥4 040 前期总计成本:￥24 009 + ￥4 040 = ￥28 049
	采购成本卖价占比: $ 2.38/ $ 20.99 = 11%(合理占比 15% ~ 25%) 投入产出比: $ 2.38/ $ 5.93 = 1:2.5
竞争性	卖家精灵抓取　关键词 learning & education toys 搜索量 20 356,Listing 数 10 000,供需比值 2,点击集中度 20.8%(9.3%、5.9%、5.8%) 卖家精灵抓取　关键词 learning toys for 3 year olds 搜索量 12 631,Listing 数 15 818,供需比值 1,点击集中度 20.8%(8.8%、8.6%、6.8%) 卖家精灵抓取　关键词 toddler learning toys 搜索量 10 968,Listing 数 35 791,供需比值,0.3 点击集中度 28.3%(9.4%、6.8%、6.5%)
产品特色	卖点: ①内容可扩展; ②后续可加入录音功能和自制卡片; ③使用简单方便; ④图片与声音结合; ⑤让孩子更容易学会
风险性	无
季节性	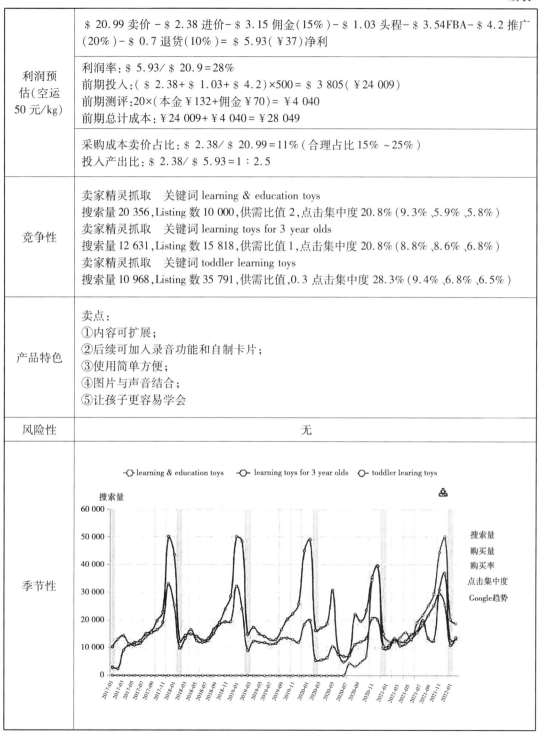

续表

总结	1. 搜索量最高的关键词点击前三占比分别为 9.3%、5.9%、5.8%		
	2. 利润率　空运：$ 5.93/ $ 20.9＝28%；海运：$ 6.61/ $ 20.9＝31.4%		
	3. 产品热搜词：learning & education toys，learning toys for 3 year olds，toddler learning toys。数据显示，此类目关键词 learning & education toys 热搜度较高		
	4. 卖点：①内容可扩展；②后续可加入录音功能和自制卡片；③使用简单方便；④图片与声音结合；⑤让孩子更容易学会		
	5. 总结：该产品每年 11—12 月为旺季，learning & education toys 的搜索热度高，垄断程度低，产品数量较少，新卖家能从中争取一定的市场份额		
运营规划	一月推广，日均 10 单，小类排名 5 000 ~ 3 000	二月推广，日均 20 单，小类排名 1 000 ~ 500	三月推广，日均 30 单，小类排名 Top 前 100

（1）亚马逊美国站 Top 前 10 卖家销量数据（表 6.33）

表 6.33　美国站 Top 前 10 卖家销量数据

大类排名	小类排名	$ 售价	Review 数量	Rating 评分	月销量	日销量
8	1	18.04	97 522	4.8	23 293	776
137	2	9.43	1 926	4.8	8 808	293
148	3	15.03	13 099	4.7	8 515	283
150	4	44.99	24 610	4.7	8 471	282
175	5	14.39	10 267	4.7	7 862	262
221	6	12.80	30 054	4.3	7 098	236
254	7	11.47	16 538	4.5	7 026	234
261	8	36.99	18 417	4.6	6 742	224
284	9	11.29	22 411	4.4	6 677	222
317	10	19.69	488	4.4	6 484	216

（2）案例分析

建议：该产品受季节性影响大，每年 11—12 月为旺季。从产品特性看：①内容可扩展；②后续可加入录音功能和自制卡片；③使用简单方便；④图片与声音结合；⑤让孩子更容易学会。卖家在撰写卖点时要特别注意，产品卖点必须吸引孩子父母的眼球，自然产生买给小孩使用的欲望。从市场容量看，统计一级类目到三级类目出现的次数可以发现，类目出现的次数比较少，表明该产品在推广前期往大类目方向冲刺比较困难，而小类目出现的次数也比较少，意味着该产品在此类目下的市场需求并不是很大。BSR 前 10 名卖家的日均销量达262 单。根据产品质量和尺寸，海运利润率：$ 6.61/ $ 20.9 ＝31.4%，投入产出比达

到 $1:2.7$;空运利润率: $\$5.93/\$20.9=28\%$,投入产出比达到 $1:2.5$。头程物流成本不算昂贵,海运和空运的利润都比较可观。此外,卖家精灵抓取的关键词中,learning & education toys 搜索热度相对较高,Listing 数量比较多,竞争比较激烈,供需比值很小,意味着后期推广能够抢到这一词条的流量特别少。特别提示:玩具类产品在亚马逊必须提供经认证的证书方可售卖。

3. 玩具类存钱罐(表6.34)

表6.34　Piggy Bank（存钱罐）

产品信息	尺寸:14.5 cm×10 cm×9.5 cm　　质量:0.234 kg	
市场容量	一级类目 Toys & Games　出现0次	该产品前10名日均销量76单(1~10名),预期最终目标排名是小类前40名,日均20单
	二级类目 Novelty & Gag Toys　出现0次	
	三级类目 Money Banks　出现87次	
	四级类目　出现0次	
	五级类目　出现0次	
	六级类目　出现0次	
利润预估(海运20元/kg)	$\$15.99$ 卖价- $\$1.58$ 进价- $\$2.4$ 佣金(15%)- $\$0.79$ 头程- $\$3.77$ FBA- $\$3.2$ 推广(20%)- $\$0.66$ 退货(10%)= $\$3.59$(¥22.62)净利	
	利润率: $\$3.59/\$15.99=22.4\%$ 前期投入:($\$1.58+\$0.79+\$3.2$)×500= $\$2\ 785$(¥17 573) 前期测评:20×(本金¥100.9+佣金¥70)=¥3 418 前期总计成本:¥17 573+¥3 418=¥20 991	
	采购成本卖价比: $\$1.58/\$15.99=0.9\%$(合理占比15%~25%) 投入产出比: $\$1.58/\$3.59=1:2.2$	
利润预估(空运50元/kg)	$\$15.99$ 卖价- $\$1.58$ 进价- $\$2.4$ 佣金(15%)- $\$1.98$ 头程- $\$3.77$ FBA- $\$3.2$ 推广(20%)- $\$0.66$ 退货(10%)= $\$2.28$(¥14.36)净利	
	利润率: $\$2.28/\$15.99=14.2\%$ 前期投入:($\$1.58+\$1.98+\$3.2$)×500= $\$3\ 380$(¥21 327) 前期测评:20×(本金¥100.9+佣金¥70)=¥3 418 前期总计成本:¥21 327+¥3 418=¥24 745	
	采购成本卖价比: $\$1.58/\$15.99=0.9\%$(合理占比15%~25%) 投入产出比: $\$1.58/\$2.28=1:1.44$	

续表

竞争性	卖家精灵抓取　关键词 coin counter 搜索量 15 961,Listing 数 253,供需比值 63.1,点击集中度 39.9%（15.5%、15.2%、9.2%） 卖家精灵抓取　关键词 piggy bank 搜索量 114 817,Listing 数 2 728,供需比值 42.1,点击集中度 21.1%（8.2%、7.7%、5.2%） 卖家精灵抓取　关键词 piggy bank for boys 搜索量 38 748,Listing 数 1 855,供需比值 20.9,点击集中度 25.3%（14.9%、5.5%、5.0%）
产品特色	卖点： ①优质桐木制作； ②硬币、纸币均可投入； ③自带提手和锁扣； ④美观有趣； ⑤养成好习惯
风险性	无
季节性	 购买量 （图表：coin counter、piggy bank、piggy bank for boys 购买量趋势图，纵轴 0~7 000，横轴 2017-01 至 2022-01；右侧标注：搜索量、购买量、购买率、点击集中度、Google趋势）
总结	1. 搜索量最高的关键词点击前三占比分别为 8.2%、7.7%、5.2% 2. 利润率　空运：$ 2.28/ $ 15.99＝14.2%；海运：$ 3.59/ $ 15.99＝22.4% 3. 产品热搜词：piggy bank for boys，piggy bank，coin counter。数据显示,此类目关键词 piggy bank 热搜度较高 4. 卖点：①优质桐木制作；②硬币、纸币均可投入；③自带提手和锁扣；④美观有趣；⑤养成好习惯 5. 总结：该产品每年 12 月为旺季,piggy bank 的搜索热度高,垄断程度低,产品数量较少,新卖家能从中争取一定的市场份额
运营规划	一月推广,日均 5 单, 小类排名 1 000～200　　二月推广,日均 10 单, 小类排名 200～80　　三月推广,日均 15 单, 小类排名 Top 前 100

（1）亚马逊美国站 Top 前 10 卖家销量数据（表 6.35）

表 6.35　亚马逊美国站 Top 前 10 卖家销量数据

大类排名	小类排名	$ 售价	Review 数量	Rating 评分	月销量	日销量
727	1	18.04	2 990	4.5	3 938	131
856	2	13.99	1 516	4.7	3 566	118
984	3	15.99	17 536	4.9	3 196	106
1 083	4	18.69	1 414	4.5	3 057	101
1 648	5	24.64	1213	4.5	2 430	81
1 748	6	9.99	10 800	4.8	2 319	77
2 179	7	14.99	5 415	4.8	1 982	66
2 660	8	28.99	3 698	4.5	1 828	60
3 088	9	22.94	2 905	4.6	1 690	56
3 439	10	12.99	1 545	4.5	1 579	52

（2）案例分析

建议：该产品受季节性影响大，旺季为每年 12 月。从产品特性看：①优质桐木制作；②硬币、纸币均可投入；③自带提手和锁扣；④美观有趣；⑤养成好习惯。卖家在撰写卖点时要特别注意，编辑产品卖点要重点突出产品的核心功能及优势。从市场容量看，统计一级类目到三级类目出现的次数可以发现，一级、二级类目出现的次数为零，表明该产品在推广前期往大类目方向冲刺比较困难，而小类目出现的次数比较多，意味着该产品在推广前期往小类目冲刺的概率比较大，待后期单量稳定，再慢慢往大类目方向推。BSR 前 10 名卖家的日均销量达 76 单，表明该产品的市场容量并不大。根据产品质量和尺寸，海运利润率：$ 3.59/ $ 15.99 = 22.4%，投入产出比达到 1∶2.2；空运利润率：$ 2.28/ $ 15.99 = 14.2%，投入产出比达到 1∶1.44。可见，头程物流成本不算昂贵，海运和空运的利润一般。此外，卖家精灵抓取的关键词中，piggy bank toys 搜索热度相对较高，Listing 数量一般，竞争稍显激烈，供需比值较小，表明新卖家也可以从中获得一部分流量。特别提醒：玩具类产品在亚马逊必须提供经认证的证书方可售卖。

4.玩具类磁吸积木（表 6.36）

表 6.36　Magnetic Tiles（磁吸积木）

产品信息	　尺寸:25 cm×18 cm×14 cm　　质量:0.75 kg

续表

市场容量	一级类目 Toys & Games　出现 0 次	该产品前 10 名日均销量 106 单（1~10 名），预期最终目标排名是小类前 70 名，日均 35 单
	二级类目 Building & Construction Toys　出现 4 次	
	三级类目 Magnetic Building　出现 89 次	
	四级类目　出现 0 次	
	五级类目　出现 0 次	
	六级类目　出现 0 次	
利润预估（海运 20 元/kg）	＄32.99 卖价 －＄5.71 进价 －＄4.95 佣金（15%）－＄2.38 头程 －5.79FBA －＄6.6 推广（20%）－＄1.49 退货（10%）＝＄6.07（￥38.36）净利	
	利润率：＄6.07/＄32.99 ＝18.4% 前期投入：（＄5.71＋＄2.38＋＄6.6）×500 ＝＄7 345（￥46 346） 前期测评：20×（本金￥208＋佣金￥70）＝￥5 560 前期总计成本：￥46 346＋￥5 560 ＝￥51 906	
	采购成本卖价占比：＄5.71/＄32.99 ＝17%（合理占比 15%~25%） 投入产出比：＄5.71/＄6.07 ＝1∶1.06	
利润预估（空运 50 元/kg）	＄32.99 卖价 －＄5.71 进价 －＄4.95 佣金（15%）－＄5.94 头程 －5.79FBA －＄6.6 推广（20%）－＄1.49 退货（10%）＝＄2.16（13.65 ￥）净利	
	利润率：＄2.16/＄32.99 ＝6.5% 前期投入：（＄5.71＋＄5.94＋＄6.6）×500 ＝＄9 125（￥57 578） 前期测评：20×（本金￥208＋佣金￥70）＝￥5 560 前期总计成本：￥57 578＋￥5 560 ＝￥63 138	
	采购成本卖价占比：＄5.71/＄32.99 ＝17%（合理占比 15%~25%） 投入产出比：＄5.71/＄2.16 ＝1∶0.37	
竞争性	卖家精灵抓取　关键词 magnetic tiles 搜索量 52 620，Listing 数 1 305，供需比值 40.3，点击集中度 23.5%（9.6%、7.9%、6.1%） 卖家精灵抓取　关键词 magnetic blocks 搜索量 31 231，Listing 数 2 186，供需比值 14.3，点击集中度 24.8%（9.3%、8.0%、7.5%） 卖家精灵抓取　关键词 picasso tiles 搜索量 36 268，Listing 数 578，供需比值 62.8，点击集中度 43.4%（25.3%、9.8%、8.4%）	
产品特色	卖点： ①磁吸接合； ②安全不伤手； ③开发智力及颜色辨认能力； ④提高动手能力； ⑤组合方式多样	
风险性	无	

季节性	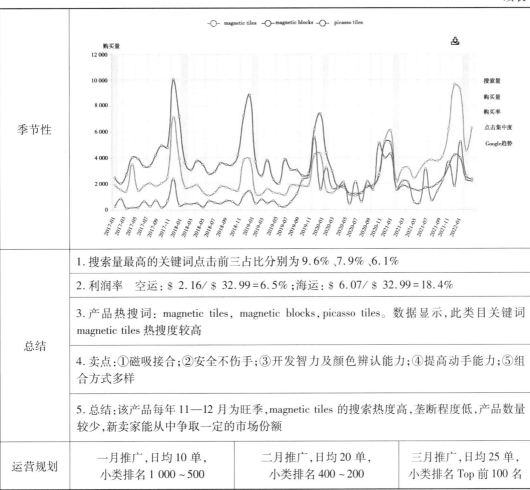

总结	1. 搜索量最高的关键词点击前三占比分别为 9.6%、7.9%、6.1%
	2. 利润率　空运：$ 2.16/ $ 32.99＝6.5%；海运：$ 6.07/ $ 32.99＝18.4%
	3. 产品热搜词：magnetic tiles，magnetic blocks，picasso tiles。数据显示，此类目关键词 magnetic tiles 热搜度较高
	4. 卖点：①磁吸接合；②安全不伤手；③开发智力及颜色辨认能力；④提高动手能力；⑤组合方式多样
	5. 总结：该产品每年 11—12 月为旺季，magnetic tiles 的搜索热度高，垄断程度低，产品数量较少，新卖家能从中争取一定的市场份额

运营规划	一月推广，日均 10 单，小类排名 1 000 ~ 500	二月推广，日均 20 单，小类排名 400 ~ 200	三月推广，日均 25 单，小类排名 Top 前 100 名

（1）亚马逊美国站 Top 前 10 卖家销量数据（表 6.37）

表 6.37　亚马逊美国站 Top 前 10 卖家销量数据

大类排名	小类排名	$ 售价	Review 数量	Rating 评分	月销量	日销量
235	1	27.99	22 179	4.9	6 856	228
757	2	25 398	1 569	436	3 852	128
832	3	49.99	9 429	4.9	3 633	121
874	4	49.99	276	4.9	3 512	117
1 035	5	8.99	7 278	4.8	3 111	103
1 091	6	34.99	1 304	4.7	3 049	101
1 571	7	29.99	3 883	4.9	2 516	83
1 693	8	42.83	1 858	4.8	2 380	79

续表

大类排名	小类排名	$ 售价	Review 数量	Rating 评分	月销量	日销量
1 797	9	119.99	8 621	4.9	2 265	75
2 137	10	129.99	2 799	4.7	1 996	66

（2）案例分析

建议：该产品受季节性影响大，每年 11—12 月为旺季。从产品特性看：①磁吸接合；②安全不伤手；③开发智力及颜色辨认能力；④提高动手能力；⑤组合方式多样，十分适合小孩子玩。卖家在撰写卖点时要特别注意，编辑产品卖点要重点突出产品的核心功能及优势。从市场容量看，统计一级类目到三级类目出现的次数可以发现，一级类目出现的次数为零，表明该产品在推广前期往大类目方向冲刺比较困难，小类目出现的次数比较多，意味着该产品在推广前期往小类目冲刺的概率比较大，待后期单量稳定，再慢慢往大类目方向推。BSR前 10 名卖家的日均销量达 106 单，表明该产品的市场容量并不大。根据产品质量和尺寸，海运利润率：$ 6.07/ $ 32.99 = 18.4%，投入产出比达到 1∶1.06；空运利润率：$ 2.16/ $ 32.99 = 6.5%，投入产出比达到 1∶0.37。可见，头程物流成本比较昂贵，海运和空运的利润都比较低。此外，卖家精灵抓取的 3 个关键词的搜索热度都比较低，其中，magnetic tiles 搜索热度相对较高，Listing 数量一般，供需比值一般，竞争并不激烈。经营季节性产品的卖家要把控好时间，以免错过旺季。特别提醒：玩具类产品在亚马逊必须提供经认证的证书方可售卖。

第五节　美容和个人护理类

1. 挖耳勺产品（表 6.38）

表 6.38　Ear Wax Removal（挖耳勺）

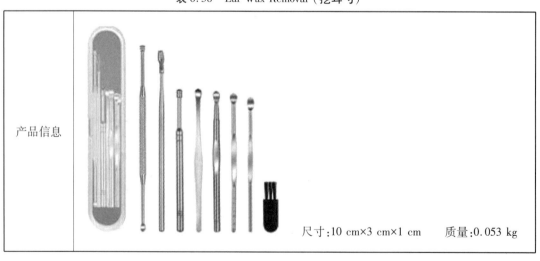

尺寸：10 cm×3 cm×1 cm　　质量：0.053 kg

市场容量	一级类目 Health & Household　出现 0 次	该产品前 10 名日均销量 306 单（1~10 名），预期最终目标排名是小类 100 名，日均 50 单
	二级类目 Health Care　出现 0 次	
	三级类目 Ear Care　出现 8 次	
	四级类目 Earwa×Removal　出现 21 次	
	五级类目　出现 0 次	
	六级类目　出现 0 次	
利润预估（海运 20 元/kg）	\$ 8.99 卖价 - \$ 0.42 进价 - \$ 1.35 佣金(15%) - \$ 0.17 头程 - \$ 2.7FBA - \$ 1.35 推广(15%) - \$ 0.89 退货(10%) = \$ 2.11(¥13.31)净利	
	利润率：\$ 2.11/ \$ 8.99 = 23.47% 前期投入：(\$ 0.42+ \$ 0.17+ \$ 1.35)×500 = \$ 970(¥6 120.7) 前期测评：20×(本金¥56.73+佣金¥70) = ¥2 534.6 前期总计成本：¥6 120.7+¥2 534.6 = ¥8 655.3	
	采购成本卖价占比：\$ 0.42/ \$ 8.99 = 4%(合理占比 15%~25%) 投入产出比：\$ 0.42/ \$ 2.11 = 1∶5.02	
利润预估（空运 50 元/kg）	\$ 8.99 卖价 - \$ 0.42 进价 - \$ 1.35 佣金(15%) - \$ 0.42 头程 - \$ 2.7FBA - \$ 1.35 推广(15%) - \$ 0.89 退货(10%) = \$ 1.86(¥11.74)净利	
	利润率：\$ 1.86/ \$ 8.99 = 20.69% 前期投入：(\$ 0.42+ \$ 0.42+ \$ 1.35)×500 = \$ 1 095(¥6 909.45) 前期测评：20×(本金¥56.73+佣金¥70) = ¥2 534.6 前期总计成本：¥6 909.45+¥2 534.6 = ¥9 444.05	
	采购成本卖价占比：\$ 0.42/ \$ 8.99 = 4%(合理占比 15%~25%) 投入产出比：\$ 0.42/ \$ 1.86 = 1∶4.43	
竞争性	卖家精灵抓取　关键词 ear wax removal 搜索量 739 612,Listing 数 2 403,供需比值 307.8,点击集中度 28.7%(14.1%、6.8%、6.1%) 卖家精灵抓取　关键词 ear cleaner 搜索量 239 143,Listing 数 1 338,供需比值 178.7,点击集中度 28.9%(12.9%、7.4%、5.4%) 卖家精灵抓取　关键词 ear wax removal tool 搜索量 152 726,Listing 数 1 528,供需比值 99.9,点击集中度 28.1%(13.0%、11.8%、5.6%) 卖家精灵抓取　关键词 ear wax removal kit 搜索量 88 538,Listing 数 2 134,供需比值 41.5,点击集中度 28.0%(17.7%、10.3%、6.1%)	
产品特色	卖点： ①方便携带； ②工具种类多； ③体积小； ④304 不锈钢材质,不生锈	
风险性	无	

续表

| 季节性 | |

ear wax removal　　ear cleaner　　ear wax removal tool　　ear wax removal kit

搜索量　购买量　购买率　点击集中度　Google趋势

竞品分析	BSR 高销量品牌产品数量统计(各品牌前十产品数量)	BSR 产品销量区间	类目垄断情况(前三销量占比)	特殊情况分析	竞品款式
	Debrox	第1~4名销量大,集中销量在第1~4名	亚马逊自营销量占比19.6%		
	Mjya	第38名月销量小于1 000	Debrox牌销量占比18.5%		
	Geengle	第69名月销量小于500	类目垄断系数30.23%		
	DJROLL				

BSR 新品情况	类目新品数(半年内)	类目新品数(一年内)	新品占比(一年内)	新品月均销量(日均)	
	16	23	23%	2 392	

总结	1.该产品无明显季节性且近期所有关键词均有上升趋势
	2.利润率　空运:$1.86/$8.99=20.69%;海运:$2.11/$8.99=23.47%
	3.产品类目销量第1~4名销量较高,其中前两名为同一卖家,产品为洗耳液
	4.手动挖耳勺样式大致相同,差评较少,主要差别在包装
	5.产品成本低,投入产出较高,与同类目下电动工具相比价格优势明显

运营规划	一月推广,日均10单,小类排名2 000~1 000	二月推广,日均20单,小类排名1 000~500	三月推广,日均30单,小类排名Top前100名

（1）亚马逊美国站 Top 前 10 卖家销量数据（表6.39）

表6.39　亚马逊美国站 Top 前 10 卖家销量数据

大类排名	小类排名	$ 售价	Review 数量	Rating 评分	月销量	日销量
755	1	37.99	1 364	4.8	19 287	642
1 180	2	13.99	965	3.8	14 600	486
1 381	3	14.99	9 075	4.1	13 447	448
1 557	4	6.99	2 871	4.1	12 440	414
1 585	5	33.99	939	4.8	12 279	409
1 606	6	18.99	4 057	4.2	12 161	405
1 656	7	7.99	18 917	4.2	11 882	396
2 268	8	26.95	453	2.3	9 442	314
2 956	9	25.26	1 651	4.1	8 265	275
3 473	10	5.99	11 393	4.3	7 381	246

（2）案例分析

建议:该产品不受季节性影响,近段时间以来,该品类的关键词搜索热度一直在上升。从产品特性看:①方便携带;②工具种类多;③体积小;④304 不锈钢材质,不生锈。卖家在撰写卖点时要特别注意,编辑产品卖点要重点突出产品的核心功能及优势。从市场容量看,统计一级类目到三级类目出现的次数可以发现,一级、二级类目出现的次数为零,表明该产品在推广前期往大类目方向冲刺比较困难,小类目出现的次数比较多,意味着该产品在推广前期往小类目冲刺的概率比较大,待后期单量稳定,再慢慢往大类目方向推。BSR 前 10 名卖家的日均销量达 306 单,表明该产品的市场容量适中。根据产品质量和尺寸,海运利润率: $ 2.11/ $ 8.99＝23.47%,投入产出比达到 1∶5.02;空运利润率: $ 1.86/ $ 8.99＝20.69%,投入产出比达到 1∶4.43。可见,头程物流成本并不昂贵,产品成本也比较便宜,海运和空运的利润都比较低。像这类利润比较低,质量轻的产品,一般靠积累单量获取利润。此外,卖家精灵抓取的 4 个关键词的搜索热度都比较高,其中,ear wax removal 搜索热度相对较高,Listing 数量适中,供需比值大,因此可选该词作为主打关键词。特别提示:可以登录社交媒体平台了解相关产品信息,了解海外用户比较青睐哪种设计款式等。

2.化妆洗漱包（表6.40）

表6.40　make up bags（化妆洗漱包）

产品信息	 尺寸:24 cm×9.5 cm×19 cm　　质量:0.14 kg

续表

市场容量	一级类目 Beauty&Personal Care 出现 1 次	该产品前 10 名日均销量 201 单（1～10 名），预期最终目标排名是小类 218 名，日均 50 单
	二级类目 Tools&Accessories 出现 3 次	
	三级类目 Bags&Cases 出现 41 次	
	四级类目 Comsmetic Bags 出现 97 次	
	五级类目 出现 0 次	
	六级类目 出现 0 次	
利润预估（海运 20 元/kg）	＄13.99 卖价－＄1.24 进价－＄2.1 佣金（15%）－＄0.44 头程－＄3.46FBA－＄2.09 推广（15%）－＄1.39 退货（10%）＝＄3.27（¥20.63）净利	
	利润率：＄3.27/＄13.99＝23.37% 前期投入：（＄1.24+＄0.44+＄2.09）×500＝＄1 885（¥11 894.35） 前期测评：20×（本金 ¥88+佣金 ¥70）＝¥3 160 前期总计成本：¥11 894.35+¥3 160＝¥15 054.35	
	采购成本卖价占比：＄1.24/＄13.99＝8.8%（合理占比 15%～25%） 投入产出比：＄1.24/＄3.27＝1：2.63	
利润预估（空运 50 元/kg）	＄13.99 卖价－＄1.24 进价－＄2.1 佣金（15%）－＄1.11 头程－＄3.46FBA－＄2.09 推广（15%）－＄1.39 退货（10%）＝＄2.6（¥16.4）净利	
	利润率：＄2.6/＄13.99＝18.58% 前期投入：（＄1.24+＄1.11+＄2.09）×500＝＄2 220（¥14 008.2） 前期测评：20×（本金 ¥88+佣金 ¥70）＝¥3 160 前期总计成本：¥12 008.2+¥3 160＝¥17 168.2	
	采购成本卖价占比：＄1.24/＄13.99＝8.8%（合理占比 15%～25%） 投入产出比：＄1.24/＄2.6＝1：2.09	
竞争性	卖家精灵抓取 关键词 makeup bag 搜索量 908 260，Listing 数 4 000，供需比值 227，点击集中度 31%（16.7%、9.5%、4.8%） 卖家精灵抓取 关键词 makeup bags 搜索量 22 685，Listing 数 3 000，供需比值 7.6，点击集中度 28.5%（10.5%、10.4%、7.6%） 卖家精灵抓取 关键词 toiletry bag womens 搜索量 87 278，Listing 数 1 000，供需比值 87，点击集中度 37.5%（17.1%、10.5%、9.9%）	
产品特色	卖点： ①口袋隔层，内层置物，容量大； ②手提式，便捷携带； ③防水涤纶，品质拉链； ④挂钩收纳； ⑤多种款式选择	
风险性	无	

季节性	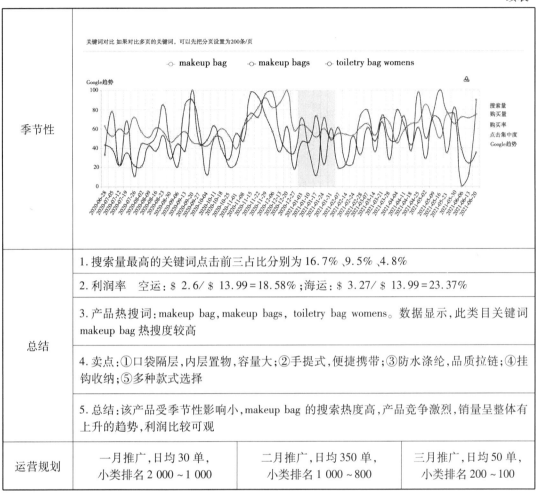
总结	1. 搜索量最高的关键词点击前三占比分别为 16.7%、9.5%、4.8%
	2. 利润率　空运：$ 2.6/ $ 13.99 = 18.58%；海运：$ 3.27/ $ 13.99 = 23.37%
	3. 产品热搜词：makeup bag, makeup bags, toiletry bag womens。数据显示,此类目关键词 makeup bag 热搜度较高
	4. 卖点:①口袋隔层,内层置物,容量大;②手提式,便捷携带;③防水涤纶,品质拉链;④挂钩收纳;⑤多种款式选择
	5. 总结:该产品受季节性影响小,makeup bag 的搜索热度高,产品竞争激烈,销量呈整体有上升的趋势,利润比较可观
运营规划	一月推广,日均 30 单,小类排名 2 000 ~ 1 000 ｜ 二月推广,日均 350 单,小类排名 1 000 ~ 800 ｜ 三月推广,日均 50 单,小类排名 200 ~ 100

（1）亚马逊美国站 Top 前 10 卖家销量数据(表 6.41)

表 6.41　亚马逊美国站 Top 前 10 卖家销量数据

大类排名	小类排名	$ 售价	Review 数量	Rating 评分	月销量	日销量
763	1	18.98	19 550	4.6	9 984	332
1 405	2	13.99	3 462	4.5	6 775	225
1 448	3	9.99	11 622	4.7	6 659	221
1 456	4	14.98	6 449	4.7	6 640	221
1 561	5	9.49	4 909	4.5	6 355	211
1 892	6	11.87	2 859	4.5	5 459	181
2 212	7	16.99	382	4.5	4 852	161
2 585	8	27.95	2 347	4.5	4 358	145

续表

大类排名	小类排名	$ 售价	Review 数量	Rating 评分	月销量	日销量
2 856	9	17.08	14 097	4.7	3 998	133
3 074	10	13.99	8 923	4.7	3 750	125

（2）案例分析

建议：该产品受季节性影响小。从产品特性看：①口袋隔层，内层置物，容量大；②手提式，便捷携带；③防水涤纶，品质拉链；④挂钩收纳；⑤多种款式选择。卖家在撰写卖点时要特别注意，编辑产品卖点要重点突出产品的核心功能及优势。从市场容量看，统计一级类目到三级类目出现的次数可以发现，一级类目出现的次数比较少，表明该产品在推广前期往大类目方向冲刺比较困难，小类目出现的次数比较多，意味着该产品在推广前期往小类目冲刺的概率比较大，待后期单量稳定，再慢慢往大类目方向推。BSR 前 10 名卖家的日均销量达 201 单，表明该产品的市场容量适中。根据产品质量和尺寸，空运利润率：$ 2.6/ $ 13.99 = 18.58%，投入产出比达到 1∶2.09；海运利润率：$ 3.27/ $ 13.99 = 23.37% 投入产出比达到 1∶2.63。可见，头程物流成本并不昂贵，产品成本也比较便宜，海运和空运的利润一般。此外，卖家精灵抓取的 3 个关键词的搜索热度都比较高，其中，makeup bag 搜索热度相对更高，Listing 数量比较多，供需比值较大，竞争比较激烈，可选该词作为主打关键词，再辅以其他关键词作补充，但需要时间和精力的沉淀，才能看到效果。

第六节　Baby 类

1. Baby 类婴儿背带（表 6.42）

表 6.42　baby carrier（婴儿背带）

产品信息	尺寸：25 cm×18 cm×10 cm　　质量：0.38 kg	
市场容量	一级类目 Baby　出现 0 次	该产品前 10 名日均销量 145 单（1～10 名），预期最终目标排名是小类前 30 名，日均 30 单
	二级类目 Kitchen & Dining　出现 8 次	
	三级类目 Carriers & Accessories　出现 74 次	
	四级类目 Slings　出现 81 次	
	五级类目　出现 0 次	
	六级类目　出现 0 次	

利润预估(海运20元/kg)	＄55.99卖价－＄10.24进价－＄8.4佣金(15%)－＄1.2头程－＄5.14FBA－＄11.2推广(20%)－＄1.83退货(10%)＝＄17.98(￥114.23)净利
	利润率:＄17.98/＄55.99＝32% 前期投入:(＄10.24＋＄1.2＋＄11.2)×500＝＄6 820(￥43 307) 前期测评:20×(本金￥335.57+佣金￥70)＝￥8 510.73 前期总计成本:￥43 307＋￥8 510.73＝￥51 817.73
	采购成本卖价占比:＄10.24/＄55.99＝18%(合理占比15%～25%) 投入产出比:＄10.24/＄17.98＝1:1.75
利润预估(空运50元/kg)	＄55.99卖价－＄10.24进价－＄8.4佣金(15%)－＄2.99头程－＄3.19FBA－＄＄11.2推广(20%－＄2.01退货(10%)＝＄16.01(￥101.69)净利
	利润率:＄16.01/＄55.99＝28.59% 前期投入:(＄10.24＋＄2.99＋＄11.2)×500＝＄7 095(￥45 053.25) 前期测评:20×(本金￥335.57+佣金￥70)＝￥8 510.73 前期总计成本:￥43 307＋￥8 510.73＝￥51 817.73
	采购成本卖价占比:＄10.24/＄55.99＝18%(合理占比15%～25%) 投入产出比:＄10.24/＄16.01＝1:1.56
竞争性	卖家精灵抓取　关键词 baby carrier 搜索量125 034,Listing数635,供需比值196.9,点击集中度42.8%(31.3%、6.2%、5.4%) 卖家精灵抓取　关键词 baby wraps carrier 搜索量30 191,Listing数437,供需比值69.1,点击集中度34.0%(13.6%、10.4%、10.0%) 卖家精灵抓取　关键词 baby carrier newborn to toddler 搜索量27 579,　Listing数388,供需比值71.1,点击集中度44.7%(31.1%、8.6%、4.9%)
产品特色	卖点: ①材质坚韧柔软; ②调节方便; ③自带储存袋; ④贴合婴儿脊椎; ⑤分散承重减少压力
风险性	无
季节性	

续表

总结	1. 搜索量最高的关键词点击前三占比分别为31.3%、6.2%、5.4%	
	2. 利润率 空运: $ 16.01/ $ 55.99 = 28.59%；海运: $ 17.98/ $ 55.99 = 32%	
	3. 产品热搜词：baby carrier，baby wraps carrier，baby carrier newborn to toddler。数据显示，此类目关键词 baby carrier 热搜度较高	
	4. 卖点：①材质坚韧柔软；②调节方便；③自带储存袋；④贴合婴儿脊椎；⑤分散承重减少压力	
	5. 总结：该产品受季节性影响小，baby carrier 的搜索热度高；头部卖家占据份额大，点击集中度过半，产品数量较少，利润可观；新上架产品排名较高，机会较大。	
运营规划	一月推广，日均5单，小类排名 1 000～800	二月推广，日均15单，小类排名 600～200	三月推广，日均25单，小类排名 Top 前 100 名

亚马逊美国站 Top 前 10 卖家销量数据（表6.43）

表6.43 亚马逊美国站 Top 前 10 卖家销量数据

大类排名	小类排名	售价	Review 数量	Rating 评分	月销量	日销量
33	1	23.45	44 323	4.6	36 654	1 221
246	2	38.34	19 377	4.5	11 692	389
562	3	21.99	12 769	4.4	5 916	197
625	4	44.94	15 133	4.5	6 716	223
688	5	59.99	5 102	4.0	4 769	159
748	6	59.90	14 033	4.3	6 470	215
965	7	70.00	3 420	4.6	3 788	126
1 068	8	15.52	2 588	4.4	3 057	102
1 218	9	138.00	3 500	4.7	2 887	96
1 416	10	99.00	3 548	4.7	3 908	130

2. Baby 安全座椅（表6.44）

表6.44 booster seat for car（车载安全座椅）

产品信息	 尺寸：52 cm×50 cm×60 cm 质量：9.4 kg

市场容量	一级类目 Baby 出现 2 次	该产品前 10 名日均销量 451 单（1 ~ 10 名），预期最终目标排名是小类前 30 名，日均 60 单
	二级类目 Car Seats 出现 29 次	
	三级类目 Car Seats 出现 78 次	
	四级类目 Booster 出现 83 次	
	五级类目 出现 0 次	
	六级类目 出现 0 次	
利润预估（海运 20 元/kg）	＄209.99 卖价－＄31.25 进价－＄31.5 佣金（15%）－＄29.52 头程－＄43.97FBA－＄21 推广（10%）－＄5.55 退货（5%）＝＄47.2（￥300）净利	
	利润率：＄47.2/＄209.99＝22.48% 前期投入：（＄31.25＋＄29.52＋＄21）×500＝＄40 885（￥259 619.75） 前期测评：20×（本金￥1 337.15＋佣金￥70）＝￥28 143 前期总计成本：￥259 619.75＋￥28 143＝￥287 762.75	
	采购成本卖价占比：＄31.25/＄209.99＝15%（合理占比 15% ~ 25%） 投入产出比：＄31.25/＄47.2＝1∶1.5	
利润预估（空运 50 元/kg）	＄209.99 卖价－＄31.25 进价－＄31.5 佣金（15%）－＄73.81 头程－＄43.97FBA－＄21 推广（10%）－＄5.55 退货（5%）＝＄0.69（￥4.38）净利	
	利润率：＄0.69/＄209.99＝0.33% 前期投入：（＄31.25＋＄73.81＋＄21）×500＝＄63 030（￥400 240.5） 前期测评：20×（本金￥1 082.45＋佣金￥70）＝￥23 049 前期总计成本：￥400 240.5＋￥23 049＝￥423 289.5	
	采购成本卖价占比：＄31.25/＄209.99＝15%（合理占比 15% ~ 25%） 投入产出比：＄46.8/＄0.69＝1∶0.01	
竞争性	卖家精灵抓取 关键词 booster seat for car 搜索量 84 864，Listing 数 137，供需比值 619.5，点击集中度 51.5%（21.7%、16.0%、13.8%） 卖家精灵抓取 关键词 booster seat 搜索量 47 698，Listing 数 137，供需比值 348.2，点击集中度 48.6%（19.6%、14.8%、14.2%） 卖家精灵抓取 关键词 car seat 搜索量 121 905，Listing 数 514，供需比值 237.2，点击集中度 24.5%（10.9%、7.2%、6.4%）	
产品特色	卖点： ①可 360°调整方向； ②安装后固定方向； ③新生儿至 12 岁均可使用； ④170°坐躺调节； ⑤高强度注塑骨架，减震抗冲击内衬，安全性高	
风险性	无	

续表

季节性	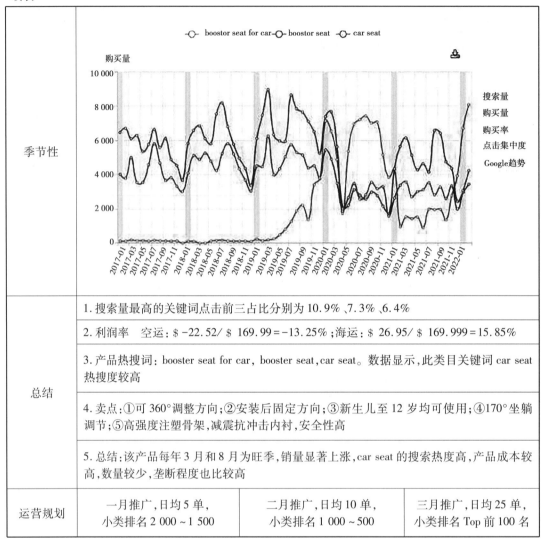

图例：boostor seat for car、boostor seat、car seat

图右侧标注：搜索量、购买量、购买率、点击集中度、Google趋势

总结	1. 搜索量最高的关键词点击前三占比分别为 10.9%、7.3%、6.4%
	2. 利润率　空运：$ -22.52/ $ 169.99 = -13.25%；海运：$ 26.95/ $ 169.999 = 15.85%
	3. 产品热搜词：booster seat for car，booster seat，car seat。数据显示，此类目关键词 car seat 热搜度较高
	4. 卖点：①可 360° 调整方向；②安装后固定方向；③新生儿至 12 岁均可使用；④170° 坐躺调节；⑤高强度注塑骨架，减震抗冲击内衬，安全性高
	5. 总结：该产品每年 3 月和 8 月为旺季，销量显著上涨，car seat 的搜索热度高，产品成本较高，数量较少，垄断程度也比较高

运营规划	一月推广，日均 5 单，小类排名 2 000 ~ 1 500	二月推广，日均 10 单，小类排名 1 000 ~ 500	三月推广，日均 25 单，小类排名 Top 前 100 名

亚马逊美国站 Top 前 10 卖家销量数据分析（表6.45）

表 6.45　亚马逊美国站 Top 前 10 卖家销量数据

大类排名	小类排名	$ 售价	Review 数量	Rating 评分	月销量	日销量
67	1	25.99	18 609	4.8	19 585	652
192	2	159.99	32 591	4.8	17 257	575
202	3	332.81	61 498	4.9	19 529	650
237	4	249.99	34 842	4.8	13 133	437

大类排名	小类排名	$ 售价	Review 数量	Rating 评分	月销量	日销量
305	5	44.99	3 305	4.8	9 456	315
350	6	99.00	16 630	4.7	6 789	226
406	7	25.99	13 884	4.8	6 247	208
407	8	79.99	22 379	4.8	5 147	171
663	9	12.15	3 455	4.1	5 309	176
724	10	34.95	2 999	4.2	5 104	170

3. Baby 便携多功能婴儿床(表 6.46)

表 6.46　pack and play(便携多功能婴儿床)

产品信息	尺寸:23 cm×20 cm×80 cm　　质量:10 kg	
市场容量	一级类目 Baby　出现 0 次	该产品前 10 名日均销量 141 单(1～10 名),预期最终目标排名是小类前 20 名,日均 30 单
	二级类目 Nursery　出现 3 次	
	三级类目 Furniture　出现 10 次	
	四级类目　出现 0 次	
	五级类目　出现 0 次	
	六级类目　出现 0 次	
利润预估(海运 20 元/kg)	$ 169.99 卖价－$ 46.8 进价－$ 25.5 佣金(15%)－$ 31.41 头程－$ 17.3FBA－$ 17 推广(10%)－$ 5.03 退货(5%)＝$ 26.95(￥171.63)净利	
	利润率:$ 26.95/$ 169.999＝15.85% 前期投入:($ 46.8+$ 31.41+$ 17.3)×500＝$ 47 755(￥303 244.25) 前期测评:20×(本金￥1 082.45+佣金￥70)＝￥23 049 前期总计成本:￥303 244.25+￥23 049＝￥326 293.25	
	采购成本卖价占比:$ 46.8/$ 169.99＝27%(合理占比 15%～25%) 投入产出比:$ 46.8/$ 26.95＝1∶0.57	

续表

利润预估(空运50元/kg)	＄169.99 卖价－＄46.8 进价－＄25.5 佣金(15%)－＄78.52 头程－＄17.3FBA－＄17 推广(10%)－＄5.03 退货(5%)＝－＄22.52(￥－143.4)净利
	利润率:＄－22.52/＄169.99＝－13.25% 前期投入:(＄46.8+＄78.52+＄17.3)×500＝＄71 310(￥45 2818.5) 前期测评:20×(本金￥1 082.45+佣金￥70)＝￥23 049 前期总计成本:￥452 818.5+￥23 049＝￥475 867.5
	采购成本卖价占比:＄46.8/＄169.99＝27%(合理占比15%~25%) 投入产出比:＄46.8/＄－22.52＝1:－0.48
竞争性	卖家精灵抓取　关键词 pack and play 搜索量81 067,Listing 数2 098,供需比值38.6,点击集中度29.4%(13.9%、9.6%、5.9%) 卖家精灵抓取　关键词 pack n play 搜索量71 272,Listing 数1 965,供需比值36.3,点击集中度27.0%(11.0%、8.0%、7.9%) 卖家精灵抓取　关键词 graco pack n play 搜索量30 520,Listing 数68,供需比值448,点击集中度42.1%(20.5%、11.2%、10.4%)
产品特色	卖点: 1. 多功能便携婴儿床; 2. 有脚轮方便移动; 3. 收纳方便; 4. 两层承重,分别为60 kg 和20 kg; 5. 展开后大小为110 cm×76 cm×77 cm
风险性	无
季节性	

总结	1. 搜索量最高的关键词点击前三占比分别为 13.9%、9.6%、5.9%
	2. 利润率 空运:$-22.52/$169.99 = -13.25%;海运:$26.95/$169.999 = 15.85%
	3. 产品热搜词:pack and play,pack n play,graco pack n play。数据显示,此类目关键词 pack and play 热搜度较高
	4. 卖点:①多功能便携婴儿床;②有脚轮方便移动;③收纳方便;④两层承重,分别为 60 kg 和 20 kg;⑤展开后大小为 110 cm×76 cm×77 cm
	5. 总结:该产品每年 2 月为旺季,销量显著上涨,pack and play 的搜索热度高,产品成本较高,数量较少,需谨慎入市
运营规划	一月推广,日均 5 单,小类排名 1 500~900	二月推广,日均 15 单,小类排名 800~500	三月推广,日均 25 单,小类排名 Top 前 100 名

（1）亚马逊美国站 Top 前 10 卖家销量数据（表 6.47）

表 6.47　亚马逊美国站 Top 前 10 卖家销量数据

大类排名	小类排名	$售价	Review 数量	Rating 评分	月销量	日销量
173	1	77.99	35 912	4.8	16 233	541
902	2	35.92	8 682	4.6	10 092	336
910	3	27.78	2 940	4.5	7 257	2 421
921	4	54.99	7 023	4.2	6 037	201
926	5	89.99	355	4.4	5 074	169
940	6	165.89	4 203	4.8	5 119	170
952	7	104.97	540	4.6	1 236	41
974	8	22.4	6 412	4.4	5 609	186
1 082	9	179.99	7 545	4.8	3 769	125
1 088	10	119.99	4 993	4.7	3 879	129

（2）案例分析

该产品成本较高,根据产品质量和尺寸计算,空运利润率为:$-22.52/$169.999 = -13.25%;海运利润率为:$26.95/$169.999 = 15.85%。头程物流费用相对昂贵,海运利润一般,空运利润则不太可观。另外,再看市场容量,类目出现的次数比较少,说明目前该产品的市场还不够成熟;根据卖家精灵抓取的关键词,3 个关键词的搜索热度均一般,其中,关键词 pack and play 搜索热度相对较高,Listing 商品数量较多,供需比值较低,同时也存在激烈的竞争。

第七节　汽配类

1. 汽车坐垫(表6.48)

表6.48　seat cushion(汽车坐垫)

产品信息	蜂巢透气冰垫 拒绝闷热,久坐不累 尺寸:17.6 in×13.8 in×2.75 in　　质量:0.5 kg	
市场容量	一级类目 Baby　出现2次	该产品前10名日均销量237单(1~10名),预期最终目标排名是小类82名,日均30单
	二级类目 Car Seats　出现4次	
	三级类目 Accessories　出现14次	
	四级类目 Cushions　出现96次	
	五级类目　出现0次	
	六级类目　出现0次	
	七级类目　出现0次	
利润预估(海运20元/kg)	$24.99 卖价 − $2.5 进价 − $3.74 佣金(15%) − $1.69 头程 − $5.68FBA − $3.74 推广(15%) − $2.49 退货(10%) = $5.15(¥32.49)净利	
	利润率: $5.15/ $24.99=20.6% 前期投入:($2.5+ $1.69+ $3.74)×500= $3 965(¥25 019.15) 前期测评:20×(本金¥157+佣金¥70) = ¥4 540 前期总计成本:¥25 019.15+¥4 540 = ¥29 559.15	
	采购成本卖价占比: $2.5/ $24.99=10%(合理占比15%~25%) 投入产出比: $2.5/ $5.15=1:2.06	
利润预估(空运50元/kg)	$24.99 卖价 − $2.5 进价 − $3.74 佣金(15%) − $3.96 头程 − $5.68FBA − $3.74 推广(15%) − $2.49 退货(10%) = $2.88(¥18.17)净利	
	利润率: $2.88/ $24.99=11.52% 前期投入:($2.5+ $3.96+ $3.74)×500= $5 100(¥32 181) 前期测评:20×(本金¥157+佣金¥70) = ¥4 540 前期总计成本:¥32 181+¥4 540 = ¥36 721	
	采购成本卖价占比: $2.5/ $24.99=10%(合理占比15%~25%) 投入产出比: $2.5/ $2.88=1:1.15	

竞争性	卖家精灵抓取　关键词 seat cushion 搜索量 230 674,Listing 数 1 000,供需比值 230,点击集中度 31.8%(12.3%、12.3%、7.3%) 卖家精灵抓取　关键词 chair cushion 搜索量 291 860,Listing 数 10 000,供需比值 29,点击集中度 27.1%(11.1%、10.3%、5.7%) 卖家精灵抓取　关键词 seat cushion for office chair 搜索量 89 444,Listing 数 828,供需比值 108,点击集中度 53.5%(26.2%、17.7%、9.6%)
产品特色	卖点: ①透气,拒绝闷热; ②优质内芯,凝胶 TPE 材料设计; ③随意挤压,松手恢复原样; ④柔韧性好,使用寿命长; ⑤多场景使用
风险性	无
季节性	
总结	1.搜索量最高的关键词点击前三占比分别为 11.1% 10.3% 5.7% 2.利润率　海运 $ 5.15/ $ 24.99=20.6%;空运:$ 2.88/ $ 24.99=11.52% 3.产品热搜词:seat cushion,chair cushion,seat cushion for off ice chair。数据显示,此类目关键词 seat cushion 热搜度较高 4.卖点:①透气,拒绝闷热;②优质内芯,凝胶 TPE 材料设计;③随意挤压,松手恢复原样;④柔韧性好,使用寿命长;⑤多场景使用 5.总结:该产品受季节性影响较大,主要是夏季销售,以及温度较高的季节
运营规划	一月推广,日均 5 单, 小类排名 1 500~900 二月推广,日均 15 单, 小类排名 800~500 三月推广,日均 25 单, 小类排名 Top 前 100 名

亚马逊美国站 Top 前 10 卖家销量数据(表 6.49)

表 6.49　亚马逊美国站 Top 前 10 卖家销量数据

大类排名	小类排名	售价	Review 数量	Rating 评分	月销量	日销量
52	1	43.95	87 125	4.4	23 895	796
68	2	49.95	47 272	4.4	27 682	922
378	3	20.20	42 544	4.3	2 558	85
455	4	29.99	45 321	4.4	2 837	94
1 512	5	33.99	2 594	4.4	2 266	75
1 517	6	35.99	2 581	4.4	1 407	47
2 400	7	34.95	7 838	4.5	1 398	47
2 467	8	35.99	3 639	4.5	1 358	45
3 213	9	59.95	6 187	4.4	1 210	40
3 217	10	27.99	1 809	4.1	878	30

2. 汽配类汽车挂钩(表 6.50)

表 6.50　car hooks(汽车挂钩)

产品信息	尺寸:14 cm×6 cm×4 cm　　质量:0.08 kg	
市场容量	一级类目 Automotive　出现 1 次	该产品前 10 名日均销量 202 单(1~10 名),预期最终目标排名是小类前 50 名,日均 30 单
	二级类目 Interior Accessories　出现 4 次	
	三级类目 Consoles & Organizers　出现 14 次	
	四级类目 Seat Back Organizers　出现 38 次	
	五级类目　出现 0 次	
	六级类目　出现 0 次	

利润预估(海运20元/kg)	\$ 9.99卖价－\$ 1.41进价－\$ 1.2佣金(15%)－\$ 0.25头程－\$ 3.37FBA－\$ 1.5推广(15%)－\$ 0.25退货(5%)＝\$ 2.01(¥12.68)净利
	利润率:\$ 2.01/\$ 9.99＝20.12% 前期投入:(\$ 1.41＋\$ 0.25＋\$ 1.5)×500＝\$ 1 580(¥9 969.8) 前期测评:20×(本金¥63＋佣金¥70)＝¥2 660 前期总计成本:¥9 969.8＋¥2 660＝¥12 629.8
	采购成本卖价占比:\$ 1.41/\$ 9.99＝14%(合理占比15%~25%) 投入产出比:\$ 1.41/\$ 2.01＝1:1.42
利润预估(空运50元/kg)	\$ 9.99卖价－\$ 1.41进价－\$ 1.2佣金(15%)－\$ 0.63头程－\$ 3.37FBA－\$ 1.5推广(15%)－\$ 0.25退货(5%)＝\$ 1.63(¥10.28)净利
	利润率:\$ 1.63/\$ 9.99＝16.31% 前期投入:(\$ 1.41＋\$ 0.63＋\$ 1.5)×500＝\$ 1 770(¥11 168.7) 前期测评:20×(本金¥63＋佣金¥70)＝¥2 660 前期总计成本:¥11 168.7＋¥2 660＝¥13 828.7
	采购成本卖价占比:\$ 1.41/\$ 9.99＝14%(合理占比15%~25%) 投入产出比:\$ 1.41/\$ 1.63＝1:1.15
竞争性	卖家精灵抓取 关键词 car hooks 搜索量9 799,Listing数1 042,供需比值9.7,点击集中度56.5%(28.0%、19.4%、9.1%) 卖家精灵抓取 关键词 purse hook for car 搜索量10 230,Listing数1 042,供需比值9.8,点击集中度56.9%(27.2%、21.8%、7.9%) 卖家精灵抓取 关键词 car purse holder 搜索量18 271,Listing数1 414,供需比值12.9,点击集中度47.1%(18.0%、16.7%、12.4%)
产品特色	卖点: ①方便整理车内空间; ②安装简单; ③可作挂钩; ④可作手机支架; ⑤承重能力强
风险性	无
季节性	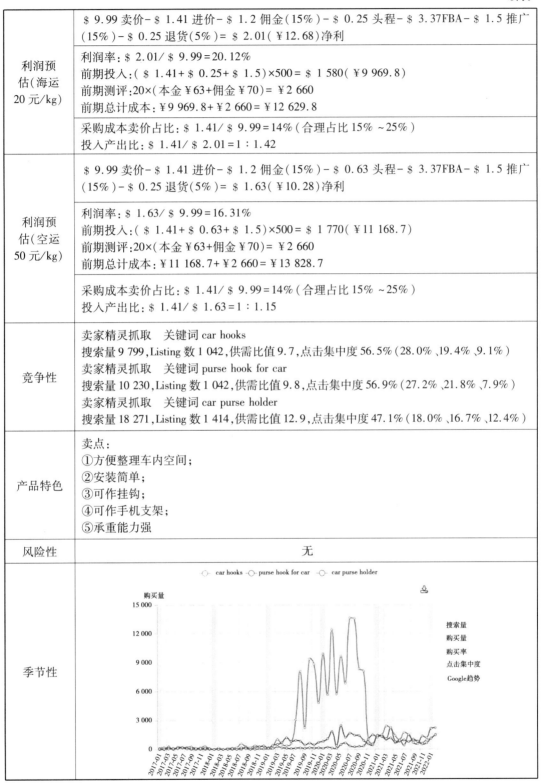

续表

总结	1. 搜索量最高的关键词点击前三占比分别为 9.3%、7.4%、2.7%
	2. 利润率　空运: $ 1.63/ $ 9.99 = 16.31% ;海运: $ 2.01/ $ 9.99 = 20.12%
	3. 产品热搜词:car hooks,purse hook for car, car purse holder。数据显示,此类目关键词 car purse holder 热搜度较高
	4. 卖点:①方便整理车内空间;②安装简单;③可作挂钩;④可作手机支架;⑤承重能力强
	5. 总结:该产品无季节性,car purse holder 的搜索热度高;头部卖家占据大部分市场份额,点击集中度过半,新卖家可获取的市场份额较小
运营规划	一月推广,日均 10 单,小类排名 1 500 ~ 900	二月推广,日均 15 单,小类排名 800 ~ 400	三月推广,日均 25 单,小类排名 150 ~ 70

亚马逊美国站 Top 前 10 卖家销量数据(表 6.51)

表 6.51　亚马逊美国站 Top 前 10 卖家销量数据

大类排名	小类排名	$ 售价	Review 数量	Rating 评分	月销量	日销量
16	1	7.99	23 202	4.6	25 819	860
183	2	6.99	14 600	4.5	5 195	173
188	3	7.99	26 509	4.5	4 795	159
189	4	12.99	2 500	4.6	4 694	156
303	5	7.99	18 304	4.5	3 066	102
721	6	7.95	22 783	4.4	1 371	45
978	7	6.99	6 731	4.5	2 121	70
941	8	7.99	19 826	4.4	1 789	59
1 132	9	9.49	3 264	4.4	1 543	51
1 045	10	12.99	2 375	4.5	1 422	48

3. 车载方向盘套(表 6.52)

表 6.52　steering wheel cover(车载方向盘套)

产品信息	 尺寸:6.2 in×3.4 in×1.7 in　　质量:0.08 kg

市场容量	一级 Automotive 类目　出现 2 次	该产品前 10 名日均销量 225 单（1 ~ 10 名），预期最终目标排名是小类 64 名,日均 20 单
	二级类目 Interior Accessories　出现 9 次	
	三级 steering wheels&Accessories　出现 75 次	
	四级类目　出现 0 次	
	五级类目　出现 0 次	
	六级类目　出现 0 次	
利润预估（海运20 元/kg）	＄13.99 卖价 – ＄1 进价 – ＄2.09 佣金（15%） – ＄0.25 头程 – ＄3.48FBA – ＄2.09 推广（15%） – ＄1.4 退货（10%）＝ ＄3.68（￥23.22）净利	
	利润率: ＄3.68/ ＄13.99 ＝ 26.3% 前期投入:（＄1 + ＄0.25 + ＄2.09）×500 ＝ ＄1 670（￥10 537.7） 前期测评:20×（本金￥88 + 佣金￥70）＝ ￥3 160 前期总计成本:￥10 537.7 + ￥3 160 ＝ ￥13 697.7	
	采购成本卖价占比: ＄1/ ＄13.99 ＝ 7.1%（合理占比 15% ~ 25%） 投入产出比: ＄1/ ＄3.68 ＝ 1 : 3.68	
利润预估（空运50 元/kg）	＄13.99 卖价 – ＄1 进价 – ＄2.09 佣金（15%） – ＄0.63 头程 – ＄3.48FBA – ＄2.09 推广（15%） – ＄1.4 退货（10%）＝ ＄3.3（￥20.82）净利	
	利润率: ＄3.3/ ＄13.99 ＝ 23.58% 前期投入:（＄1 + ＄0.63 + ＄2.09）×500 ＝ ＄1 860（￥11 736.6） 前期测评:20×（本金￥88 + 佣金￥70）＝ ￥3 160 前期总计成本:￥11 736.6 + ￥3 160 ＝ ￥14 896.6	
	采购成本卖价占比: ＄1/ ＄13.99 ＝ 7.1%（合理占比 15% ~ 25%） 投入产出比: ＄1/ ＄3.3 ＝ 1 : 3.3	
竞争性	卖家精灵抓取　关键词 steering wheel cover 搜索量 1 249 942,　Listing 数 2 000,供需比值 625,点击集中度 22.5%（9.5%、6.7%、6.4%） 卖家精灵抓取　关键词 steering wheel cover for women 搜索量 276 521,Listing 数 1000,供需比值 276.5,点击集中度 40.4%（22.2%、9.5%、8.7%） 卖家精灵抓取　关键词 steering wheel covers 搜索量 86 327,Listing 数 2 000,供需比值 43.2,点击集中度 30.3%（15.7%、7.7%、6.9%）	
产品特色	卖点: ①使用范围广; ②耐用材质; ③环保健康; ④容易安装; ⑤防滑耐热	
风险性	无	

续表

季节性	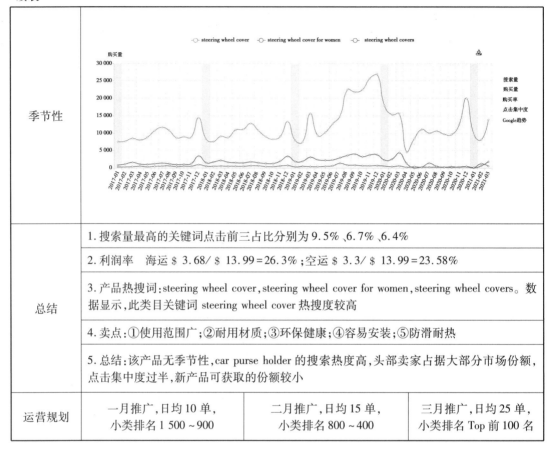

总结	1.搜索量最高的关键词点击前三占比分别为 9.5%、6.7%、6.4%
	2.利润率　海运 $ 3.68/ $ 13.99=26.3%；空运 $ 3.3/ $ 13.99=23.58%
	3.产品热搜词：steering wheel cover，steering wheel cover for women，steering wheel covers。数据显示，此类目关键词 steering wheel cover 热搜度较高
	4.卖点：①使用范围广；②耐用材质；③环保健康；④容易安装；⑤防滑耐热
	5.总结：该产品无季节性，car purse holder 的搜索热度高，头部卖家占据大部分市场份额，点击集中度过半，新产品可获取的份额较小

运营规划	一月推广，日均 10 单，小类排名 1 500 ~ 900	二月推广，日均 15 单，小类排名 800 ~ 400	三月推广，日均 25 单，小类排名 Top 前 100 名

亚马逊美国站 Top 前 10 卖家销量数据（表 6.53）

表 6.53　亚马逊美国站 Top 前 10 卖家销量数据

大类排名	小类排名	$ 售价	Review 数量	Rating 评分	月销量	日销量
43	1	17.99	55 595	4.8	13 094	436
70	2	14.44	33 901	4.6	7 431	247
100	3	17.99	9 658	4.5	6 329	210
168	4	16.99	59	4.4	4 147	138
246	5	9.99	5 279	4.0	5 036	167
336	6	21.99	12 099	4.6	4 368	145
396	7	23.99	19 789	4.6	3 930	131
582	8	18.99	5 673	4.7	2 824	94
585	9	17.99	6 995	4.6	2 705	90
712	10	14.99	1 565	4.5	2 568	85

4. 汽配类三合一充电座(表6.54)

表 6.54　Wireless Charger(三合一充电座)

产品信息	尺寸:8 in×1.2 in×3.6 in　　　质量:0.44 kg	
市场容量	一级类目 Cell Phones & Accessories　出现 2 次	
	二级类目 Accessories　出现 2 次	该产品前 10 名日均销量 702 单(1~10 名)
	三级类目 Chargers & Power Adapters　出现 6 次	
	四级类目 Charging Stations　出现 42 次	
	五级类目　出现 0 次	
	六级类目　出现 0 次	
利润预估(海运 20 元/kg)	\$ 32.99 卖价 − \$ 5.97 进价 − \$ 2.64 佣金(8%) − \$ 1.31 头程 − \$ 3.64FBA − \$ 6.6 推广(20%) − \$ 3.72 退货(10%) = \$ 9.11(57.48 ¥)净利	
	利润率:\$ 9.11/ \$ 32.99 = 27.6% 前期投入:(\$ 5.97+ \$ 1.31+ \$ 6.6)×500 = \$ 6 940(¥43 791.4) 前期测评:20×(本金 ¥208+佣金 ¥70) = ¥5 560 前期总计成本:¥43 791.4+ ¥5 560 = ¥49 351.4	
	采购成本卖价占比:\$ 5.97/ \$ 32.99 = 18.09%(合理占比 15%~25%) 投入产出比:\$ 5.97/ \$ 9.11 = 1∶1.52	
利润预估(空运 50 元/kg)	\$ 32.99 卖价 − \$ 5.97 进价 − \$ 2.64 佣金(8%) − \$ 3.48 头程 − \$ 3.64FBA − \$ 6.6 推广(20%) − \$ 3.72 退货(10%) = \$ 6.94(43.79 ¥)净利	
	利润率:\$ 6.94/ \$ 32.99 = 21.03% 前期投入:(\$ 5.97+ \$ 3.48+ \$ 6.6)×500 = \$ 8 025(¥50 637.75) 前期测评:20×(本金 ¥208+佣金 ¥70) = ¥5 560 前期总计成本:¥50 637.75+ ¥5 560 = ¥56 197.75	
	采购成本卖价占比: \$ 5.97/ \$ 32.99 = 18.09%(合理占比 15%~25%) 投入产出比:\$ 5.97/ \$ 6.94 = 1∶1.16	
竞争性	卖家精灵抓取　关键词 wireless charger 搜索量 132 102,Listing 数 1 257,供需比值 9 105,点击集中度 42.8%(18.8%、13.7%、10.4%) 卖家精灵抓取　关键词 charging station 搜索量 88 345,Listing 数 6 468,供需比值 13.6,点击集中度 24.5%(14.4%、5.25、4.9%) 卖家精灵抓取　关键词 charging station for multiple devices 搜索量 48 758,Listing 数 3 070,供需比值 15.9,点击集中度 22.0%(7.5%、7.5%、7.1%) 卖家精灵抓取　关键词 charging station for multiple devices apple 搜索量 121 264,Listing 数 2 152,供需比值 56.3,点击集中度 20.4%(7.5%、7.3%、5.6%)	

续表

产品特色	卖点： ①3合1无线充电器； ②安全快速充电； ③可折叠便携设计； ④LED指示开关； ⑤可垂直和水平充电				
风险性	无				
季节性					

竞品分析	BSR高销量品牌产品数量统计（各品牌前十产品数量）	BSR产品销量区间	类目垄断情况（前三销量占比）	特殊情况分析	竞品款式
	Turbie twist	第1~4名销量大，销量集中在第1~4名	亚马逊自营销量占比5.05%		
	youlertex	第38名月销量小于1 000	TURBIE TWIST牌销量占比17.4%		
	hicober	第69名月销量小于500	类目垄断系数38.32%		
	aques	第一名月销量极高			

BSR新品情况	类目新品数（半年内）	类目新品数（一年内）	新品占比（一年内）	新品月均销量（日均）	
	11	19	38.78%	2 598	

总结	1. 该产品无明显季节性		
	2. 利润率　海运：$ 9.11/ $ 32.99 = 27.6%；空运：$ 6.94/ $ 32.99 = 21.03%		
	3. 头部卖家垄断了该产品大部分销量		
	4. 卖点：①3 合 1 无线充电器；②安全快速充电；③可折叠便携设计；④LED 指示开关；⑤可垂直和水平充电		
	5. 产品需求量大，但竞争非常激烈		
运营规划	一月推广，日均 10 单，小类排名 2 000 ~ 1 000	二月推广，日均 20 单，小类排名 1 000 ~ 500	三月推广，日均 30 单，小类排名 Top 前 100 名

（1）亚马逊美国站 Top 前 10 卖家销量数据（表 6.55）

表 6.55　亚马逊美国站 Top 前 10 卖家销量数据

大类排名	小类排名	售价	Review 数量	Rating 评分	月销量	日销量
38	1	12.99	46 151	4.6	25 989	866
79	2	10.99	19 608	4.6	20 390	679
92	3	17.99	46 431	4.6	18 553	618
191	4	19.99	19 377	4.6	13 003	433
290	5	12.99	2 206	4.6	10 051	335
338	6	19.99	45 719	4.7	9 235	307
375	7	21.99	12 892	4.7	6 084	202
376	8	19.99	13 605	4.6	9 626	320
437	9	9.99	15 662	4.6	5 477	182
440	10	15.99	3 579	4.7	7 583	252

（2）案例分析

该产品不受季节性影响，且该产品在 Amazon 平台属于热卖类目，市场需求量大，但竞争十分激烈；头部卖家垄断了大部分市场份额。从产品参数计算利润来看，空运和海运的利润比较可观。从卖家精灵抓取的关键词来看，wireless charger 搜索热度比较高，供需比值大，可作为前期推广核心词。

5. 车载垃圾袋(表6.56)

表6.56　Car trash Can(车载垃圾袋)

产品信息	 尺寸:11 in×7 in×0.35 in　　　质量:0.18 kg	
市场容量	一级类目 automative　出现 2 次	该产品前 10 名日均销量 197 单(1～10 名),预期最终目标排名是小类 24 名,日均 90 单
	二级类目 interior accessories　出现 11 次	
	三级类目 garbage can　出现 100 次	
	四级类目　出现 0 次	
	五级类目　出现 0 次	
	六级类目　出现 0 次	
利润预估(海运20 元/kg)	$ 12.99 卖价- $ 0.63 进价- $ 1.56 佣金(12%)- $ 0.63 头程- $ 3.64FBA- $ 2.6 推广(20%)- $ 1.3 退货(10%)= $ 2.63(¥16.59)净利	
	利润率: $ 2.63/ $ 12.99=20.24% 前期投入:($ 0.63+ $ 0.63+ $ 2.6)×500= $ 1 930(¥12 178.3) 前期测评:20×(本金 ¥82+佣金 ¥70)= ¥3 040 前期总计成本: ¥12 178.3+ ¥3 040= ¥15 218.3	
	采购成本卖价占比: $ 0.63/ $ 12.99=4.8%(合理占比15% ~25%) 投入产出比: $ 0.63/ $ 2.63=1 : 4.17	
利润预估(空运50 元/kg)	$ 12.99 卖价- $ 0.63 进价- $ 1.56 佣金(12%)- $ 1.42 头程- $ 3.64FBA- $ 2.6 推广(20%)- $ 1.3 退货(10%)= $ 1.84(¥11.6)净利	
	利润率: $ 1.84/ $ 12.99=14.16% 前期投入:($ 0.63+ $ 1.84+ $ 2.6)×500= $ 2 535(¥15 995.85) 前期测评:20×(本金 ¥82+佣金 ¥70)= ¥3 040 前期总计成本: ¥15 995.85+ ¥3 040= ¥19 035.85	
	采购成本卖价占比: $ 0.63/ $ 12.99=4.8%(合理占比15% ~25%) 投入产出比: $ 0.63/ $ 1.84=1 : 2.9	
竞争性	卖家精灵抓取　关键词 car trash can 搜索量 406 480,Listing 数 309,供需比值 1 315.5,点击集中度 41.1%(18.5%、13.2%、9.4%) 卖家精灵抓取　关键词 car trash 搜索量 65 401,Listing 数 235,供需比值 274,点击集中度 37.4%(16.1%、14.7%、6.6%) 卖家精灵抓取　关键词 car garbage can 搜索量 64 363,Listing 数 534,供需比值 544,点击集中度 39.6%(15.6%、13.6%、10.5%)	

产品特色	卖点: ①环保,可降解; ②随意粘贴,不占空间; ③用料厚实,不破不漏水; ④特制胶水,不留痕; ⑤多场景适用
风险性	无
季节性	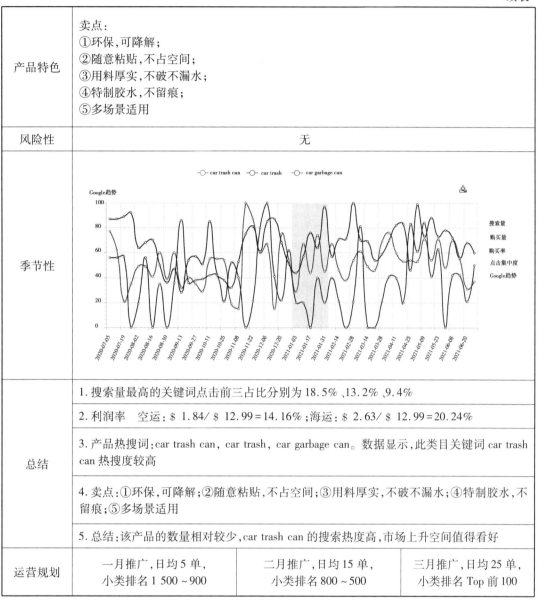
总结	1.搜索量最高的关键词点击前三占比分别为18.5%、13.2%、9.4%
	2.利润率 空运: \$ 1.84/ \$ 12.99 = 14.16%;海运: \$ 2.63/ \$ 12.99 = 20.24%
	3.产品热搜词:car trash can,car trash,car garbage can。数据显示,此类目关键词car trash can热搜度较高
	4.卖点:①环保,可降解;②随意粘贴,不占空间;③用料厚实,不破不漏水;④特制胶水,不留痕;⑤多场景适用
	5.总结:该产品的数量相对较少,car trash can的搜索热度高,市场上升空间值得看好
运营规划	一月推广,日均5单, 小类排名1 500～900	二月推广,日均15单, 小类排名800～500	三月推广,日均25单, 小类排名Top前100

(1)亚马逊美国站Top前10卖家销量数据(表6.57)

表6.57 亚马逊美国站Top前10卖家销量数据

大类排名	小类排名	\$售价	Review数量	Rating评分	月销量	日销量
130	1	12.87	51 611	4.7	13 885	462
139	2	10.99	20 686	4.6	11 036	367
146	3	11.99	4 996	4.7	5 812	193
149	4	9.99	25 313	4.6	7 089	236

续表

大类排名	小类排名	$ 售价	Review 数量	Rating 评分	月销量	日销量
218	5	14.99	10 291	4.7	3 161	105
256	6	16.99	8 038	4.7	4 937	164
292	7	13.42	5 975	4.5	3 455	115
301	8	14.95	7 797	4.7	4 034	134
346	9	13.45	17 460	4.5	3 521	117
350	10	13.99	1 153	4.6	2 400	80

(2)案例分析

建议:该产品不受季节性影响。从市场容量看,统计一级类目到三级类目出现的次数可以发现,一级类目出现的次数比较少,表明该产品在推广前期往大类目方向冲刺比较困难,而小类目出现的次数比较多,意味着该产品冲刺 BSR 小类前100,相较于大类目而言,比较容易。BSR 前10名卖家的日均销量可达 197 单。根据产品质量和尺寸,空运利润率: $ 1.84/ $ 12.99＝14.16%,投入产出比达到 1∶2.9;海运利润率: $ 2.63/ $ 12.99＝20.24%,投入产出比达到 1∶4.17,海运和空运的利润都很低。质量小、利润低的产品,后期可靠增加单量获取更多利润。此外,卖家精灵抓取的关键词中 car trash can 的搜索热度相对较高,而且该产品具有环保可降解的特性,这是吸引消费者眼球的一大卖点。

第八节　电脑办公用品类

1.卷笔刀用具(表 6.58)

表 6.58　Pencil Sharpeners(卷笔刀用具)

产品信息	尺寸:8.2 cm×3.3 cm×7 cm　　质量:0.58 kg	
市场容量	一级类目 Office Products　　出现 0 次	该产品前 10 名日均销量 169 单(1～10 名),预期最终目标排名是小类 60 名,日均 35 单
	二级类目 Office Supplies　　出现 0 次	
	三级类目 Writing & Correction Supplies　　出现 7 次	
	四级类目 Breast Pumps　　出现 63 次	
	五级类目　　出现 0 次	
	六级类目　　出现 0 次	

利润预估(海运 20 元/kg)	售价 $ 15.99-进价 $ 2.09-佣金 $ 2.4(15%)-头程 $ 1.86-FBA $ 3.64-推广 $ 3.2(20%)-退货 $ 1.6(10%)= $ 1.2(¥7.6)净利
	利润率: $ 1.2/ $ 15.99=7.5% 前期投入:($ 2.09+ $ 1.86+ $ 3.2)×500= $ 3 575(¥22 558.25) 前期测评:20×(本金 ¥100+佣金 ¥70)= ¥3 400 前期总计成本: ¥22 558.25+ ¥3 400= ¥25 958.25
	采购成本卖价占比: $ 2.09/ $ 15.99=13.32%(合理占比 15%~25%) 投入产出比: $ 2.09/ $ 1.2=1:0.57
利润预估(空运 50 元/kg)	售价 $ 15.99-进价 $ 2.09-佣金 $ 2.4(15%)-头程 $ 4.59-FBA $ 3.64-推广 $ 3.2(20%)-退货 $ 1.6(10%)= $-1.53(¥9.65)净利
	利润率: $-1.53/ $ 15.99=-9.6% 前期投入:($ 2.09+ $ 4.59+ $ 3.2)×500= $ 4 940(¥31 171.4) 前期测评:20×(本金 ¥100+佣金 ¥70)= ¥3 400 前期总计成本: ¥31 171.4+ ¥3 400= ¥34 571.4
	采购成本卖价占比: $ 2.09/ $ 15.99=13.32%(合理占比 15%~25%) 投入产出比: $ 2.09/ $-1.53=1:-0.73
竞争性	卖家精灵抓取　关键词 pencil sharpeners 搜索量 231 108,Listing 数 971,供需比值 238.0,点击集中度 38.4%(16.3%、12.2%、10.0%) 卖家精灵抓取　关键词 electric pencil sharpener 搜索量 79 677,Listing 数 400,供需比值 199.2,点击集中度 55.6%(32.1%、12.6%、10.9%) 卖家精灵抓取　关键词 pencil sharpener 搜索量 91 944,Listing 数 1 000,供需比值 91.9,点击集中度 31.4%(15.2%、8.8%、7.4%)
产品特色	卖点: 1.5 s 削笔; 2.安全保障,开盖即停; 3.随身携带; 4.不挑笔(六角、三角、圆形书写铅笔、彩色铅笔都可削); 5.刀架可替换
风险性	无
季节性	

续表

总结	1. 搜索量最高的关键词点击前三占比分别为 16.3%、12.2%、10.0%
	2. 利润率　空运：$-1.53/$15.99 = -9.6%；海运：$1.2/$15.99 = 7.5%
	3. 产品热搜词：pencil sharpeners，pencil sharpener，electric sharpener。数据显示，此类目关键词 pencil sharpener 热搜度较高
	4. 卖点：①5 s 削笔；②安全保障，开盖即停；③随身携带；④不挑笔（六角、三角、圆形书写铅笔、彩色铅笔都可削）；⑤刀架可替换
	5. 总结：该产品受季节性影响小，海运 1∶1 的利润，搜索量不错，整体呈下滑趋势，电动卷笔刀的竞争性较小，集中度低，新卖家可介入
运营规划	一月推广，日均 5 单，小类排名 1 500 ~ 900　　二月推广，日均 15 单，小类排名 800 ~ 500　　三月推广，日均 25 单，小类排名 150 ~ 70

（1）亚马逊美国站 Top 前 10 卖家销量数据（表 6.59）

表 6.59　亚马逊美国站 Top 前 10 卖家销量数据

大类排名	小类排名	$ 售价	Review 数量	Rating 评分	月销量	日销量
60	1	13.27	27 570	4.5	18 574	619
156	2	14.98	14 792	4.7	14 679	489
224	3	14.88	15 612	4.6	15 612	520
329	4	11.99	8 196	4.4	8 196	273
422	5	2.68	2 219	4.5	2 219	73
512	6	27.00	5 335	4.7	5 335	177
558	7	13.18	5 519	4.6	5 519	183
583	8	18.99	6 268	4.4	6 268	208
585	9	27.99	5 417	4.8	5 417	180
606	10	17.99	3 660	4.6	3 660	122

（2）案例分析

该产品受季节影响小，从一级类目到四级类目来看，该产品市场容量一般，根据产品的质量和尺寸计算，海运和空运的利润不太可观，但产品关键词 pencil sharpener 的搜索量相对较好，关键词竞争小，适合新卖家介入。

2. 办公椅垫子(表 6.60)

表 6.60　office chair mat(办公椅垫子)

产品信息	尺寸:14.9 in×13.2 in×2.64 in　质量:1.03 kg	
市场容量	一级类目 Office Products　出现 1 次	
	二级类目 Office Furniture & Accessories　出现 8 次	该产品前 10 名日均销量 180 单(1～10 名),预期最终目标排名是小类 13 名,日均 100 单
	三级类目 Furniture Accessories　出现 22 次	
	四级类目 Chair Mats　出现 88 次	
	五级类目　出现 0 次	
	六级类目　出现 0 次	
	七级类目　出现 0 次	
利润预估(海运 20 元/kg)	\$ 30.99 卖价-\$ 3.55 进价-\$ 5.1 佣金(15%)-\$ 3.26 头程-\$ 5.98FBA-\$ 5.1 推广(15%)-\$ 3.4 退货(10%)=\$ 4.6(￥29)净利	
	利润率:\$ 4.6/\$ 30.99=14.84% 前期投入:(\$ 3.55+\$ 3.26+\$ 5.1)×500=\$ 5 955(￥37 576.05) 前期测评:20×(本金￥196+佣金￥70)=￥5 320 前期总计成本:￥37 576.05+￥5 320=￥42 896.05	
	采购成本卖价占比:\$ 3.55/\$ 30.99=11.45%(合理占比 15%～25%) 投入产出比:\$ 3.55/\$ 4.6=1:1.29	
利润预估(空运 50 元/kg)	\$ 30.99 卖价-\$ 3.55 进价-\$ 5.1 佣金(15%)-\$ 8.16 头程-\$ 5.98FBA-\$ 5.1 推广(15%)-\$ 3.4 退货(10%)=-\$ 0.3(￥-1.89)净利	
	利润率:\$ -0.3/\$ 30.99=-0.9% 前期投入:(\$ 3.55+\$ 8.16+\$ 5.1)×500=\$ 8 405(￥53 035.55) 前期测评:20×(本金￥196+佣金￥70)=￥5 320 前期总计成本:￥53 035.55+￥5 320=￥58 355.55	
	采购成本卖价占比:\$ 3.55/\$ 30.99=11.45%(合理占比 15%～25%) 投入产出比:\$ 3.55/\$ -0.3=1:-1.89	

续表

竞争性	卖家精灵抓取　关键词 chair mat 搜索量 141 612,Listing 数 970,供需比值 146,点击集中度 40.3%(15.3%、13.1%、12.0%) 卖家精灵抓取　关键词 chair mats 搜索量 53 603,Listing 数 978,供需比值 54.8,点击集中度 35.0%(17.2%、9.5%、8.3%) 卖家精灵抓取　关键词 office chair mat 搜索量 94 121,Listing 数 327,供需比值 287.8,点击集中度 40.5%(18.5%、15.2%、6.8%) 卖家精灵抓取　关键词 office chair mat for carpet 搜索量 71 843,Listing 数 912,供需比值 78.8,点击集中度 35.5%(16.8%、9.5%、9.3%) 卖家精灵抓取　关键词 desk chair mat for carpet 搜索量 33 336,Listing 数 265,供需比值 125.8,点击集中度 42.7%(17.0%、16.3%、9.4%)
产品特色	卖点: ①环保; ②耐用; ③防滑; ④与装饰融为一体; ⑤耐磨
风险性	无
季节性	
总结	1.搜索量最高的关键词点击前三占比分别为 15.3%、13.1%、12.0% 2.利润率　海运:$ 4.6/$ 30.99=14.84%;空运:$ -0.3/$ 30.99=-0.9% 3.产品热搜词:chair mat,chair mats,office chair mat,office chair mat for carpet,desk chair mat for carpet。数据显示,此类目关键词 chair mat 热搜度较高 4.卖点:①环保;②耐用;③防滑;④与装饰融为一体;⑤耐磨 5.总结:该产品受季节性影响小,chair mat 的搜索热度高,竞争不大,整体趋势较平稳,利润比较可观,有拓展空间
运营规划	一月推广,日均 5 单, 小类排名 1500~900　　二月推广,日均 15 单, 小类排名 800~500　　三月推广,日均 25 单, 小类排名 Top 前 100

（1）亚马逊美国站 Top 前 10 卖家销量数据（表 6.61）

表 6.61　亚马逊美国站 Top 前 10 卖家销量数据

大类排名	小类排名	售价	Review 数量	Rating 评分	月销量	日销量
105	1	36.99	45 622	4.1	11 684	389
363	2	27.99	7 637	4.3	7 957	265
498	3	28.99	594	4.2	5 830	194
525	4	35.51	15 423	4.5	6 468	215
720	5	51.16	13 507	4.2	7 041	234
763	6	29.99	11 872	4.1	5 465	182
830	7	32.99	8 709	4.3	4 462	148
917	8	24.34	2 591	4.1	2 379	80
966	9	30.13	6 004	4.5	3 648	116
1 057	10	32.95	4 728	4.3	3 385	113

（2）案例分析

建议：该产品比较重。根据产品质量和尺寸，海运利润率：$ 4.6/ $ 30.99＝14.84%，投入产出比达到 1：1.29；空运利润率：$ -0.3/ $ 30.99＝-0.9%，投入产出比达到 1：1.89，呈亏本状态。因此，较重的产品，时间宽裕的情况下，走海运是比较可行的方案。也可以从产品成本着手，如果能最大限度地降低产品成本，进而提高产品售价，则利润会有所提高。从市场容量看，该产品在一级类目到四级类目出现的次数比较多，表明该产品在此大类目和小类目下都是有市场需求的。此外，在卖家精灵挖掘出的几个关键词中，chair mat 搜索量相对较高，Listing 数量不多，竞争不大，可以选取该词作为主打关键词。该产品用环保材料制成，分析其他竞争产品有无使用此环保材料的情况，有无差评反馈等重要信息。

3. 办公类办公椅更换轮子（表 6.62）

表 6.62　Office Chair Wheels（办公椅更换轮子）

产品信息	 尺寸：7.9 in×5 in×3.6 in　　质量：1.22 kg

续表

市场容量	一级类目 Office Products　出现 0 次	该产品前 10 名日均销量 137 单（1～10 名），预期最终目标排名是小类 11～15 名，日均 30 单
	二级类目 Office Furniture & Accessories　出现 3 次	
	三级类目 Furniture Accessories　出现 8 次	
	四级类目 Casters　出现 93 次	
	五级类目　出现 0 次	
	六级类目　出现 0 次	

利润预估（海运20 元/kg）	＄34.99 卖价－＄5.3 进价－＄5.25 佣金－＄3.8 头程－＄5.68FBA－＄5.2 推广（15%）－＄3.5 退货（10%）＝＄6.26（¥39.5）净利
	利润率：＄6.26/＄34.99＝17.89% 前期投入：（＄5.3＋＄3.8＋＄5.2）×500＝＄7 150（¥45 116.5） 前期测评：20×（本金¥220＋佣金¥70）＝¥5 800 前期总计成本：¥45 116.5＋¥5 800＝¥50 916.5
	采购成本卖价占比：＄5.3/＄34.99＝15.14%（合理占比 15%～25%） 投入产出比：＄5.3/＄6.26＝1∶1.18

利润预估（空运50 元/kg）	＄34.99 卖价－＄5.3 进价－＄5.25 佣金－＄9.66 头程－＄5.68FBA－＄5.2 推广（15%）－＄3.5 退货（10%）＝＄0.4（¥2.52）净利
	利润率：＄0.4/＄34.99＝1.1% 前期投入：（＄5.3＋＄9.66＋＄5.2）×500＝＄10 080（¥63 604.8） 前期测评：20×（本金¥220＋佣金¥70）＝¥5 800 前期总计成本：¥63 604.8＋¥5 800＝¥69 404.8
	采购成本卖价占比：＄5.3/＄34.99＝15.14%（合理占比 15%～25%） 投入产出比：＄5.3/＄0.4＝1∶0.07

竞争性	卖家精灵抓取　关键词 office chair wheels 搜索量 55 112，Listing 数 243，供需比值 227，点击集中度 54.3%（23.65%、19.8%、10.9%） 卖家精灵抓取　关键词 chair wheels 搜索量 13 690，Listing 数 153，供需比值 89 点击集中度 46.1%（27.2%、10.5%、8.5%） 卖家精灵抓取　关键词 caster wheels 搜索量 38 297，Listing 数 588，供需比值 65，点击集中度 36%（16.9%、12.0%、7.1%） 卖家精灵抓取　关键词 office chair caster 搜索量 11 355，Listing 数 154，供需比值 74，点击集中度 61.0%（26%、19.5%、15.6%） 卖家精灵抓取　关键词 casters 搜索量 52 860，Listing 数 10 000，供需比值 5.3，点击集中度 30.6%（14.8%、7.9%、7.8%）

续表

产品特色	卖点: ①静音防震; ②采用柔软、光滑的聚氨酯包裹,足够轻柔,可用于硬木、地毯、瓷砖等,不会留下任何划痕或痕迹,不需要椅子垫; ③轻便灵活; ④适用于各种场景,如办公室桌椅、家具、运输设备、机械设备; ⑤强大的承重系统,支持高达 650 磅①的重物——亚马逊上最强的椅子轮子!支撑架采用优质钢制成,经久耐用		
风险性	无		
季节性			
总结	1. 从一、二、三级类目中同款产品出现的次数以及前 10 名卖家的销售排名可知,该产品的市场需求量以及潜力都大		
	2. 利润率 空运:$ 0.4/ $ 34.99 = 1.1%;海运 $ 6.26/ $ 34.99 = 17.89%		
	3. 产品热搜词:office chair wheels,caster wheels,office vhair caster,chair wheels。数据显示,office chair wheels 竞争明显较小		
	4. 卖点:①静音防震;②采用柔软、光滑的聚氨酯包裹,足够轻柔,可用于硬木、地毯、瓷砖等,不会留下任何划痕或痕迹。不需要椅子垫;③轻便灵活;④适用于各种场景,如办公室桌椅、家具、运输设备、机械设备;⑤强大的承重系统,支持高达 650 磅的重物——亚马逊上最强的椅子轮子!支撑架采用优质钢制成,经久耐用		
	5. 总结:该产品受季节性影响不大		
运营规划	一月推广,日均 5 单, 小类排名 1 500~900	二月推广,日均 15 单, 小类排名 800~500	三月推广,日均 25 单, 小类排名 Top 前 100 名

①　1 磅 = 0.454 千克(kg)。

（1）亚马逊美国站 Top 前 10 卖家销量数据（表 6.63）

表 6.63　亚马逊美国站 Top 前 10 卖家销量数据

大类排名	小类排名	$ 售价	Review 数量	Rating 评分	月销量	日销量
350	1	58.98	19 572	4.4	10 742	358
500	2	289.5	38 429	4.3	15 358	511
620	3	59.98	46 331	4.5	12 760	425
1 511	4	76.98	1 000	4.4	7 782	259
2 174	5	130.04	12 857	4.5	8 661	288
2 441	6	59.98	2 978	4.4	3 397	113
3 081	7	62.82	6 974	4.5	4 291	143
3 175	8	39.99	12 422	4.5	4 072	135
3 787	9	40.99	13 131	4.5	4 341	144
5 612	10	39.99	11 783	4.6	3 076	102

（2）案例分析

该产品受季节影响不大,根据产品的质量和尺寸计算,对于空运来说,该产品运费较贵。因此发海运比较适合,从一级到三级类目来看,该产品的市场需求量以及市场潜力都大;从卖家精灵抓取的关键词来看,office chair wheels 搜索热度较高。

4. 桌面整理收纳架（表 6.64）

表 6.64　Desk Organizer（桌面整理收纳架）

产品信息	尺寸:8.7 in×5 in×5.5 in　　质量:0.028 kg	
市场容量	一级类目 Office Products　出现 0 次	该产品前 10 名日均销量 108 单（1～10 名）
	二级类目 Office Furniture & Accessories　出现 3 次	
	三级类目 Cabinets, Racks & Shelves　出现 14 次	
	四级类目 Racks & Displays　出现 89 次	
	五级类目　出现 0 次	
	六级类目　出现 0 次	

利润预估(海运 20 元/kg)	$ 15.99 卖价－$ 1.41 进价－$ 2.4 佣金(15%)－$ 0.09 头程－$ 4.7FBA－$ 3.2 推广(20%)－$ 1.06 退货(5%)＝$ 3.13(￥19.75)净利
	利润率：$ 3.13/$ 15.99＝19.57% 前期投入：($ 1.41＋$ 0.09＋$ 3.2)×500＝$ 2 350(￥14 828.5) 前期测评：20×(本金￥100＋佣金￥70)＝￥6 440 前期总计成本：￥14 828.5＋￥6 440＝￥21 268.5
	采购成本卖价占比：$ 1.41/$ 15.99＝7.1%(合理占比15%～25%) 投入产出比：$ 1.41/$ 3.13＝1∶2.2
利润预估(空运 50 元/kg)	$ 15.99 卖价－$ 1.41 进价－$ 2.4 佣金(15%)－$ 0.22 头程－$ 4.7FBA－$ 3.2 推广(20%)－$ 1.06 退货(5%)＝$ 3(￥18.93)净利
	利润率：$ 3/$ 15.99＝18.7% 前期投入：($ 1.41＋$ 0.22＋$ 3.2)×500＝$ 2 415(￥15 238.65) 前期测评：20×(本金￥100＋佣金￥70)＝￥6 440 前期总计成本：￥15 238.65＋￥6 440＝￥21 678.65
	采购成本卖价占比：$ 1.41/$ 15.99＝7.1%(合理占比15%～25%) 投入产出比：$ 1.41/$ 3＝1∶2.12
竞争性	卖家精灵抓取　关键词 desk organizer 搜索量 78 501,Listing 数 20 247,供需比值 3.9,点击集中度 20.4%(8.4%、7.9%、4.1%) 卖家精灵抓取　关键词 desk organizers and accessories 搜索量 66 569,Listing 数 16,820,供需比值 4.0,点击集中度 15.5%(5.8%、5.1%、4.7%) 卖家精灵抓取　关键词 desk organizers 搜索量 143 629,Listing 数 54 793,供需比值 2.6,点击集中度 19.2%(7.2%、6.4%、5.6%)
产品特色	卖点： ①隔层多； ②方便整理书籍及用品； ③可折叠收纳； ④带抽屉； ⑤组装方便
风险性	无
季节性	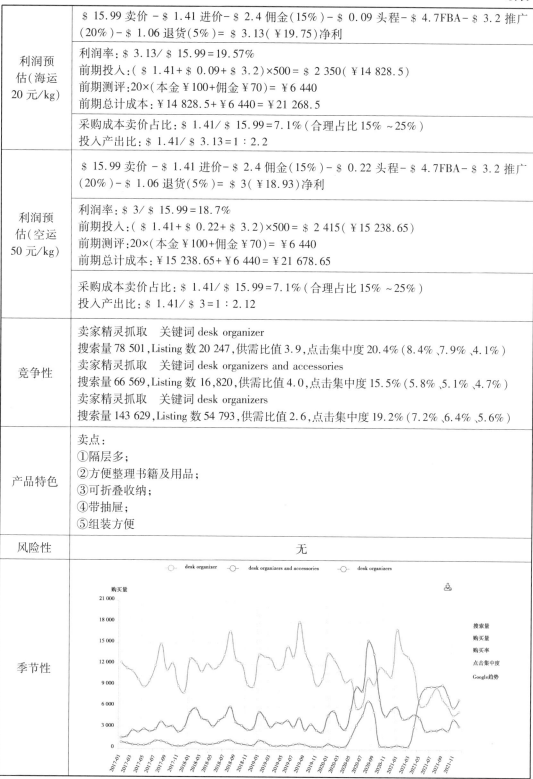

续表

竞品分析	BSR 高销量品牌产品数量统计（各品牌前十产品数量）	BSR 产品销量区间	类目垄断情况（前三销量占比）	特殊情况分析	竞品款式
	Simple Houseware	第 1~15 名月销量均高于 1 000	卖家垄断系数 43%		
	NIUBEE	第 30 名后月销量低于 500	卖家垄断系数 37%		
	BLU MONACO	最后 1 名月销量低于 100	品牌垄断系数 29%		
	Leven	第一名销量极高	亚马逊自营销量占比 12%		

BSR 新品情况	类目新品数（半年内）	类目新品数（一年内）	新品占比（一年内）	新品月均销量（日均）	
	15	32	32%	283	

总结	1. 该产品有季节性，每年 8 月为旺季
	2. 利润率　空运：$ 3/$ 15.99＝18.7%；海运：$ 3.13/$ 15.99＝19.57%
	3. 垄断程度和竞争程度都较低
	4. 组装和折叠类产品的差评主要集中在使用效果、承重能力等方面
	5. 该产品市场需求较少，竞争不激烈，新卖家进入还有一定市场

运营规划	一月推广，日均 10 单，小类排名 2 000~1 000	二月推广，日均 20 单，小类排名 1 000~500	三月推广，日均 30 单，小类排名 Top 前 100 名

（1）亚马逊美国站 Top 前 10 卖家销量数据（表 6.65）

表 6.65　亚马逊美国站 Top 前 10 卖家销量数据

大类排名	小类排名	$ 售价	Review 数量	Rating 评分	月销量	日销量
881	1	10.99	6 613	4.5	5 574	186
968	2	19.99	456	4.5	3 742	125
1 186	3	9.98	5 441	4.5	3 451	115
1 257	4	4.82	5 912	5.0	2 940	98
1 317	5	19.99	1 461	5.0	4 001	133
1 810	6	16.99	3 646	4.5	4 982	166
1 924	7	5.99	452	4.5	2 354	78

续表

大类排名	小类排名	$ 售价	Review 数量	Rating 评分	月销量	日销量
1 940	8	13.99	4 801	5.0	2 217	74
2 203	9	6.1	2 267	4.5	1 215	41
2 417	10	11.49	818	4.5	1 539	51

（2）案例分析

该产品受季节影响，每年 8 月是销售旺季。从市场容量来看，同类产品前 10 名的日均销量是 108 单，该产品的市场需求不大；根据产品的质量和尺寸计算利润率，海运和空运的利润比较可观。从竞争性分析来看，垄断程度和竞争程度都较低，新卖家可介入。

5. 定制电脑鼠标垫（表 6.66）

表 6.66　Mouse Pad（定制电脑鼠标垫）

产品信息	尺寸:10.5 in×10 in×0.94 in　　质量:0.06 kg	
市场容量	一级类目 Office Products　出现 3 次	该产品前 10 名日均销量 377 单（1～10 名），预期最终目标排名是小类 153 名，日均 10 单
	二级类目 Office Supplies　出现 3 次	
	三级类目 Desk Accessories & Workspace Organizers　出现 28 次	
	四级类目 Mouse Pads　出现 97 次	
	五级类目　出现 0 次	
	六级类目　出现 0 次	
	七级类目　出现 0 次	
利润预估（海运 20 元/kg）	$ 14.99 卖价 - $ 0.93 进价 - $ 2.24 佣金（15%）- $ 0.19 头程 - $ 2.5FBA - $ 2.24 推广（15%）- $ 1.49 退货（10%）= $ 5.4（¥34.07）净利	
	利润率: $ 5.4/ $ 14.99 = 36.02% 前期投入:（ $ 0.93 + $ 0.19 + $ 2.24）×500 = $ 1 680（¥10 600.8） 前期测评:20×（本金 ¥95 + 佣金 ¥70）= ¥1 041.15 前期总计成本: ¥10 600.8 + ¥1 041.15 = ¥11 641.95	
	采购成本卖价占比: $ 0.93/ $ 14.99 = 6.2%（合理占比 15%～25%） 投入产出比: $ 0.93/ $ 5.4 = 1 : 5.8	

续表

利润预估(空运 50元/kg)	＄14.99卖价－＄0.93进价－＄2.24佣金(15%)－＄0.47头程－＄2.5FBA－＄2.24推广(15%)－＄1.49退货(10%)＝＄5.12(¥32.3)净利
	利润率:＄5.12/＄14.99＝34.15% 前期投入:(＄0.93+＄0.47+＄2.24)×500＝＄1 820(¥11 484.2) 前期测评:20×(本金¥95+佣金¥70)＝¥1 041.15 前期总计成本:¥11 484.2+¥1 041.15＝¥12 525.35
	采购成本卖价占比:＄0.93/＄14.99＝6.2%(合理占比15%～25%) 投入产出比:＄0.93/＄5.12＝1∶5.5
竞争性	卖家精灵抓取　关键词mouse pad 搜索量2 394 355,Listing数10 000,供需比值239,点击集中度23.8%(14.0%、6.0%、3.8%) 卖家精灵抓取　关键词desk accessories 搜索量680 729,Listing数10 000,供需比值68,点击集中度14.0%(6.7%、3.8%、3.6%) 卖家精灵抓取　关键词office supplies 搜索量602 691,Listing数10 000,供需比值60,点击集中度14.4%(6.0%、5.3%、3.0%)
产品特色	卖点: 1.人体工学式设计,保护手腕; 2.防滑功能设计; 3.无害安全材质; 4.OEM定制; 5.面料定制(印刷、边缘、包装)
风险性	无
季节性	
总结	1.搜索量最高的关键词点击前三占比分别为14.0%、6.0%、3.8%
	2.利润率　海运:＄5.4/＄14.99＝36.02%;空运:＄5.12/＄14.99＝34.15%
	3.产品热搜词:mouse pad,desk accessories,office supplies。数据显示,此类目关键词mouse pad热搜度较高
	4.卖点:①人体工学式设计,保护手腕;②防滑功能设计;③无害安全材质;④OEM定制;⑤面料定制(印刷、边缘、包装)
	5.总结:该产品受季节性影响小,mouse pad的热搜度较高,处于上升阶段
运营规划	一月推广,日均5单, 小类排名1 500～900

二月推广,日均15单, 小类排名800～500	三月推广,日均25单, 小类排名150～70

（1）亚马逊美国站 Top 前 10 卖家销量数据（表 6.67）

表 6.67　亚马逊美国站 Top 前 10 卖家销量数据

大类排名	小类排名	$ 售价	Review 数量	Rating 评分	月销量	日销量
20	1	10.99	43 332	4.5	36 579	1 219
114	2	5.99	4 297	4.5	20 257	675
121	3	5.39	36 416	4.5	14 834	494
168	4	9.99	13 610	4.5	12 291	410
171	5	13.99	28 014	5.0	16 773	559
201	6	8.7	20 198	4.5	9 423	314
217	7	9.99	21 198	5.0	9 409	314
231	8	7.64	9 500	4.5	8 668	289
2 435	9	7.99	70 545	4.5	285	10
2 437	10	32.99	4 324	4.5	10 113	337

（2）案例分析

该产品受季节影响小，从市场容量来看，市场需求大但竞争激烈。根据卖家精灵抓取的关键词数据，mouse pad 热搜度较高，该关键词可作为前期推广词。根据产品的质量和尺寸计算，利润比较可观，新卖家可介入。

第九节　宠物用品类

1. 宠物水瓶（表 6.68）

表 6.68　Dog Water Bottle（宠物水瓶）

产品信息	 尺寸:3 in×3 in×8 in　　质量:0.18 kg

续表

市场容量	一级类目 Pet Supplies　出现 3 次	该产品前 10 名日均销量 171 单(1~10 名),预期最终目标排名是小类前 100 名,日均 100 单
	二级类目 Dogs　出现 1 次	
	三级类目 Feeding & Watering Supplies　出现 9 次	
	四级类目 Water Bottles　出现 84 次	
	五级类目　出现 0 次	
	六级类目　出现 0 次	
	七级类目　出现 0 次	
利润预估(海运 20 元/kg)	＄23.99 卖价－＄3.6 进价－＄3.6 佣金(15%)－＄0.57 头程－＄3.64FBA－＄3.6 推广(15%)－＄2.4 退货(10%)＝＄6.58(￥41.52)净利	
	利润率:＄6.58/＄23.99＝27.42% 前期投入:(＄3.6+＄0.57+＄3.6)×500＝＄3 885(￥24 514.35) 前期测评:20×(本金￥151+佣金￥70)＝￥4 420 前期总计成本:￥24 514.35+￥4 420＝￥28 934.35	
	采购成本卖价占比:＄3.6/＄23.99＝15%(合理占比 15%~25%) 投入产出比:＄3.6/＄6.58＝1:1.82	
利润预估(空运 50 元/kg)	＄23.99 卖价－＄3.6 进价－＄3.6 佣金(15%)－＄1.42 头程－＄3.64FBA－＄3.6 推广(15%)－＄2.4 退货(10%)＝＄5.73(￥36.16)净利	
	利润率:＄5.73/＄23.99＝23.88% 前期投入:(＄3.6+＄1.42+＄3.6)×500＝＄4 310(￥27 196.1) 前期测评:20×(本金￥151+佣金￥70)＝￥4 420 前期总计成本:￥27 196.1+￥4 420＝￥31 616.1	
	采购成本卖价占比:＄3.6/＄23.99＝15%(合理占比 15%~25%) 投入产出比:＄3.6/＄5.73＝1:1.59	
竞争性	卖家精灵抓取　关键词 dog water bottle 搜索量 326 118,Listing 数 433,供需比值 753.2,点击集中度 46.4%(27.3%、9.8%、9.3%) 卖家精灵抓取　portable dog water bottle 搜索量 40 493,Listing 数 418,供需比值 96.9,点击集中度 54.3%(29.8%、12.7%、11.8%) 卖家精灵抓取　dog water bottle dispenser 搜索量 30 605,Listing 数 596,供需比值 51.3,点击集中度 50.7%(23.7%、13.6%、13.5%)	
产品特色	卖点: 1.防漏; 2.真正的食品级杯子; 3.适用群体除了狗,人也可以用; 4.夏天可喷雾; 5.可手提和挂包	
风险性	无	

季节性	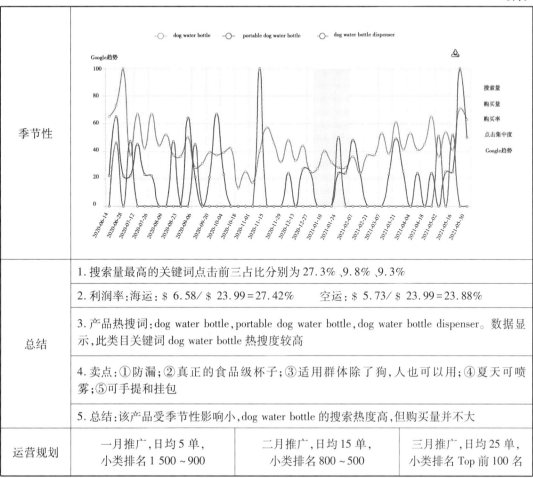

总结	1. 搜索量最高的关键词点击前三占比分别为27.3% 、9.8% 、9.3%
	2. 利润率:海运: $ 6.58/ $ 23.99＝27.42%　　　空运: $ 5.73/ $ 23.99＝23.88%
	3. 产品热搜词:dog water bottle,portable dog water bottle,dog water bottle dispenser。数据显示,此类目关键词 dog water bottle 热搜度较高
	4. 卖点:①防漏;②真正的食品级杯子;③适用群体除了狗,人也可以用;④夏天可喷雾;⑤可手提和挂包
	5. 总结:该产品受季节性影响小,dog water bottle 的搜索热度高,但购买量并不大

运营规划	一月推广,日均 5 单,小类排名 1 500 ～ 900	二月推广,日均 15 单,小类排名 800 ～ 500	三月推广,日均 25 单,小类排名 Top 前 100 名

(1)亚马逊美国站 Top 前 10 卖家销量数据(表6.69)

表6.69　亚马逊美国站 Top 前 10 卖家销量数据

大类排名	小类排名	$ 售价	Review 数量	Rating 评分	月销量	日销量
112	1	17.99	24 230	4.8	14 576	485
672	2	16.99	22 423	4.6	8 104	270
818	3	14.99	1 122	4.6	3 056	101
946	4	11.99	485	4.3	3 614	120
1 062	5	9.34	5 628	4.6	3 042	101
1 106	6	13.99	1 961	4.4	2 742	91
1 199	7	13.99	903	4.7	2 008	66
2 129	8	16.29	1 836	4.1	2 588	86

续表

大类排名	小类排名	$ 售价	Review 数量	Rating 评分	月销量	日销量
2 370	9	25.96	3 794	4.5	2 249	74
3 219	10	11.69	2 244	4.3	1 371	46

（2）案例分析

建议：该产品受季节性影响小。从市场容量看，统计一级类目到四级类目出现的次数可以发现，一级类目出现的次数比较少，表明该产品在推广前期往大类目方向冲刺比较困难，而小类目出现的次数比较多，意味着该产品冲刺 BSR 小类前 100，相较于大类目而言，比较容易。BSR 前 10 名卖家的日均销量可达 171 单。根据产品质量和尺寸，海运利润率：$ 6.58/$ 23.99＝27.42%，投入产出比达到 1：1.82；空运利润率：$ 5.73/$ 23.99＝23.88%，投入产出比达到 1：1.59，海运和空运的利润都还不错。此外，卖家精灵抓取的关键词中 dog water bottle 的搜索热度相对较高，但 Listing 数量一般，供需比值大，点击集中度比较高，可选该词作为主打关键词。

2. 宠物狗粮储存罐（表 6.70）

表 6.70   dog food storage container（**宠物狗粮储存罐**）

产品信息	尺寸：5.9 in×3.5 in×8.6 in 质量：0.3 kg	
市场容量	一级类目出现 Pet Supplies 出现 0 次	
	二级类目 Dogs 出现 0 次	该产品前 10 名日均销量 211 单（1～10 名），预期最终目标排名是小类 35 名，日均 100 单
	三级类目 Feeding & Watering Supplies 出现 11 次	
	四级类目出现 Food Storage 出现 50 次	
	五级类目 出现 0 次	
	六级类目 出现 0 次	
	七级类目 出现 0 次	

利润预估(海运20元/kg)	＄10.99卖价－＄0.39进价－＄＄1.6佣金(15%)－＄0.95头程－＄3.64FBA－＄1.6推广(15%)－＄1.09退货(10%)＝＄1.72(￥10.85)净利
	利润率:＄1.72/＄10.99＝15.65% 前期投入:(＄0.39+＄0.95+＄1.6)×500＝＄1 470(￥9 275.7) 前期测评:20×(本金￥69+佣金￥70)＝￥2 780 前期总计成本:￥9 275.7+￥2 780＝￥12 055.7
	采购成本卖价占比:＄0.39/＄10.99＝3.5%(合理占比15%~25%) 投入产出比:＄0.39/＄1.72＝1:4.4
利润预估(空运50元/kg)	＄10.99卖价－＄0.39进价－＄＄1.6佣金(15%)－＄2.3头程－＄3.64FBA－＄1.6推广(15%)－＄1.09退货(10%)＝＄0.37(￥2.33)净利
	利润率:＄0.37/＄10.99＝3.4% 前期投入:(＄0.39+＄2.3+＄1.6)×500＝＄2 145(￥13 534.95) 前期测评:20×(本金￥69+佣金￥70)＝￥2 780 前期总计成本:￥13 534.95+￥2 780＝￥16 314.95
	采购成本卖价占比:＄0.39/＄10.99＝3.5%(合理占比15%~25%) 投入产出比:＄0.39/＄0.37＝1:0.94
竞争性	卖家精灵抓取　关键词 dog food storage container 搜索量360 285,Listing数614,供需比值586.8,点击集中度31.0%(13.7%、10.1%、7.3%) 卖家精灵抓取　关键词 dog food container 搜索量133 533,　Listing数444,供需比值300.8,点击集中度24.1%(8.7%、7.8%、7.7%) 卖家精灵抓取　关键词 pet food storage containers 搜索量75 051,Listing数373,供需比值201.2,点击集中度29.7%(10.9%、9.4%、9.4%)
产品特色	卖点: 1.密封严实; 2.防潮防漏; 3.带刻度; 4.结实耐用; 5.单手使用
风险性	无
季节性	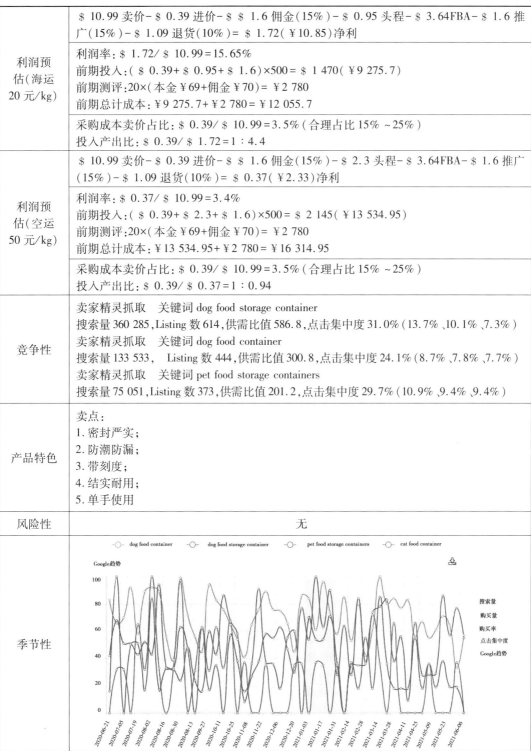

续表

总结	1.搜索量最高的关键词点击前三占比分别为13.7%、10.1%、7.3%		
	2.利润率 海运:\$ 1.72/\$ 10.99＝15.65%;空运:\$ 0.37/\$ 10.99＝3.4%		
	3.产品热搜词:dog food container,dog food storage container,pet food storage containers。数据显示,此类目关键词 dog food container 热搜度较高		
	4.卖点:①密封严实;②防潮防漏;③带刻度;④结实耐用;⑤单手使用		
	5.总结:该产品受季节性影响小,dog food container 的搜索热度较高,总体需求不稳定,竞争对手不多,新卖家可择机进入,在四级类目抢占市场,冲三级类目		
运营规划	一月推广,日均 5 单,小类排名 1 500～900	二月推广,日均 15 单,小类排名 800～500	三月推广,日均 25 单,小类排名 Top 前 100 名

（1）亚马逊美国站 Top 前 10 卖家销量数据（表 6.71）

表 6.71　亚马逊美国站 Top 前 10 卖家销量数据

大类排名	小类排名	\$ 售价	Review 数量	Rating 评分	月销量	日销量
96	1	17.95	64 743	4.8	21 997	733
172	2	15.99	39 457	4.7	12 987	432
188	3	17.99	36 734	4.6	9 869	328
196	4	13.99	24 805	4.7	6 078	202
262	5	24.99	16 525	4.7	8 699	289
306	6	36.99	40 893	4.6	9 225	307
799	7	10.99	18 488	4.7	6 260	208
829	8	15.49	12 447	4.8	5 783	192
830	9	12.38	5 257	4.5	6 499	216
921	10	5.99	6 230	4.6	2 599	86

（2）案例分析

建议:该产品受季节性影响小,从市场容量看,统计一级类目到四级类目出现的次数可以发现,一级类目出现的次数为零,表明该产品在推广前期往大类目方向冲刺比较困难,而小类目出现的次数比较多,意味着该产品冲刺 BSR 小类前 100,相较于大类目而言,比较容易。BSR 前 10 名卖家的日均销量可达 211 单,根据产品质量和尺寸,海运利润率:\$ 1.72/\$ 10.99＝15.65%,投入产出比达到 1∶4.4;空运利润率:\$ 0.37/\$ 10.99＝3.4%,投入产出比达到 1∶0.94。可见,海运和空运的利润都非常低,可以考虑降低产品成本或者头程运费。此外,卖家精灵抓取的关键词中 dog food container 的搜索热度相对较高,但 Listing 数量一般,供需比值大,点击集中度比较高,可选取该词作为主打关键词。

3. 宠物狗座椅(表 6.72)

表 6.72　dog car seats for small dogs(**宠物狗座椅**)

产品信息	 尺寸:15 in×13 in×17 in　　质量:0.7 kg
市场容量	一级类目 Pet Supplies　出现 0 次 二级类目 Dogs　出现 0 次 三级类目 Carriers & Travel Products　出现 41 次 四级类目 Car Travel Accessories　出现 70 次 五级类目 Dog Booster Seats　出现 100 次 六级类目　出现 0 次 七级类目　出现 0 次 / 该产品前 10 名日均销量 92.77 单(1~10 名),预期最终目标排名是小类 39 名,日均 50 单
利润预估(海运 20 元/kg)	$ 25.99 卖价 − $ 2.47 进价 − $ 3.90 佣金(15%) − $ 2.47 头程 − $ 3.47FBA − $ 3.90 推广(15%) − $ 2.60 退货(10%) = $ 7.18(¥45.30)净利 利润率: $ 7.18/ $ 25.99 = 27.62% 前期投入:($ 2.47 + $ 2.47 + $ 3.9)×500 = $ 4 420(¥27 890.2) 前期测评:20×(本金 ¥164 + 佣金 ¥70) = ¥4 680 前期总计成本: ¥27 890.2 + ¥4 680 = ¥32 570.2 采购成本卖价占比: $ 2.47/ $ 25.99 = 9.5%(合理占比 15%~25%) 投入产出比: $ 2.47/ $ 7.18 = 1∶2.9
利润预估(空运 50 元/kg)	$ 25.99 卖价 − $ 2.47 进价 − $ 3.90 佣金(15%) − $ 5.54 头程 − $ 3.47FBA − $ 3.90 推广(15%) − $ 2.60 退货(10%) = $ 4.11(¥25.93)净利 利润率: $ 4.11/ $ 25.99 = 15.8% 前期投入:($ 2.47 + $ 5.54 + $ 3.9)×500 = $ 5 955(¥37 576.05) 前期测评:20×(本金 ¥164 + 佣金 ¥70) = ¥4 680 前期总计成本: ¥37 576.05 + ¥4 680 = ¥42 256.05 采购成本卖价占比: $ 2.47/ $ 25.99 = 9.5%(合理占比 15%~25%) 投入产出比: $ 2.47/ $ 4.11 = 1∶1.66

续表

竞争性	卖家精灵抓取　关键词 dog car seats for small dogs 搜索量 21 367,Listing 数 280,供需比值 76.3,点击集中度 29.6%（13.8%、9.4%、6.5%） 卖家精灵抓取　关键词 dog booster seat 搜索量 32 484,Listing 数 274,供需比值 118.6,点击集中度 39.0%（17.2%、13.6%、8.2%） 卖家精灵抓取　关键词 dog car seat 搜索量 298 956,Listing 数 1 009,供需比值 296.3,点击集中度 33.4%（14.2%、11.0%、8.2%）
产品特色	卖点： 1. 车窗座椅； 2. 安全旅行； 3. 材质舒适； 4. 助推器座椅设计； 5. 耐用防水狗车座椅
风险性	无
季节性	
总结	1. 搜索量最高的关键词点击前三占比分别为 14.2%、11.0%、8.2%
	2. 利润率　海运：$ 7.18/ $ 25.99＝27.62%；空运：$ 4.11/ $ 25.99＝15.8%
	3. 产品热搜词：dog car seats for small dogs,dog booster seat,dog car seat。数据显示,此类目关键词 dog car seat 热搜度较高
	4. 卖点：①车窗座椅；②安全旅行；③材质舒适；④助推器座椅设计；⑤耐用防水狗车座椅
	5. 总结：该产品不受季节性影响,利润一般,头程运费比较昂贵
运营规划	一月推广,日均 5 单, 小类排名 1 500～900	二月推广,日均 15 单, 小类排名 800～500	三月推广,日均 25 单, 小类排名 Top 前 100 名

（1）亚马逊美国站 Top 前 10 卖家销量数据（表 6.73）

表 6.73　亚马逊美国站 Top 前 10 卖家销量数据

大类排名	小类排名	$ 售价	Review 数量	Rating 评分	月销量	日销量
659	1	17.99	14 256	4.4	9 108	304
2 197	2	80.99	11 187	5.0	3 399	113
2 518	3	26.95	14 353	4.5	3 064	102
2 818	4	39.99	2 138	4.5	3 160	105
3 168	5	33.97	2 883	4.5	2 157	72
3 594	6	16.99	1 344	4.0	762	25
3 781	7	20.99	7 478	4.0	1 942	65
4 003	8	49.99	1 353	4.5	1 720	57
4 062	9	55.98	1 673	4.5	1 688	56
4 641	10	38.99	2 035	4.6	254	8

（2）案例分析

建议:该产品不受季节性影响。从市场容量看,统计一级类目到五级类目出现的次数可以发现,一级类目出现的次数为零,表明该产品在推广前期往大类目方向冲刺比较困难,而小类目出现的次数比较多,意味着该产品冲刺 BSR 小类前 100,相较于大类目而言,比较容易。BSR 前 10 名卖家的日均销量可达 92 单,根据产品质量和尺寸,海运利润率: $ 7.18/ $ 25.99 = 27.62%,投入产出比达到 1∶2.9;空运利润率: $ 4.11/ $ 25.99 = 15.8%,投入产出比达到 1∶1.66。可见,海运的利润还不错,空运的利润比较低,前期推广成本不算高昂。此外,卖家精灵抓取的关键词中 dog car seat 的搜索热度相对较高,但 Listing 数量多,供需比值一般,竞争比较激烈,在后期推广阶段可能很难抢到关键词的流量。

4. 宠物喂食垫子（表 6.74）

表 6.74　snuffle mat for dogs 宠物喂食垫子

产品信息	尺寸:7.9 in×7.8 in×3.4 in　　质量:0.16 kg

续表

市场容量	一级类目 Pet Supplies　出现 0 次	该产品前 10 名日均销量 222 单(1～10 名),预期最终目标排名是小类 50 名,日均 100 单
	二级类目 Dogs　出现 0 次	
	三级类目 Feeding & Watering Supplies　出现 8 次	
	四级类目 Feeding Mats　出现 100 次	
	五级类目　出现 0 次	
	六级类目　出现 0 次	
	七级类目　出现 0 次	
利润预估(海运 20 元/kg)	＄18.99 卖价-＄2.89 进价-＄2.85 佣金(15%)-＄0.5 头程-＄3.64FBA-＄2.85 推广(15%)-＄1.9 退货(10%)＝＄4.36(¥27.5)净利	
	利润率:＄4.36/＄18.99＝22.95% 前期投入:(＄2.89+＄0.5+＄2.85)×500＝＄3 120(¥19 687.2) 前期测评:20×(本金¥119+佣金¥70)＝¥3 780 前期总计成本:¥19 687.2+¥3 780＝¥23 467.2	
	采购成本卖价占比:＄2.89/＄18.99＝15.2%(合理占比 15%～25%) 投入产出比:＄2.89/＄4.36＝1∶1.5	
利润预估(空运 50 元/kg)	＄18.99 卖价-＄2.89 进价-＄2.85 佣金(15%)-＄1.3 头程-＄3.64FBA-＄2.85 推广(15%)-＄1.9 退货(10%)＝＄3.56(¥22.46)净利	
	利润率:＄3.56/＄18.99＝18.74% 前期投入:(＄2.89+＄1.3+＄2.85)×500＝＄3 520(¥22 211.2) 前期测评:20×(本金¥119+佣金¥70)＝¥3 780 前期总计成本:¥22 211.2+¥3 780＝¥25 991.2	
	采购成本卖价占比:＄2.89/＄18.99＝15.2%(合理占比 15%～25%) 投入产出比:＄2.89/＄3.56＝1∶1.23	
竞争性	卖家精灵抓取　关键词 snuffle mat 搜索量 120 967,Listing 数 311,供需比值 389.0,点击集中度 35.1%(15.8%、11.0%、8.3%) 卖家精灵抓取　关键词 snuffle mat for dogs 搜索量 39 524,Listing 数 319,供需比值 123.9,点击集中度 37.55%(17.4%、14.4%、5.6%) 卖家精灵抓取　关键词 snuffle mat for large dogs 搜索量 26 096,Listing 数 309,供需比值 84.4,点击集中度 39.7%(15.4%、13.0%、11.3%) 卖家精灵抓取　关键词 dog mat 搜索量 49 637,Listing 数 10 000,供需比值 5.0,点击集中度 33.3%(12.9%、12.4%、8.0%)	
产品特色	卖点: 1. 款式新颖; 2. 环保毛毡布; 3. 减压益智,边吃边玩; 4. 手工制作,做工结实; 5. 可机洗,易清洁	

续表

风险性	无		
季节性	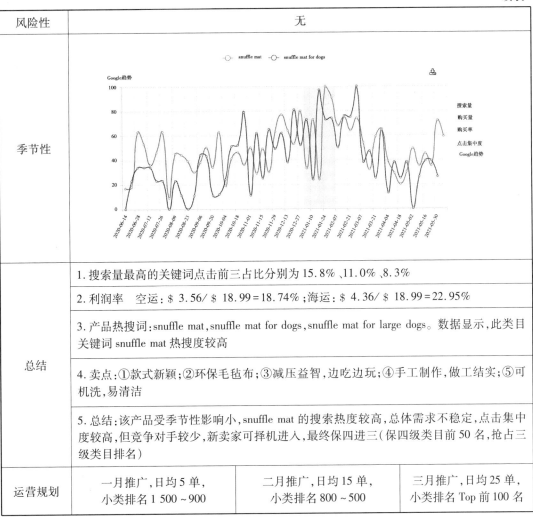		
总结	1.搜索量最高的关键词点击前三占比分别为 15.8% 、11.0% 、8.3%		
	2.利润率 空运：$ 3.56/ $ 18.99＝18.74% ;海运：$ 4.36/ $ 18.99＝22.95%		
	3.产品热搜词:snuffle mat,snuffle mat for dogs,snuffle mat for large dogs。数据显示,此类目关键词 snuffle mat 热搜度较高		
	4.卖点:①款式新颖;②环保毛毡布;③减压益智,边吃边玩;④手工制作,做工结实;⑤可机洗,易清洁		
	5.总结:该产品受季节性影响小,snuffle mat 的搜索热度较高,总体需求不稳定,点击集中度较高,但竞争对手较少,新卖家可择机进入,最终保四进三(保四级类目前 50 名,抢占三级类目排名)		
运营规划	一月推广,日均 5 单,小类排名 1 500 ~ 900	二月推广,日均 15 单,小类排名 800 ~ 500	三月推广,日均 25 单,小类排名 Top 前 100 名

（1）亚马逊美国站 Top 前 10 卖家销量数据（表 6.75）

表 6.75 亚马逊美国站 Top 前 10 卖家销量数据

大类排名	小类排名	$ 售价	Review 数量	Rating 评分	月销量	日销量
364	1	46.99	11 203	4.5	8 337	278
460	2	49.99	25 574	4.5	14 107	470
483	3	44.99	16 793	4.5	10 782	359
747	4	17.51	14 396	4.5	7 698	257
907	5	14.44	2 384	4.5	4 620	154
1 215	6	12.99	17 958	4.5	7 123	237
1 323	7	12.99	12 917	4.5	5 953	198

续表

大类排名	小类排名	＄售价	Review 数量	Rating 评分	月销量	日销量
1 379	8	16.99	17 571	4.5	5 772	192
1 688	9	18.95	5 449	4.5	4 041	135
1 842	10	14.99	713	4.5	3 617	121

（2）案例分析

建议:该产品受季节性影响小。从市场容量看,统计一级类目到四级类目出现的次数可以发现,一级类目出现的次数为零,表明该产品在推广前期往大类目方向冲刺比较困难,而小类目出现的次数比较多,意味着该产品冲刺 BSR 小类前 100,相较于大类目而言,比较容易。BSR 前 10 名卖家的日均销量可达 222 单。根据产品质量和尺寸,空运利润率:＄3.56/＄18.99＝18.74％,投入产出比达到 1∶1.23;海运利润率:＄4.36/＄18.99＝22.95％,投入产出比达到 1∶1.5。可见,海运和空运的利润都很一般,利润低的轻小产品可靠积累单量获取利润。此外,卖家精灵抓取的关键词中 dog car seat 的搜索热度相对较高,但总体需求不稳定,呈下降趋势。

5. 宠物救生衣（表 6.76）

表 6.76　dog life vests for swimming（宠物救生衣）

产品信息	 尺寸:11 in×9 in×1.9 in　　质量:0.25 kg
市场容量	一级类目 Pet Supplies　出现 0 次 二级类目 Dogs　出现 1 次 三级类目 Apparel & Accessories　出现 28 次 四级类目 Lifejackets　出现 100 次 五级类目　出现 0 次 六级类目　出现 0 次 七级类目　出现 0 次

该产品前 10 名日均销量 190 单（1～10 名）,预期最终目标排名是小类前 50 名,日均 100 单

利润预估(海运20元/kg)	$ 26.99 卖价－$ 5.79 进价－$ 4.05 佣金(15%)－$ 0.79 头程－$ 3.64FBA－$ 4.05 推广(15%)－$ 2.7 退货(10%)＝$ 5.97(￥37.67)净利
	利润率:$ 5.97/$ 26.99＝22.11% 前期投入:($ 5.79＋$ 0.79＋$ 4.05)×500＝$ 5 315(￥33 537.65) 前期测评:20×(本金￥170＋佣金￥70)＝￥4 800 前期总计成本:￥33 537.65＋￥4 800＝￥38 337.65
	采购成本卖价占比:$ 5.79/$ 26.99＝21.45%(合理占比15%～25%) 投入产出比:$ 5.79/$ 5.97＝1：1.03
利润预估(空运50元/kg)	$ 26.99 卖价－$ 5.79 进价－$ 4.05 佣金(15%)－$ 1.98 头程－$ 3.64FBA－$ 4.05 推广(15%)－$ 2.7 退货(10%)＝$ 4.78(￥30.16)净利
	利润率:$ 4.78/$ 26.99＝17.71% 前期投入:($ 5.79＋$ 1.98＋$ 4.05)×500＝$ 5 910(￥37 292.1) 前期测评:20×(本金￥170＋佣金￥70)＝￥4 800 前期总计成本:￥37 292.1＋￥4 800＝￥42 092.1
	采购成本卖价占比:$ 5.79/$ 26.99＝21.45%(合理占比15%～25%) 投入产出比:$ 5.79/$ 4.78＝1：0.82
竞争性	卖家精灵抓取　关键词 dog life jacket 搜索量 417 374,Listing 数 169,供需比值 2 469.7,点击集中度 39.1%(18.4%、11%、9.7%) 卖家精灵抓取　关键词 dog life vest 搜索量 74 101,Listing 数 158,供需比值 469.0,点击集中度 25.2% 卖家精灵抓取　关键词 dog life vests for swimming 搜索量 42 667,Listing 数 156,供需比值 273.5,点击集中度 33.4%
产品特色	卖点: 1.增加了护颈设计; 2.采用透气面料,快干不吸水; 3.气垫增强了舒适感; 4.反光条设计增加能见度; 5.浮力更大
风险性	无
季节性	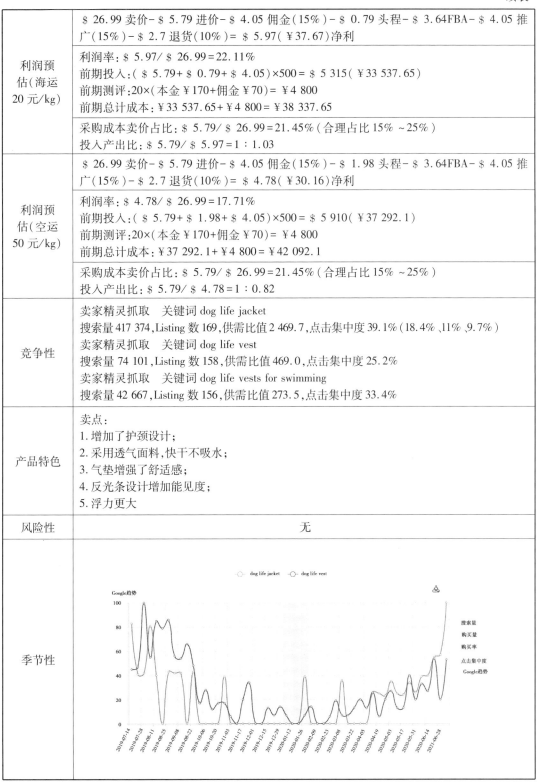

续表

总结	1. 搜索量最高的关键词点击前三占比分别为 18.4%、11%、9.7%
	2. 利润率　海运：$ 5.97/ $ 26.99 = 22.11%；空运：$ 4.78/ $ 26.99 = 17.71%
	3. 产品热搜词：dog life jacket，dog life vest，dog life vests for swimming。数据显示，此类目关键词 dog life jacket 热搜度较高
	4. 卖点：①增加了护颈设计；②采用透气面料，快干不吸水；③气垫增强了舒适感；④反光条设计增加能见度；⑤浮力更大
	5. 总结：该产品受季节性影响较大，每年 3 月起呈上升趋势，到 8 月开始下降。dog life jacket 的搜索热度高，但购买量不高，利润比较可观，新卖家有拓展空间，差异化就是增加了护颈的设计，解决了容易让狗低头的差评，气囊款在 FBA 省下空间费用
运营规划	一月推广，日均 5 单，小类排名 1 500 ~ 900	二月推广，日均 15 单，小类排名 800 ~ 500	三月推广，日均 25 单，小类排名 Top 前 100 名

(1) 亚马逊美国站 Top 前 10 卖家销量数据（表 6.77）

表 6.77　亚马逊美国站 Top 前 10 卖家销量数据

大类排名	小类排名	$ 售价	Review 数量	Rating 评分	月销量	日销量
693	1	19.74	28 426	4.5	7 518	251
1 449	2	44.95	12 825	4.5	4 212	140
3 795	3	13.99	9 898	4.5	1 583	53
5 186	4	18.99	3 106	4.5	961	32
5 216	5	16.99	5 769	4.5	838	28
5 225	6	21.99	1 198	4.5	1 198	40
6 553	7	19.99	3 117	4.5	776	26
8 638	8	13.99	1 168	4.5	440	15
8 873	9	18.99	3 683	4.5	689	23
9 236	10	17.99	2 918	4.5	528	18

(2) 案例分析

建议：该产品受季节性影响较大，每年 3 月开始上升，8 月开始下降。从市场容量看，统计一级类目到四级类目出现的次数可以发现，一级类目出现的次数为零，表明该产品在推广前期往大类目方向冲刺比较困难，而小类目出现的次数比较多，意味着该产品冲刺 BSR 小类前 100，相较于大类目而言，比较容易。BSR 前 10 名卖家的日均销量可达 164 单。根据产品质量和尺寸，海运利润率：$ 5.97/ $ 26.99 = 22.11%，投入产出比达到 1∶1.03；空运利润率：$ 4.78/ $ 26.99 = 17.71%，投入产出比达到 1∶0.82。海运和空运的利润都很低。此外，卖家精灵抓取的关键词中 dog life jacket 的搜索热度相对较高。

第十节　服装类

1. 男士 T 恤（表 6.78）

表 6.78　men's T-shirts（男士 T 恤）

产品信息	 尺寸:20 in×15 in×1 in　　质量:0.3 kg	
市场容量	一级类目 Clothing, Shoes & Jewelry　出现 4 次	该产品前 10 名日均销量 814 单（1~10 名），预期最终目标排名是小类前 100 名,日均 40 单
	二级类目 Men　出现 7 次	
	三级类目 Clothing　出现 17 次	
	四级类目 Shirts　出现 78 次	
	五级类目 t-Shirts　出现 87 次	
	六级类目　出现 0 次	
利润预估(海运 20 元/kg)	$ 25.99 卖价 - $ 3.65 进价 - $ 4.42 佣金(17%) - $ 0.95 头程 - $ 3.59FBA - $ 5.2 推广(20%) - $ 0.91 退货(10%) = $ 7.27(¥45.9)净利	
	利润率: $ 7.27/ $ 25.99=28% 前期投入:($ 3.65+ $ 0.95+ $ 5.2)×500= $ 4 900×(¥30 919) 前期测评:20×(本金 ¥1 164+佣金 ¥70)= ¥4 680 前期总计成本: ¥30 919+ ¥4 680 = ¥35 599	
	采购成本卖价占比: $ 3.65/ $ 300.99=14%(合理占比 15% ~25%) 投入产出比: $ 3.65/ $ 7.27=1:2	
利润预估(空运 50 元/kg)	$ 25.99 卖价 - $ 3.65 进价 - $ 4.42 佣金(17%) - $ 2.38 头程 - $ 3.59FBA - $ 5.2 推广(20%) - $ 0.91 退货(10%) = $ 5.7(¥36)净利	
	利润率: $ 5.7/ $ 25.99=22% 前期投入:($ 3.65+ $ 2.38+ $ 5.2)×500= $ 5 615(¥35 430) 前期测评:20×(本金 ¥1 164+佣金 ¥70)= ¥4 680 前期总计成本: ¥35 430+ ¥4 680 = ¥40 110	
	采购成本卖价占比: $ 3.65/ $ 300.99=14%(合理占比 15% ~25%) 投入产出比: $ 3.65/ $ 5.7=1:1.56	

续表

竞争性	卖家精灵抓取　关键词 men's t-shirts 搜索量 55 673,Listing 数 49 233,供需比值 1.1,点击集中度 20.0%(8.2%、6.8%、4.9%) 卖家精灵抓取　关键词 mens t shirt 搜索量 66 078,Listing 数 66 569,供需比值 1,点击集中度 16.9%(8.3%、4.6%、4.0%) 卖家精灵抓取　关键词 t-shirts 搜索量 121 436,Listing 数 104 552,供需比值 1.2,点击集中度 31.2%(13.5%、9.9%、7.9%)		
产品特色	卖点: 1.采用轻盈款式设计,适合日常穿着; 2.罗纹圆领、平直下摆、无领口标签,更具舒适性; 3.制作工艺精良; 4.吸汗快干; 5.舒适透气		
风险性	无		
季节性	（图表：购买量，关键词 men's t-shirts、mens t shirt、t-shirts 趋势图，纵轴 0~14 000，横轴 2017-01 至 2022-01；右侧图例：搜索量、购买量、购买率、点击集中度、Google趋势）		
总结	1.搜索量最高的关键词点击前三占比分别为 13.5%、9.9%、7.9%		
	2.利润率　空运:$5.7/$25.99=22%;海运:$7.27/$25.99=28%		
	3.产品热搜词:men's t-shirts,mens t shirt,t-shirts。数据显示,此类目关键词 t-shirts 热搜度较高		
	4.卖点:①采用轻盈款式设计,适合日常穿着;②罗纹圆领、平直下摆、无领口标签,更具舒适性;③制作工艺精良;④吸汗快干;⑤舒适透气		
	5.总结:该产品每年 4—7 月为旺季,销量显著上涨,t-shirts 的搜索热度高,产品数量极多,其中有大量的亚马逊自营产品,竞争非常激烈		
运营规划	一月推广,日均 10 单, 小类排名 8 000~4 000	二月推广,日均 20 单, 小类排名 3 000~1 500	三月推广,日均 30 单, 小类排名 Top 前 100

（1）亚马逊美国站 Top 前 10 卖家销量数据（表6.79）

表6.79　亚马逊美国站 Top 前 10 卖家销量数据

大类排名	小类排名	$ 售价	Review 数量	Rating 评分	月销量	日销量
1	1	8.95	62 224	4.5	45 227	1 507
6	2	15.94	193 806	4.6	41 708	1 390
30	3	10.55	105 830	4.6	30 766	1 025
40	4	5.75	29 183	4.5	18 587	619
47	5	18.74	61 105	4.6	27 015	900
136	6	7.67	57 897	4.6	19 474	649
168	7	18.89	94 574	4.5	20 437	681
216	8	4.6	16 771	4.6	14 652	488
221	9	11.99	34 777	4.6	15 297	510
233	10	16.95	53 239	4.5	13 247	442

（2）案例分析

建议:该产品属季节性产品,每年4—7月为旺季。经统计,从容量看,一级类目到五级类目出现的次数逐渐增加,大类目出现的次数比较少,表明该产品在推广前期往大类目方向冲刺比较困难,而小类目出现的次数比较多,意味着该产品冲刺 BSR 小类前100,相较于大类目而言,比较容易。BSR 前 10 名卖家的日均销量可达 815 单,表明此类目的产品销量可观。根据产品质量和尺寸,海运利润率: $ 7.27/ $ 25.99 = 28% ,投入产出比达到 1∶2;空运利润率: $ 5.7/ $ 25.99 = 22% ,投入产出比达到 1∶1.56。可见,空运和海运的利润都不错。此外,卖家精灵抓取的关键词中 t-shirts 搜索热度相对较高,但 Listing 数量较多,供需比值低,竞争相当激烈。因国际文化差异,服装类产品还需考虑尺码问题以及设计图案、款式等。

2. 男士短裤（表6.80）

表6.80　mens shorts（男士短裤）

产品信息	
	尺寸:20 in×15 in×1 in　　质量:0.36 kg

续表

市场容量	一级类目 Clothing, Shoes & Jewelry 出现 0 次	该产品前 10 名日均销量 213 单（1～10 名），预期最终目标排名是小类前 80 名，日均 30 单
	二级类目 Men 出现 2 次	
	三级类目 Clothing 出现 7 次	
	四级类目 Shorts 出现 78 次	
	五级类目 Flat Front 出现 100 次	
	六级类目 出现 0 次	
利润预估（海运 20 元/kg）	$ 30.99 卖价 - $ 6.34 进价 - $ 5.27 佣金（17%）- $ 1.14 头程 - $ 3.59FBA - $ 6.2 推广（20%）- $ 1.21 退货（10%）= $ 7.24（¥45.7）净利	
	利润率: $ 6.34/ $ 30.99 = 23.36% 前期投入:（ $ 6.34+ $ 1.14+ $ 6.2）×500 = $ 6 840（¥43 160） 前期测评:20×（本金 ¥195+佣金 ¥70）= ¥5 300 前期总计成本: ¥43 160+ ¥5 300 = ¥48 910	
	采购成本卖价占比: $ 6.34/ $ 300.99 = 20%（合理占比 15% ～25%） 投入产出比: $ 6.34/ $ 7.24 = 1：1.14	
利润预估（空运 50 元/kg）	$ 30.99 卖价 - $ 6.34 进价 - $ 5.27 佣金（17%）- $ 2.85 头程 - $ 3.59FBA - $ 6.2 推广（20%）- $ 1.21 退货（10%）= $ 5.36（¥33）净利	
	利润率: $ 5.36/ $ 30.99 = 17.3% 前期投入:（ $ 6.34+ $ 2.85+ $ 6.2）×500 = $ 7 695（¥48 555） 前期测评:20×（本金 ¥195+佣金 ¥70）= ¥5 300 前期总计成本: ¥48 555+ ¥5 300 = ¥53 855	
	采购成本卖价占比: $ 6.34/ $ 30.99 = 20%（合理占比 15% ～25%） 投入产出比: $ 6.34/ $ 5.36 = 1：0.84	
竞争性	卖家精灵抓取 关键词 mens shorts 搜索量 143 295，Listing 数 20 170，供需比值 7.1，点击集中度 12.3%（4.4%、4.2%、3.8%） 卖家精灵抓取 关键词 shorts men 搜索量 89 471，Listing 数 16 405，供需比值 5.4，点击集中度 12.3%（6.1%、3.2%、3.1%） 卖家精灵抓取 关键词 shorts 搜索量 93 697，Listing 数 44 577，供需比值 2.1，点击集中度 17.6%（9.5%、5.2%、3.0%）	
产品特色	卖点: 1. 优质面料； 2. 款式简约大气； 3. 制作工艺精良； 4. 拥有大口袋； 5. 舒适透气	
风险性	无	

季节性	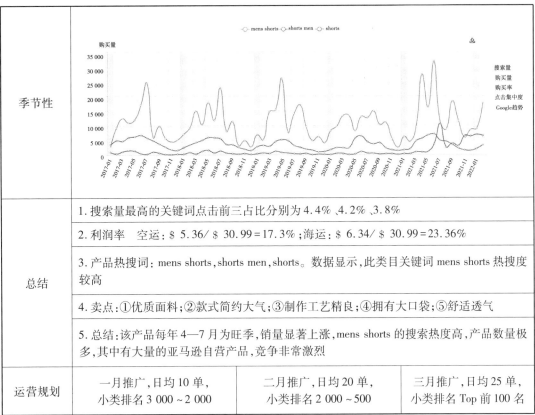		
总结	1. 搜索量最高的关键词点击前三占比分别为 4.4%、4.2%、3.8%		
	2. 利润率 空运：\$ 5.36/\$ 30.99＝17.3%；海运：\$ 6.34/\$ 30.99＝23.36%		
	3. 产品热搜词：mens shorts，shorts men，shorts。数据显示，此类目关键词 mens shorts 热搜度较高		
	4. 卖点：①优质面料；②款式简约大气；③制作工艺精良；④拥有大口袋；⑤舒适透气		
	5. 总结：该产品每年 4—7 月为旺季，销量显著上涨，mens shorts 的搜索热度高，产品数量极多，其中有大量的亚马逊自营产品，竞争非常激烈		
运营规划	一月推广，日均 10 单，小类排名 3 000 ~ 2 000	二月推广，日均 20 单，小类排名 2 000 ~ 500	三月推广，日均 25 单，小类排名 Top 前 100 名

（1）亚马逊美国站 Top 前 10 卖家销量数据（表 6.81）

表 6.81 亚马逊美国站 Top 前 10 卖家销量数据

大类排名	小类排名	售价	Review 数量	Rating 评分	月销量	日销量
175	1	18.95	40 828	4.7	15 692	523
207	2	19.3	45 955	4.6	16 183	539
280	3	9.8	34 015	4.4	11 576	385
442	4	33.99	43 050	4.2	11 276	375
485	5	14.87	36 022	4.6	10 087	336
540	6	33.99	42 440	4.2	11 073	369
747	7	14.4	0	0	11 854	395
126	8	27.91	6 542	4.5	1 774	59
876	9	19.99	5 205	4.7	6 855	228
888	10	18.88	6 432	4.3	8 539	284

（2）案例分析

建议:该产品属季节性产品,每年4—7月为旺季。从市场容量看,统计一级类目到五级类目出现的次数可以发现,大类目出现的次数为零,表明该产品在推广前期往大类目方向冲刺比较困难,而小类目出现的次数比较多,意味着该产品冲刺 BSR 小类前100,相较于大类目而言,比较容易。BSR 前10名卖家的日均销量可达213单,表明此类目的产品销量一般。根据产品质量和尺寸,海运利润率: \$ 6.34/ \$ 30.99＝23.36%,投入产出比达到 1∶1.14;空运利润率: \$ 5.36/ \$ 30.99＝17.3%,投入产出比达到 1∶0.84。可见,海运的利润还不错,如果走空运,头程物流费很昂贵,利润会被砍掉一大半,甚至亏本。此外,卖家精灵抓取的关键词中 mens shorts 的搜索热度相对较高,但 Listing 数量比较多,供需比值低,类目中有大量亚马逊自营产品,竞争相当激烈。因国际文化差异,服装类产品还需考虑尺码问题以及设计图案、款式等。

3. 女士 T 恤(表6.82)

表6.82　womens t-shirts(女士 T 恤)

产品信息	 尺寸:衣长 60 cm,袖长 16 cm　　　质量:0.3 kg	
市场容量	一级类目 Clothing, Shoes & Jewelry　出现 5 次	该产品前 10 名日均销量 592 单(1～10 名),预期最终目标排名是小类前 100 名,日均 40 单
	二级类目 Women　出现 9 次	
	三级类目 Clothing　出现 13 次	
	四级类目 Tops, Tees & Blouses　出现 54 次	
	五级类目 t-shirts　出现 97 次	
	六级类目　出现 0 次	
利润预估(海运 20 元/kg)	\$ 25.99 卖价- \$ 3.65 进价- \$ 4.42 佣金(17%)- \$ 0.95 头程- \$ 3.59FBA- \$ 5.2 推广(20%)- \$ 0.91 退货(10%)＝ \$ 7.27(¥45.9)净利	
	利润率: \$ 7.27/ \$ 25.99＝28% 前期投入:(\$ 3.65+ \$ 0.95+ \$ 5.2)×500＝ \$ 4 900(¥30 919) 前期测评:20×(本金 ¥164+佣金 ¥70)＝¥4 680 前期总计成本:¥30 919+¥4 680＝¥35 599	
	采购成本卖价占比: \$ 3.65/ \$ 25.99＝14%(合理占比 15%～25%) 投入产出比: \$ 3.65/ \$ 7.27＝1∶2	

利润预估(空运50元/kg)	＄25.99卖价－＄3.65进价－＄4.42佣金(17%)－＄2.38头程－＄3.59FBA－＄5.2推广(20%)－＄0.91退货(10%)＝＄5.7(￥36)净利
	利润率：＄5.7/＄25.99＝22% 前期投入：(＄3.65＋＄2.38＋＄5.2)×500＝＄5 615(￥35 430) 前期测评：20×(本金￥164＋佣金￥70)＝￥4 680 前期总计成本：￥35 430＋￥4 680＝￥40 110
	采购成本卖价占比：＄3.65/＄25.99＝14%(合理占比15%~25%) 投入产出比：＄3.65/＄5.7＝1∶1.56
竞争性	卖家精灵抓取　关键词 womens t shirts 搜索量42 747,Listing数87 354,供需比值0.5,点击集中度7.0%(3.2%、1.9%、1.8%) 卖家精灵抓取　关键词 t shirts for women 搜索量77 553,Listing数33 952,供需比值2.3,点击集中度7.8%(2.0%、1.9%、1.8%) 卖家精灵抓取　关键词 womens t shirts 搜索量19 705,Listing数35 716,供需比值0.6,点击集中度7.7%(2.9%、2.6%、2.2%)
产品特色	卖点： 1.采用轻盈款式设计,适合日常穿着; 2.罗纹圆领、平直下摆、无领口标签,更具舒适性; 3.制作工艺精良; 4.吸汗快干; 5.舒适透气
风险性	无
季节性	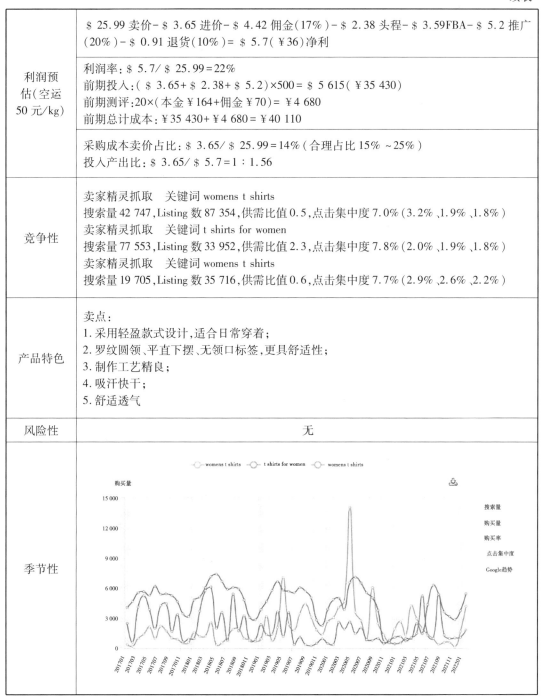

续表

总结	1. 搜索量最高的关键词点击前三占比分别为 3.2%、1.9%、1.5%
	2. 利润率 空运: $ 5.7/ $ 25.99＝22% ;海运: $ 7.27/ $ 25.99＝28%
	3. 产品热搜词: womens t shirts, t shirts for women,womens t shirts。数据显示,此类目关键词 t shirts for women 热搜度较高
	4. 卖点:①采用轻盈款式设计,适合日常穿着;②罗纹圆领、平直下摆、无领口标签,更具舒适性;③制作工艺精良;④吸汗快干;⑤舒适透气
	5. 总结:该产品每年 4—7 月为旺季,销量显著上涨,t shirts for women 的搜索热度高,产品数量极多,其中有大量的亚马逊自营产品,竞争非常激烈
运营规划	一月推广,日均 10 单, 小类排名 8 000~4 000	二月推广,日均 20 单, 小类排名 3 000~1 500	三月推广,日均 30 单, 小类排名 Top 前 100 名

(1)亚马逊美国站 Top 前 10 卖家销量数据(表 6.83)

表 6.83　亚马逊美国站 Top 前 10 卖家销量数据

大类排名	小类排名	$ 售价	Review 数量	Rating 评分	月销量	日销量
16	1	18.99	11 480	4.4	24 933	831
44	2	9.99	33 774	4.3	22 470	749
51	3	7.0	25 940	4.5	25 357	845
119	4	6.99	32 280	4.4	17 466	582
149	5	19.99	12 770	4.1	14 120	470
197	6	7.99	11 080	4.4	17 153	571
198	7	18.75	45 779	4.2	14 130	471
227	8	22.99	10 467	4.2	17 505	584
255	9	20.99	2 574	4.3	12 802	426
262	10	16.14	22 349	4.3	11 937	398

(2)案例分析

建议:该产品属季节性产品,每年 4—7 月为旺季。从市场容量看,统计一级类目到五级类目出现的次数可以发现,一级类目出现的次数比较少,表明该产品在推广前期往大类目方向冲刺比较困难,而小类目出现的次数比较多,意味着该产品冲刺 BSR 小类前 100,相较于大类目而言,比较容易。BSR 前 10 名卖家的日均销量可达 592 单,表明此类目的产品销量一般。根据产品质量和尺寸,海运利润率: $ 7.27/ $ 25.99＝28%,投入产出比达到 1∶2;空运利润率: $ 5.7/ $ 25.99＝22%,投入产出比达到 1∶1.56。可见,海运和空运的利润都不错,此外,卖家精灵抓取的关键词中 t shirts for women 的搜索热度相对较高,但 Listing 数量比较多,供需比值低,类目中有大量亚马逊自营产品,竞争相当激烈。因国际文化差异,服装类产品还需考虑材质的选取,尺码问题以及设计图案、款式等。

4. 女士运动短裤(表6.84)

表6.84　athletic shorts for women(女士运动短裤)

产品信息	 尺寸:直裆27 cm,下裆18 cm,裤腿宽37.3 cm, 裤脚口宽33.8 cm　质量:0.36 kg	
市场容量	一级类目 Clothing, Shoes & Jewelry　出现0次	该产品前10名日均销量420单(1~10名),预期最终目标排名是小类前80名,日均30单
	二级类目 Women　出现2次	
	三级类目 Clothing　出现5次	
	四级类目 Active　出现23次	
	五级类目 Active Shorts　出现89次	
	六级类目　出现0次	
利润预估(海运20元/kg)	$30.99 卖价-$6.34 进价-$5.27 佣金(17%)-$1.14 头程-$3.59FBA-$6.2 推广(20%)-$1.21 退货(10%)=$7.24(¥45.7)净利	
	利润率:$6.34/$30.99=23.36% 前期投入:($6.34+$1.14+$6.2)×500=$6 840(¥43 160) 前期测评:20×(本金¥195+佣金¥70)=¥5 300 前期总计成本:¥43 160+¥5 300=¥48 910	
	采购成本卖价占比:$6.34/$30.99=20%(合理占比15%~25%) 投入产出比:$6.34/$7.24=1:1.14	
利润预估(空运50元/kg)	$30.99 卖价-$6.34 进价-$5.27 佣金(17%)-$2.85 头程-$3.59FBA-$6.2 推广(20%)-$1.21 退货(10%)=$5.36(¥33)净利	
	利润率:$5.36/$30.99=17.3% 前期投入:($6.34+$2.85+$6.2)×500=$7 695(¥48 555) 前期测评:20×(本金¥195+佣金¥70)=¥5 300 前期总计成本:¥48 555+¥5 300=¥53 855	
	采购成本卖价占比:$6.34/$30.99=20%(合理占比15%~25%) 投入产出比:$6.34/$5.36=1:0.84	

续表

竞争性	卖家精灵抓取　关键词 womens athletic shorts 搜索量 22 652,Listing 数 13 300,供需比值 1.7,点击集中度 10.0%(3.9%、3.8%、2.3%) 卖家精灵抓取　关键词 athletic shorts for women 搜索量 43 897,Listing 数 12 432,供需比值 3.5,点击集中度 10.4%(4.0%、3.4%、3.0%) 卖家精灵抓取　关键词 womens running shorts 搜索量 14 855,Listing 数 10 626,供需比值 1.4,点击集中度 12.7%(4.8%、4.1%、3.9%)		
产品特色	卖点: 1.优质面料; 2.款式简约大气; 3.适合运动; 4.宽松舒适,不会摩擦皮肤导致不适; 5.舒适透气		
风险性	无		
季节性			
总结	1.搜索量最高的关键词点击前三占比分别为 4%、3.4%、3%		
	2.利润率　空运:$ 5.36/ $ 30.99=17.3%;海运:$ 6.34/ $ 30.99=23.36%		
	3.产品热搜词:womens athletic shorts,athletic shorts for women,womens running shorts。数据显示,此类目关键词 athletic shorts for women 热搜度较高		
	4.卖点:①优质面料;②款式简约大气;③适合运动;④宽松舒适,不会摩擦皮肤导致不适;⑤舒适透气		
	5.总结:该产品每年 4—7 月为旺季,销量显著上涨,athletic shorts for women 的搜索热度高,产品数量极多,其中有大量的亚马逊自营产品,竞争非常激烈		
运营规划	一月推广,日均 10 单, 小类排名 3 000 ~ 2 000	二月推广,日均 20 单, 小类排名 2 000 ~ 500	三月推广,日均 25 单, 小类排名 Top 前 100 名

（1）亚马逊美国站 Top 前 10 卖家销量数据（表 6.85）

表 6.85　亚马逊美国站 Top 前 10 卖家销量数据

大类排名	小类排名	$ 售价	Review 数量	Rating 评分	月销量	日销量
13	1	9.59	116	4.2	5 541	185
134	2	9.88	2 012	4.4	15 904	530
154	3	6.99	26 418	4.6	19 279	642
159	4	19.19	527	4.0	3 665	122
160	5	21.99	11 017	4.5	10 958	365
218	6	20.99	43 785	4.4	12 551	418
237	7	12.95	15 171	4.4	12 568	419
266	8	32.99	17 287	4.5	576	20
267	9	17.99	11 637	4.3	16 295	543
296	10	19.99	2 986	4.1	7 591	253

（2）案例分析

建议：该产品属季节性产品，每年 4—7 月为旺季。从市场容量看，统计一级类目到五级类目出现的次数可以发现，一级类目出现的次数为零，表明该产品在推广前期往大类目方向冲刺比较困难，而小类目出现的次数比较多，意味着该产品冲刺 BSR 小类前 100，相较于大类目而言，比较容易。BSR 前 10 名卖家的日均销量可达 420 单，可见此类目的产品销量一般。根据产品质量和尺寸，海运利润率：$ 6.34/ $ 30.99＝23.36%，投入产出比达到 1∶1.14；空运利润率：$ 5.36/ $ 30.99＝17.3%，投入产出比达到 1∶0.84。可见，海运的利润还不错，如果走空运，则头程物流费昂贵，会导致亏本或资金周转不灵等问题，因此务必事先做好规划。此外，卖家精灵抓取的关键词中 athletic shorts for women 的搜索热度相对较高，但 Listing 数量比较多，供需比值低，类目中有大量亚马逊自营产品，竞争相当激烈。因国际文化差异，服装类产品还需考虑材质的选取，尺码问题以及设计图案、款式等。

5. 女式凉拖（表 6.86）

表 6.86　sandals women（女式凉拖）

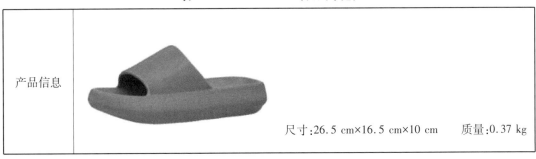

产品信息	
	尺寸:26.5 cm×16.5 cm×10 cm　　质量:0.37 kg

续表

市场容量	一级类目 Clothing,Shoes & Jewelry 出现 3 次	该产品前 10 名日均销量 282 单（1~10 名），预期最终目标排名是小类前 100 名，日均 30 单
	二级类目 Women 出现 8 次	
	三级类目 Shoes 出现 27 次	
	四级类目 Sandals 出现 43 次	
	五级类目 Slides 出现 94 次	
	六级类目 出现 0 次	

利润预估（海运 20 元/kg）	＄24.99 卖价－＄3.01 进价－＄3.75 佣金（15%）－＄1.17 头程－＄5.14FBA－＄5 推广（20%）－＄1.01 退货（10%）＝＄5.91（¥37.25）净利
	利润率：＄5.91/＄24.99＝23.65% 前期投入：（＄3.01+＄1.17+＄5）×500＝＄4 590（¥28 962） 前期测评：20×（本金¥157+佣金¥70）＝¥4 540 前期总计成本：¥28 962+¥4 680＝¥33 502
	采购成本卖价占比：＄3.01/＄24.99＝12%（合理占比 15%~25%） 投入产出比：＄3.01/＄5.91＝1：1.96

利润预估（空运 50 元/kg）	＄24.99 卖价－＄3.01 进价－＄3.75 佣金（15%）－＄2.93 头程－＄5.14FBA－＄5 推广（20%）－＄1.01 退货（10%）＝＄3.98（¥25.1）净利
	利润率：＄3.98/＄24.99＝15.9% 前期投入：（＄3.01+＄2.93+＄5）×500＝＄5 470（¥34 515） 前期测评：20×（本金¥157+佣金¥70）＝¥4 540 前期总计成本：¥34 515+¥4 680＝¥39 055
	采购成本卖价占比：＄3.01/＄24.99＝12%（合理占比 15%~25%） 投入产出比：＄3.01/＄3.98＝1：1.32

竞争性	卖家精灵抓取 关键词 slides women 搜索量 47 206，Listing 数 21 976，供需比值 2.2，点击集中度 25.5%（11.4%、7.6%、6.5%） 卖家精灵抓取 关键词 sandals women 搜索量 194 051，Listing 数 35 225，供需比值 5.5，点击集中度 15.6%（6.6%、5.1%、4.0%） 卖家精灵抓取 关键词 women's sandals 搜索量 94 541，Listing 数 30 418，供需比值 3.1，点击集中度 10.0%（4.3%、3.0%、2.6%）

产品特色	卖点： 1. 柔软防滑； 2. 柔软鞋面和鞋底，更舒适不伤脚； 3. 厚底鞋缓冲能力更好； 4. 特制防滑底，更安全； 5. 轻便，行走省力

风险性	无

季节性	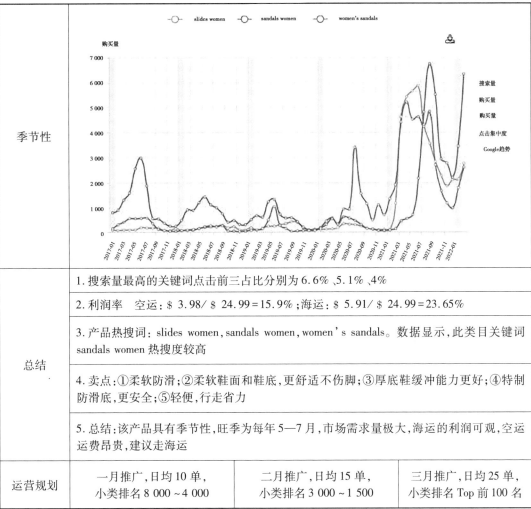
总结	1. 搜索量最高的关键词点击前三占比分别为 6.6% 、5.1% 、4% 2. 利润率　空运：$ 3.98/ $ 24.99 = 15.9% ;海运：$ 5.91/ $ 24.99 = 23.65% 3. 产品热搜词：slides women,sandals women,women's sandals。数据显示,此类目关键词 sandals women 热搜度较高 4. 卖点：①柔软防滑;②柔软鞋面和鞋底,更舒适不伤脚;③厚底鞋缓冲能力更好;④特制防滑底,更安全;⑤轻便,行走省力 5. 总结:该产品具有季节性,旺季为每年5—7月,市场需求量极大,海运的利润可观,空运运费昂贵,建议走海运
运营规划	一月推广,日均 10 单, 小类排名 8 000 ~ 4 000 ＊ 二月推广,日均 15 单, 小类排名 3 000 ~ 1 500 ＊ 三月推广,日均 25 单, 小类排名 Top 前 100 名

（1）亚马逊美国站 Top 前 10 卖家销量数据（表 6.87）

表 6.87　亚马逊美国站 Top 前 10 卖家销量数据

大类排名	小类排名	$ 售价	Review 数量	Rating 评分	月销量	日销量
77	1	24.99	49 744	4.6	15 053	502
107	2	24.99	5 850	4.5	20 143	671
109	3	37.95	35 264	4.6	7 300	343
133	4	24.99	39 244	4.5	14 478	483
207	5	18.99	46 715	4.2	14 761	491
822	6	21.00	5 807	4.3	6 697	223
1 390	7	11.89	956	4.2	4 232	141

续表

大类排名	小类排名	＄售价	Review 数量	Rating 评分	月销量	日销量
2 686	8	44.88	930	4.4	3 221	107
2 766	9	24.41	24 961	4.5	7 456	248
2 850	10	17.99	1	4.0	363	12

（2）案例分析

建议：该产品具有季节性，旺季为每年5—7月。从产品特性看：①柔软防滑；②柔软鞋面和鞋底，更舒适不伤脚；③厚底鞋缓冲能力更好；④特制防滑底，更安全；⑤轻便，行走省力。卖家在撰写卖点时要特别注意，产品卖点必须吸引消费者眼球。从市场容量看，统计一级类目到五级类目出现的次数可以发现，大类目出现的次数比较少，表明该产品在推广前期往大类目方向冲刺比较困难，而小类目出现的次数比较多，意味着该产品冲刺 BSR 小类前100，相较于大类目而言，比较容易。BSR 前10名卖家的日均销量可达282单，表明此类目的产品销量一般。根据产品质量和尺寸，海运利润率：＄5.91/＄24.99＝23.65%，投入产出比达到1∶1.96；空运利润率：＄3.98/＄24.99＝15.9%，投入产出比达到1∶1.32。可见，海运和空运的利润都很一般，比较重的产品，建议走海运。此外，卖家精灵抓取的关键词中 sandals women 的搜索热度相对较高，但 Listing 数量比较多，供需比值低，竞争相当激烈。因国际文化差异，鞋靴类产品还需考虑材质的选取，尺码问题设计图案、款式等，尽量满足海外用户的需求。

6. 女士项链（表6.88）

表6.88　necklaces for women（女士项链）

产品信息	尺寸：5 in×5 in×0.7 in　质量：0.1 kg		
市场容量	一级类目 Clothing，Shoes & Jewely　出现 1 次	该产品前 10 名日均销量 197 单（1～10 名），预期最终目标排名是小类 123 名，日均 30 单	
	二级类目 Women　出现 2 次		
	三级类目 Jewely　出现 29 次		
	四级类目 Necklaces　出现 93 次		
	五级类目　出现 0 次		
	六级类目　出现 0 次		
	七级类目　出现 0 次		

利润预估(海运 20 元/kg)	$ 11.99 卖价 – $ 1.16 进价 – $ 2.04 佣金(17%) – $ 0.34 头程 – $ 2.7FBA – $ 1.8 推广(15%) – $ 1.2 退货(10%) = $ 2.75(￥17.35)净利
	利润率: $ 2.75/ $ 11.99 = 22.93% 前期投入:($ 1.16+ $ 0.34+ $ 1.8)×500 = $ 1 650(￥10 411.5) 前期测评:20×(本金￥75+佣金￥70) = ￥2 900 前期总计成本:￥10 411.5+￥2 900 = ￥13 311.5
	采购成本卖价占比: $ 1.16/ $ 11.99 = 9.7%(合理占比 15% ~25%) 投入产出比: $ 1.16/ $ 2.75 = 1 : 2.37
利润预估(空运 50 元/kg)	$ 11.99 卖价 – $ 1.16 进价 – $ 2.04 佣金(17%) – $ 0.79 头程 – $ 2.7FBA – $ 1.8 推广(15%) – $ 1.2 退货(10%) = $ 2.3(￥14.5)净利
	利润率: $ 2.3/ $ 11.99 = 19.18% 前期投入:($ 1.16+ $ 0.79+ $ 1.8)×500 = $ 1 875(￥11 831.25) 前期测评:20×(本金￥75+佣金￥70) = ￥2 900 前期总计成本:￥11 831.25+￥2 900 = ￥14 731.25
	采购成本卖价占比: $ 1.16/ $ 11.99 = 9.7%(合理占比 15% ~25%) 投入产出比: $ 1.16/ $ 2.3 = 1 : 1.98
竞争性	卖家精灵抓取　关键词 necklaces for women 搜索量 615 993,Listing 数 58 870,供需比值 10.5,点击集中度 16.3%(5.7%、5.6%、5.0%) 卖家精灵抓取　关键词 gold necklaces for women 搜索量 195 353,Listing 数 1 044,供需比值 187,点击集中度 20.5%(9.4%、6.4%、4.7%) 卖家精灵抓取　关键词 gold necklace for women 搜索量 161 835,Listing 数 5 656,供需比值 28,点击集中度 11.1%(5.0%、3.1%、3.0%)
产品特色	卖点: 1. 完美的礼物; 2. 精致装饰; 3. 不含镍,不会发生过敏现象; 4. 不会褪色; 5. 多种款式
风险性	无
季节性	

续表

总结	1. 搜索量最高的关键词点击前三占比分别为8.1%、6.3%、5.9%
	2. 利润率:海运: $ 2.75/ $ 11.99＝22.93%;空运: $ 2.3/ $ 11.99＝19.18%
	3. 产品热搜词:necklaces for women,gold necklaces for women,gold necklace for women。数据显示,此类目关键词 gold necklaces for women 热搜度较高
	4. 卖点:①完美的礼物;②精致装饰;③不含镍,不会发生过敏现象;④不会褪色;⑤多种款式
	5. 总结:该产品受季节性影响大,销售旺季为下半年
运营规划	一月推广,日均5单,小类排名1 500~900　　二月推广,日均15单,小类排名800~500　　三月推广,日均25单,小类排名Top前100名

（1）亚马逊美国站 Top 前 10 卖家销量数据（表6.89）

表6.89　亚马逊美国站 Top 前 10 卖家销量数据

大类排名	小类排名	售价	Review 数量	Rating 评分	月销量	日销量
230	1	14.99	23 850	4.6	14 674	489
885	2	13.99	14 577	4.5	8 869	296
1 830	3	11.03	8 266	4.5	5 000	167
3 603	4	12.99	11 902	4.4	4 519	151
3 954	5	9.98	8 991	4.2	4 178	140
4 164	6	8.99	3 147	4.5	3 834	128
5 004	7	9.99	5 268	4.4	2 690	90
6 737	8	12.99	7 963	4.6	3 371	113
6 906	9	10.99	276	4.6	2 404	80
7 427	10	12.90	548	4.5	876	30

（2）案例分析

建议:该产品具有季节性,下半年为热卖季。从产品特性看:①完美的礼物;②精致装饰;③不含镍,不会发生过敏现象;④不会褪色;⑤多种款式。这类产品深受女性消费者的青睐,卖家在撰写卖点时要特别注意,产品卖点必须吸引消费者眼球。从市场容量看,统计一级类目到五级类目出现的次数可以发现,四级类目出现的次数比较多,大类目出现的次数比较少,表明该产品在推广前期往大类目方向冲刺比较困难,而小类目出现的次数比较多,意味着该产品冲刺 BSR 小类前100,相较于大类目而言,比较容易。BSR 前10名卖家的日均销量可达197单,表明此类目的产品销量一般。根据产品质量和尺寸,海运利润率: $ 2.75/ $ 11.99＝22.93%,投入产出比达到1:2.37;空运利润率: $ 2.3/ $ 11.99＝19.18%,投入产出比达到 1∶1.98。可见,海运和空运的利润都比较低,低利润产品。一般靠积累单量来获取利润。此外,卖家精灵抓取的关键词中,gold necklaces for women 的搜索热度相对较高,Listing 数量一般,供需比值还不错,该词可以作为主打关键词。

第十一节 食品类

食品类饼干(表6.90)

表 6.90　chips(饼干)

<table>
<tr>
<td rowspan="2">产品信息</td>
<td colspan="2"></td>
</tr>
<tr>
<td colspan="2">尺寸:11.81 in×7.28 in×2.64 in　　质量:0.18 kg</td>
</tr>
<tr>
<td rowspan="6">市场容量</td>
<td>一级类目 Grocery & Gourmet Food　出现 1 次</td>
<td rowspan="6">该产品前 10 名日均销量 84 单(1~10 名),预期最终目标排名是小类 30 名,日均 20 单</td>
</tr>
<tr>
<td>二级类目 Snack Foods　出现 1 次</td>
</tr>
<tr>
<td>三级类目 Chips & Crisps　出现 10 次</td>
</tr>
<tr>
<td>四级类目　出现 0 次</td>
</tr>
<tr>
<td>五级类目　出现 0 次</td>
</tr>
<tr>
<td>六级类目　出现 0 次</td>
</tr>
<tr>
<td rowspan="3">利润预估(海运20 元/kg)</td>
<td colspan="2">$ 13.99 卖价 - $ 1.08 进价 - $ 1.12 佣金(8%) - $ 0.56 头程 - $ 3.64FBA - $ 1.4 推广(10%) - $ 0.28 退货(2%) = $ 5.91(¥38)净利</td>
</tr>
<tr>
<td colspan="2">利润率: $ 5.91/ $ 13.99 = 42.24%
前期投入:($ 1.08 + $ 0.56 + $ 1.4)×500 = $ 1 520(¥9 591.2)
前期测评:20×(本金¥88+佣金¥70) = ¥3 160
前期总计成本:¥9 591.2 + ¥3 160 = ¥12 751.2</td>
</tr>
<tr>
<td colspan="2">采购成本卖价占比: $ 1.08/ $ 13.99 = 7.7%(合理占比 15%~25%)
投入产出比: $ 1.08/ $ 5.91 = 1∶5.47</td>
</tr>
<tr>
<td rowspan="3">利润预估(空运50 元/kg)</td>
<td colspan="2">$ 13.99 卖价 - $ 1.08 进价 - $ 1.12 佣金(8%) - $ 1.43 头程 - $ 3.64FBA - $ 1.4 推广(10%) - $ 0.28 退货(2%) = $ 5.04(¥31.8)净利</td>
</tr>
<tr>
<td colspan="2">利润率: $ 5.04/ $ 13.99 = 36%
前期投入:($ 1.08 + $ 1.43 + $ 1.4)×500 = $ 1 955(¥12 336.05)
前期测评:20×(本金¥88+佣金¥70) = ¥3 160
前期总计成本:¥12 336.05 + ¥3 160 = ¥15 496.05</td>
</tr>
<tr>
<td colspan="2">采购成本卖价占比: $ 1.08/ $ 13.99 = 7.7%(合理占比 15%~25%)
投入产出比: $ 1.08/ $ 5.04 = 1∶4.67</td>
</tr>
</table>

续表

竞争性	卖家精灵抓取　关键词 chips 搜索量 1 036 791,Listing 数 4 000,供需比值 259,点击集中度 9.5%(4.5% 、2.9% 、2.1%) 卖家精灵抓取　关键词 tortilla chips 搜索量 260 613,Listing 数 195,供需比值 1 336,点击集中度 18.2%(7.0% 、5.9% 、5.3%) 卖家精灵抓取　关键词 chips variety pack 搜索量 193 362,Listing 数 875,供需比值 221,点击集中度 23.8%(11.9% 、6.8% 、5.1%)
产品特色	卖点: 1.7 种蔬菜成分,营养均衡; 2. 精心选材,制作工艺严格; 3. 独立小包装,方便取食; 4. 轻盈薄脆,口感好; 5. 可代餐,可做休闲零食
风险性	无
季节性	

总结	1.搜索量最高的关键词点击前三占比分别为 4.5% 、2.9% 、2.1%
	2.利润率　空运:＄5.04/＄13.99=36%;海运:＄5.91/＄13.99=42.24%
	3.产品热搜词:chips,tortilla chips,chips variety pack。数据显示,此类目关键词 chips 热搜度较高
	4.卖点:①7 种蔬菜成分,营养均衡;②精心选材,制作工艺严格;③独立小包装,方便取食;④轻盈薄脆,口感好;⑤可代餐,可做休闲零食
	5. 总结:该产品无明显季节性,但近期销量下滑趋势明显。Tortilla Chips & Crisps 类目 BSR 下仅前 50 名销量较好,且大部分产品都有一定的忠实买家。该类目下大部分产品上架时间较早

运营规划	一月推广,日均 10 单, 小类排名 3 000 ~ 2 000	二月推广,日均 20 单, 小类排名 2 000 ~ 500	三月推广,日均 25 单, 小类排名 Top 前 100 名

（1）亚马逊美国站 Top 前 10 卖家销量数据（表6.91）

表6.91　亚马逊美国站 Top 前 10 卖家销量数据

大类排名	小类排名	售价	Review 数量	Rating 评分	月销量	日销量
75	1	13.58	32 719	4.5	13 350	445
153	2	21.99	8 110	4.1	10 446	349
760	3	10.98	2 377	4.6	4 075	136
936	4	19.99	12 836	4.4	4 079	137
1 011	5	19.98	3 377	4.6	4 046	135
1 617	6	10.98	2 221	4.5	3 396	114
2 002	7	8.7	4 144	4.6	2 669	89
2 610	8	16.69	4 557	4.4	2 898	97
3 637	9	34.88	1 498	4.7	1 406	47
3 784	10	10.02	518	4.7	1 963	66

（2）案例分析

建议：该产品无明显季节性。从产品特性看：①7 种蔬菜成分，营养均衡；②精心选材，制作工艺严格；③独立小包装，方便取食；④轻盈薄脆，口感好；⑤可代餐，可做休闲零食。卖家在撰写卖点时要特别注意，产品卖点必须吸引消费者眼球。从市场容量看，统计一级类目到五级类目出现的次数可以发现，一级类目出现的次数比较少，表明该产品在推广前期往大类目方向冲刺比较困难，而小类目出现的次数比较多，意味着该产品冲刺 BSR 小类前 100，相较于大类目而言，比较容易。BSR 前 10 名卖家的日均销量可达 84 单，表明此类目的产品市场容量并不大。根据产品质量和尺寸，海运利润率：$ 5.91/ $ 13.99＝42.24%，投入产出比达到 1∶5.47；空运利润率：$ 5.04/ $ 13.99＝36%，投入产出比达到 1∶4.67。可见，头程物流成本不算昂贵，海运和空运的利润都一般。此外，卖家精灵抓取的关键词中，chips 搜索热度相对较高，Listing 数量比较多，供需比值适中，有竞争但竞争压力不大，可以选择该词作为主打关键词。特别提示：食品类产品在亚马逊平台上必须提供经认证的 FDA 证书方可售卖。

【启迪】

本章详细列举了亚马逊平台美国站多个产品类目的选品案例，卖家可以从这些案例出发逐一解析每一个数据维度，从而得出案例的最终选品结果，以便熟悉选品技巧。

复习思考题

结合上述多个案例，请从亚马逊平台选出一款产品进行数据调研并撰写调研报告。

第七章
跨境电商亚马逊平台选品的发展趋势与市场展望

第一节 跨境电商亚马逊平台未来的发展趋势

跨境电商行业是一种新型贸易方式和新型业态,它具有广阔的市场发展空间和良好的发展前景。随着信息技术和经济全球化的进一步发展,跨境电商在国际贸易中的影响力和重要作用日渐凸显,已发展成为中国国际贸易的重要方式之一。跨境电商的发展有助于降低经济成本、推动全球贸易便利化,有助于加快国内外商品的流动,有助于创造更加良好的营商环境、推动经济健康稳定发展。我国政府也非常重视跨境电商的发展,目前,已分5批先后设立了105个跨境电商综合试验区。

具体而言,中国的跨境电子商务进口持续增长,涌现了一大批活跃的进口 B2C 电商平台,"海淘"、海外代购等购物方式盛行,化妆品、护肤品、奢侈品、新潮服装、电子消费品、食品和保健品等进口量增速强劲,同时伴随着我国世界工厂影响力的不断提升,跨境电商的出口占比远高于进口占比,特别是以出口为主导的外贸 B2C、B2B 平台。随着国内跨境电商政策、制度、环境的不断完善,跨境电商将深度利用中国制造的品牌优势,推动"中国制造"加速向"国内营销"和"中国创造"转变。

1.公开化、清晰化将是大势所趋

因历史原因和体系建设不健全,我国海关对邮包的综合抽查率较低,无法对各个邮包开展拆包查验货值和商品种类,大批的海淘快件邮包事实上并不征税,直接造成国内跨境电商不符合进口条件的商品利用政策漏洞进行灰色通关的情况。

随着跨境电商的迅猛发展,开正门、堵偏门,将灰色清关物品纳入法定监管的必要性迫在眉睫。另外,跨境电商公开化不仅有利于保障正品销售、降低运输成本、健全售后制度,而

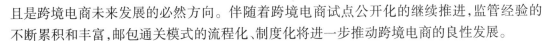

且是跨境电商未来发展的必然方向。伴随着跨境电商试点公开化的继续推进,监管经验的不断积累和丰富,邮包通关模式的流程化、制度化将进一步推动跨境电商的良性发展。

2."自营+平台"双重结合是未来主流

保障正品、有价格优势、货运物流体验好、售后制度健全将是跨境电商的核心竞争力。跨境电商平台类公司的竞争优势主要体现在产品丰富等方面,其本身并不参与交易,只是为平台上的交易双方创造商谈机会;而自营类公司需要先行采购海外商品,对公司的资金实力和选品水平都提出了更高要求,其竞争优势主要体现在正品保障、售后服务响应快捷等方面,对母婴用品、3C、服饰等规范化、便于运输的重点消费产品,如果自营类公司能精准地把握市场热点,完全可以在市场细分中形成较强的竞争优势。虽然跨境电商的发展面临通关、跨国货运物流、交易安全、跨境支付等一连串挑战,但"自营+平台"相结合的跨境电商具有产品丰富、正品保障等优点,是跨境电商未来发展的主流方向。

3.B2C 策略将迅速发展

近年来,中国跨境网络零售发展迅猛。以兰亭集势、唯品会等为代表的电商企业建立了独立的 B2C 网站;大批外贸公司借助阿里巴巴全球速卖通等第三方电商平台开展零售业务,大量出口服装、饰品、小家电、数码产品等日用消费品,并完成网上交易。此外,"海淘"等跨境电子商务进口策略经数年来的摸索与调整,终于稳定下来。规范了市场,激励着参与者们认真经营。

4.保税策略释放潜力

保税策略是卖家利用统计分析,将可能畅销的商品利用海运等物流形式提前进口到保税区,国内消费者利用网络下单后,卖家直接从保税区发货,类似于 B2B 和 B2C。相较于散、小、慢的国际直邮形式,保税策略可以利用集中进口、采用海运等物流形式,减少物流成本。另外,卖家从保税区发货的物流速度较快,与国内网购几乎没有差别,减少买家待收货时间,进而获得更好的购物体验。从监督角度看,保税策略有助于提高税收监督的便利性。尽管保税策略对卖家的资金实力提出了更高要求,但目前看来,保税策略是最适合跨境电商发展的集货策略,也是国内电商平台的首选策略。此外,利用保税策略进入仓库的货物能以个人物品名义清关,无须缴纳传统进口贸易17%的增值税,可能会对传统进口贸易产生影响,监督机构已在探索堵漏的监管新政。跨境电商发展前景一片大好,将会吸引越来越多的新卖家涌入这一市场。谁能更早地进入跨境电商行业,谁能更好地布局跨境电商版图,谁能抢占更多的市场,谁就能在这场竞争中获得更多的优势。2019—2024 年,预估全球跨境电商增幅将达14%,远高于全球零售3.8%的预估增幅。2020 年中国出口跨境电商占消费品出口的比例超过50%;2021 年上半年,中国出口跨境电商贸易额同比增长44.1%。跨境电商已从外贸发展的新业态成长为新常态,成为稳外贸的中坚力量。截至 2020 年,全国已先后设立了 105 个跨境电商综合试验区。同时,政府还陆续出台了一系列扶持跨境电商的利好政策,多方面多举措支持跨境电商高水平发展。在全球跨境电商高速发展和国家政策大力支持的双重助攻下,中国卖家带领中国制造强势走向世界。新冠肺炎疫情在海外的肆虐导致海外市场需求下降,2020 年外贸进出口低迷,直至第三季度才实现由负转正。反观跨境电商,其进出口却一直保持逆增长态势,海关监管平台数据显示,2020年前三季度跨境电商进出口贸易额高达1 873.9亿元,远超2019年全年,放量增长了52.8%,简直成了外贸进出口回稳的压舱石。

跨境电商东南亚市场快速崛起。目前,尽管欧美仍是跨境电商的主战场,但东盟已经成为我国最大的贸易伙伴,近四成的受访企业表示已经进入东南亚市场,超过日韩和俄罗斯。另外,进入非洲、拉美、中东等市场的企业均不足20%,未来这些市场将有极大的拓展空间。2019年,我国与"一带一路"沿线国家的进出口总值达到9.27万亿元,增长10.8%,高出外贸整体增速7.4%。中国跨境电商企业除入驻大型B2C平台外,独立站正在兴起。中国跨境电商企业在亚马逊、阿里巴巴国际站和速卖通的入驻率名列前三,面向东南亚市场的Shopee、Lazada平台也成为中国跨境电商企业"出海"的重要选择。此外,入驻Newegg新蛋等海外国家本地平台的跨境电商企业占14.4%。可见,中国跨境电商企业正在深度融入全球市场。2013年以后,跨境B2C市场的平台型电商强势崛起,eBay、亚马逊、速卖通、Wish等第三方电商平台逐步成为主流。跨境电商已经进入立体化渠道布局阶段,25%的企业已开设独立站,新冠肺炎疫情进一步推动了另外25%的企业考虑筹建独立站。独立站的兴起,一是因为第三方平台运营成本增加、头部效应越来越明显,且经常出现罚款或封号等问题,迫使一部分中小卖家开始向独立站迁移;二是独立站建站工具开始普及,除Shopify、Bigcommerce等海外服务商大力开展中国业务外,我国本土的独立站服务商也在崛起,这势必会降低独立站的建站门槛。处于正常经营状态的卖家,在第三方平台的业务达到一定程度后,当然希望开拓更好的渠道,实现多渠道运营,独立站似乎成了不二选项,也成为卖家向品牌化转型的一个重要手段。跨境电商瞄准个人和家庭消费,经营的商品以个人、家庭消费品为主,其中经营家居家具、服装鞋帽、数码3C类目产品的商家占比均超过40%,成为跨境电商的核心类目。

政策助力,发展前景广阔。2020年6月,海关总署发布《关于开展跨境电子商务企业对企业出口监管试点的公告》,增设"跨境电子商务企业对企业直接出口-9710""跨境电子商务出口海外仓-9810"代码。受新冠肺炎疫情的影响,发展跨境电商要做好"六稳"工作、落实"六保"任务的重要举措。2020年上半年,利好政策连续出台,明确了国家对跨境电商一贯的支持态度。数据显示,2010年以来,我国跨境电商行业的交易规模几乎保持了20%以上的年均复合增速。2019年,中国电子商务研究中心的统计数据显示,我国跨境电商交易规模达10.5亿元,同比增长16.7%。根据中国企业的"出海"基本面以及国外对我国零售商品的依赖度,初步估计,未来6年我国跨境电商仍将保持12%的年均复合增速,到2026年交易规模将达26万亿元左右。

自2020年以来,新冠肺炎疫情影响波及全球进出口,中国凭借自身疫情防控取得的优势,发力对外贸易且获得显著成效。其中,跨境电商凭借自身受疫情波及小的特点,广受政策和市场青睐,发展势头尤其迅猛。如今,越来越多的传统外贸企业乃至个人均对投身跨境电商行业满怀热情,期待尽早入场抢占先机。行业专家也认为,在跨境电商广受政策支持和迎来大好前景的形势下,会有越来越多的新卖家涌入,"越早布局抢占先机,就越能在激烈竞争中获得发展优势。"

5.顺应发展趋势投身跨境电商

天津人李某因新冠肺炎疫情还在全球蔓延,看准了国家支持跨境电商的一系列利好政策,投身海外平台开店,成为国际卖家。凭借深耕国内电商市场十年来攒下的丰富资源和经验,也使其经营的跨境电商生意顺风顺水。李某告诉记者,他在国内两大电商平台都开了网店,主营服装和百货,后来因为商品同质化严重,又没有独家代理货源,只好选择关停。"电商一直是副业,但2020年因疫情原因,工作单位效益不好就停业了。后经朋友介绍和引路,就全职做起了跨境电商。"李某向记者简述了他开设跨境电商网店的经历。2020年4月,国家新设立46个综合试验区,加上已经批准的59个,全国共有105个综合试验区,覆盖了30个省(自治区、直辖市),有着先行先试、跨境电商零售出口税收、零售进口监管等政策上的支持。"顺着国家鼓励的方向做事,肯定不会错。"李某觉得,自己算是顺应国家政策较早进场的,大概率会率先享受到政策红利。

由于是个人进入跨境电商行业,不同于传统外贸企业,一切都是从零开始。李某说:"我直接去工商部门咨询想做跨境电商,在海外平台卖中国货,工作人员就告诉我需要准备哪些材料。"后来,顺利办完营业执照的李某,又去银行办理了双币信用卡,凭借身份信息和手机号直接在海外平台开起了店,成为个人卖家。

"2020年4月底,我顺利在海外平台开店。当时未开通FBA(即通过海外平台的专业买家,享受平台的售后和仓储、物流服务),每月要支付平台40美元。我只是个人卖家,有了订单再采购发运国际物流。"李某说,前期一直处于不瘟不火的状态,每月仅五六单,后来终于找到了对路的货品——女包和假发。李某告诉记者,这些商品都是国内平台大热的货品,货源丰富且物美价廉,但在海外平台,搜索相关商品,内容并不多,且买家评分普遍不高。先后尝试了十余种货源,终于让他找到了商品质量和利润都满意的货品。"现在出货量大,海外售后需求也提升了,现正在物色合适的海外仓,一是基于发展的需要,二是也能因海外仓实现出口退税。"李某说,海外平台的个人卖家本身并不具备出口退税企业资格,但因每批出口的订单量很大,使用FBA、海外仓服务的卖家,可以比照传统外贸出口的方式处理,以一般贸易形式清关。

实际上,为了应对越来越多的海外销售需求、鼓励跨境电商发展,2021年7月21日召开的国务院常务会议就确定了进一步深化跨境贸易便利化改革、优化口岸营商环境的措施。其中,提出要支持海外仓建设,完善跨境电商出口退税政策。"只要顺应了国家的政策风向,即便是进入新的行业发展,也会在遇到问题时获得政策支持和解决。"李某认为,未来的跨境电商发展会越来越好。2020年以来,跨境电商已成为中国稳外贸的重要支撑。海关总署发布的数据显示,2020年,中国跨境电商进出口交易规模达1.69万亿元,同比增长31.1%,远远高于同期外贸1.9%的增速。其中,出口增长40.1%,增速大约是同期出口整体增速的10倍。正是这样的数据,支撑起行业的信心,也让越来越多的传统外贸企业开始发力跨境电商,跃跃欲试掘金海外市场。

周某是佛山一家玩具厂的销售部负责人。自2021年6月以来,他就着手筹备8月份将在广州召开的"2021中国跨境电商交易会(秋季)"。作为参展企业货品监督者,周某首次担当重任——通过交易会让自家品牌在海外平台建立B2C渠道,闯出一片天地。"以往我们的玩具大都是贴牌生产,只是加工贸易,利润微薄。现在跨境电商给了我们机会,直接用新品牌销售海外,利润会比以往增长更多更快。"周某说,通过展会,希望能有更多的国内跨境电商同行认可他们的产品,愿意合作,共同扩大海外市场的规模效应。在周某看来,随着国家政策的鼓励和支持,且市场更趋细分,今后将有更多的传统外贸企业,尤其是生产端的加工贸易企业加入跨境电商,创造更多利润,共同掘金海外市场。

如今,依托创新技术加持的跨境电商,正在成为我国外贸增量的重要一环,深受政策和市场的双重青睐。中国人民大学商学院贸易经济系主任王晓东在接受记者采访时表示,在技术、政策的支持和助推下,外贸业态模式的创新发展一定会激发外贸的增长空间。对于国内各种类型的企业而言,出口外贸的优惠条件伴随着内外贸合一,两者之间的界限会逐渐淡化。未来,在新发展格局下,跨境电商会成为国内各行各业寻求海外市场的新出口,因此,越早布局抢占优势地位,越能在激烈的竞争中获得发展优势。

跨境电商作为一种新兴的贸易方式,为我国经济发展和外贸增长提供了新动能,促进了外贸转型升级并助推国际贸易自由化和便利化,有效地推动了全球贸易发展,缓解了经济下行压力,在全球经济大盘中发挥着越来越重要的作用。特别是2020年以来,全球肆虐的新冠肺炎疫情冲击着当前的贸易体系,在全球贸易产业链受到严重破坏,不同国家之间进出口贸易面临重重障碍的情况下,跨境电商有效地弥补了全球贸易的短板,在一定程度上保障了全球供应的稳定性。

近年来,我国跨境进口电商政策支持力度持续加大,进口商品种类与试点城市范围不断扩容,商品交易环境友好度进一步提升。这将加速海外消费回流,进一步拓展国内跨境电商的发展空间。

国家有关部门多次下发关于扩大跨境电商零售进口试点、严格落实监管要求的通知,体现了国家层面对跨境电商新业态的支持。同时,面对新时代人们消费观念的巨大变化,国内市场已无法满足人们日益增长的美好生活需要,越来越多的消费者通过海淘满足自己的购物需求。面对如此巨大的消费市场及消费人群,跨境进口电商简直是集"天时、地利、人和"于一体,有望驶入新一轮发展快车道。2021年,中国跨境电商零售进出口总额继续走高。iiMedia Research(艾媒咨询)数据显示,2021年近四成受访者表示自身购买力有所增强,65.3%的受访者认为自己使用跨境电商平台的频率有所增加。

(1)2021年中国跨境电商平台市场占比

iiMedia Research数据显示,2021年中国跨境电商的两大平台——天猫国际与考拉海淘,市场占比分别为26.7%和22.4%,而京东国际、苏宁国际及唯品国际等市场占比均在10%以上。

(2)中国跨境电商零售出口国家/地区分析

数据显示,2020年8月至2021年7月,中国出口至海外的包裹TOP5国家/地区主要为欧美发达国家。其中,中国发往美国的包裹数量最多,占比高达35.2%,英国(6.4%)和法国(5.6%)分列第二、三位。

(3)2021年中国跨境电商现状

数据显示,2021年第一季度,中国货物进出口量与2020年同期相比都有较大涨幅。跨境电商是国际贸易未来发展的一大趋势，是中国对外开放战略落地的重要支撑，也是助推产业升级、品牌升级的重要抓手。随着"国内国际双循环新发展格局"的实施，以及区域全面经济伙伴关系协定（Regional Comprehensive Economic Partnership，RCEP）的推进，跨境电商行业前景广阔。

（4）2021年中国跨境电商发展趋势

东欧新兴市场的崛起。随着中俄两国跨境电商的高速发展，以及速卖通平台的强势介入，俄罗斯作为东欧最大且最具跨境电商市场价值的国家，开始逐渐成为中国跨境电商卖家的"蓝海市场"，同时也带来了新的机遇与新的挑战。

6. 亚马逊卖家洗牌日趋加剧

跨境电商有两个重要特征：一是亚马逊；二是流量红利。也就是说，在亚马逊高速发展的近十年时间里，大部分卖家抓住中国强大的供应链成本优势，利用亚马逊的流量红利实现了发家致富。随着亚马逊流量红利的逐渐消失，会有许多卖家被迫离场。但是，未来5年，甚至更长时间，亚马逊平台依然是中国卖家最大的跨境电商销售渠道。

随着越来越多竞争者的涌入，亚马逊卖家之间的竞争将非常激烈。整个亚马逊平台将会形成"良币驱逐劣币"的态势，拥有"硬功夫"的卖家将胜出。这个"硬功夫"包含以下4个重要因素：一是有品牌质感、性价比高的产品；二是高效及强大的供应链能力；三是深度理解平台规则且掌握运营规律的运营人才；四是拥有强大的内部组织能力和管理能力。

此外，亚马逊卖家会大量溢出。一是被洗牌出局的卖家，必然会寻找新市场、新流量，多渠道销售；二是留在亚马逊平台有持续竞争力的卖家，也会加快新市场、新流量的布局，以期摆脱单一渠道的风险，同时加快品牌化转型，布局全网的品牌运营。

7. 独立站站群模式日渐式微

2020年，独立站站群模式大量涌现，一些做出"货不对板"及"不发货"等行为的卖家掺杂其中，导致中国独立站卖家群体给海外消费者留下了非常不好的印象。海外流量平台正在以前所未有的谨慎态度面对中国独立站卖家。

与亚马逊封号事件相呼应，2021年，Facebook、Google、PayPal、Shopify等海外独立站开始快速地收紧政策，大力整治不良卖家。2021年第二季度，大量站群卖家开始批量关闭站点，转型更精细化的DTC品牌站模式，这一趋势在2022年将继续放大。这意味着整个独立站站群土壤的流失。建议还在做不合规站群模式的卖家，尽早转型做精品化的垂直站或者DTC品牌站，因为独立站"赚快钱"时代已经结束。

8. 亚洲市场将备受卖家青睐

受新冠肺炎疫情等多重因素的影响，全球陷入了供应链紊乱局面。在此背景下，海运时效及不确定性极大地影响了卖家的生意，这种局面可能会持续相当长一段时间。

调研发现，越来越多主打欧美市场的卖家，开始加快布局日韩及东南亚市场。毗邻中国的日本、韩国及东南亚，由于地缘关系，在物流时效、物流费用上相较于欧美市场有很大的优势。尤其是日韩市场，已经有越来越多的卖家布局。原因如下：一是市场规模足够大，日本、韩国是全球第四、第五大电商市场；二是距离中国近，备货风险比欧美市场小得多；三是市场成熟,电商渗透率非常高,而且市场消费能力比较强,容易产生利润。

9. 中国品牌"出海"军团将形成"雁型"战阵

目前,品牌"出海"阵营正在形成几股强大势力:一是国内品牌的"出海",由于国内市场天花板已经出现,大量国内品牌在2021年开始加快"出海"步伐;二是跨境电商原生卖家,尤其是一些大卖家,开始转变纯卖货思维,陆续启动海外品牌战略;三是不少传统外贸企业,也在加快进入这个赛道,通过跨境电商方式布局海外品牌。此外,还有不少来自各个领域的高端人才开始联合资本圈进军品牌"出海",逐步形成品牌"出海"的第四股势力。

可以预见,中国品牌"出海"大军还会持续扩容。在这几股势力中,众多资本雄厚的国内实力品牌继续高举高打,他们将会成为中国品牌"出海"的主力军;跨境电商原生大卖家将会成为品牌"出海"的第二梯队;传统外贸企业也在持续进场,将会形成品牌"出海"的第三梯队。最后是"裹挟"资本入场的新"出海"企业,由于他们掌握了先进的管理经验,加上资本的加持,将会成为一支"骑兵"。这支"骑兵"数量不多,但属于精兵良将。

10. 全球政治局势影响全球供应链

2021年至今,令跨境电商卖家最头痛的物流问题,就是空运成本上涨、航班次数较少、海运船期也少、有的港口码头拥堵。而俄罗斯与乌克兰开战后,物流问题可能进一步恶化。乌克兰位于欧亚大草原的最西端,被称为"欧洲之门",是亚洲通往欧洲的门户。战争爆发后,交战区交通管制、车辆核查、物流停运,这条东欧的交通大动脉,被直接切断。乌克兰空域是亚欧大陆最为重要的空中通道。例如,从中国华东出发飞往欧洲,一条线是"北飞":穿过俄罗斯,进入乌克兰抵达欧洲,里程和时间都相对较少,是我国民航的首选航线;另一条线是"南飞",经中东飞往欧洲,但大多航线都要在中东中转经停。对航运业来说,飞行绕道效率低是其次,俄乌交战带来最直接、最重要的影响是全球燃油成本上涨。燃油是航空公司的最大成本支出,多家上市航空公司财报披露的亏损原因之一,就是油价等刚性成本的攀升。俄乌冲突对跨境卖家造成的最直接影响就是物流可能停发、时效延长、费用增加,接踵而来的就是加大退货退款率以及最直接的货损等。由此可见,俄乌冲突不单单影响东欧局部的发展态势,甚至辐射全球的物流链。

跨境电商收款是跨境卖家最重要的一环,无论是以卢布还是以美元为结算单位的平台,俄乌冲突已经造成的汇率汇损、通货膨胀是不可估量的。2022年2月24日——俄乌开战日,历史将铭记这一天。也被北约秘书长斯托尔滕贝格定义为"几十年来欧洲面临的最严峻的安全危机。"不言而喻,俄罗斯与乌克兰双方会因战争损耗而衰落,以及面临外贸结算、汇率波动带来的额外风险。在经济全球化时代,战争的影响就像核辐射,破坏力会层层传导到各行各业、各个角落,直至与我们每个人的命运紧密相关。战争爆发,直接影响当地居民的消费购买水平,对全球经济的影响也非常大,从股市到大宗商品再到通货膨胀。一些刚需产品和利基市场的产品除外的普货类商品的销量可能在此期间远远低于正常水平。石油价格暴涨、通货膨胀等原因造成的消费总体和消费个体量均减少,接踵而至的就是需求被降低,这样势必会对俄罗斯电商交易平台总量产生影响,人们的消费购买水平下降是必然的。国内跨境电商卖家接触得最多的俄罗斯平台就是OZON和JOOM。目前,这两个平台的结算都是以卢布通过第三方收款派安盈、Pingpong来提现。俄乌冲突下的世界局势也随之发生变化,势必会造成订单量的急剧下滑。相较于小商品交易,此时大家更加关注大宗商品如黄金、白银、石油等的价格变化。这就好比我们在逛某一个商场时,突然有两个人在打架,那么整个商场的目光就聚焦在打架的两个人身上,整个商场的人流量不变,而聚焦点发生了偏移。类似地,我们将会从后台数据以及订单量上得到验证。跨境电商卖家务必在尽量短的时间内将交易形成闭环,否则,供应链的物流或收款环节受到战争影响会导致物流时效延长、成本加大、利润进一步被压缩。俄乌冲突白热化,资本会更趋向于寻找稳定地区避险,首选是美国,这也是美国热衷于"拱火"俄乌问题的原因之一,借势吸一波欧洲盟友的"血"。

11."电商+直播"模式前景向好

"电商+直播"模式在国内似乎已经成为各大品牌电商的标配,然而对于跨境电商来说,这还是一个待开发、潜力无限的商业领域,直播电商已然成为不可阻挡的全球化趋势。因此,可以大胆预测,不远的将来,"电商+直播"模式必将成为跨境电商的主流发展方向。

第二节　跨境电商亚马逊平台拥有十分广阔的市场前景

随着经济全球化的发展,跨境电商交易越来越频繁,互联网的普及使得消费者不用出家门就可以购买到自己需要的产品,同时越来越多的中小企业在互联网领域开展跨境电商业务,这不仅有利于世界级企业的诞生,而且还促进了我国整个跨境电商行业的结构调整和提档升级。

1.树立品牌形象,打造品牌知名度

所有制造商以及供应商的最终目标都是一个:打造品牌。但是,打造品牌并不是一件容易的事。品牌是基于企业文化与买家之间的长期沟通,依靠跨境电商行业的发展,紧紧抓住品牌建设的机遇。品牌化加快了中国产品迈向全世界的步伐。

2.自主建立站点,开拓消费渠道

自2018年开始,跨境电商企业纷纷开始建立自己的独立站点,通过独立站点向消费者出售产品或服务。独立建站的原因主要是亚马逊平台卖家数量众多,竞争异常激烈,卖家急需开辟新的销售渠道。

3.跨境电商行业快速增长

在经济全球化以及跨境电商快速发展的大趋势下,全球跨境电商购买力需求在不断上升。大数据、云计算的发展,大大地提升了跨境电商行业效率,为国内跨境电商行业迎来了新的发展机遇。

4.国家的政策支持力度不断增强

顺应跨境电商的发展趋势,国家对跨境电商的扶持力度也在不断增强。国务院各部委密集发布了一系列政策文件,积极引导跨境电商的规范发展,同时也拉开了跨境电商规范化管理的大幕。未来,中央及地方政府将持续出台扶持、规范跨境电商行业发展的利好政策。

5. 跨境电商出口规模不断加大

目前,我国跨境电商以出口为主,出口规模的不断扩大顺应了海外购的趋势,体现了海外买家对中国制造的认可,预计未来发展空间巨大。

6. 跨境电商的"痛点"将成为未来发展的商机

跨境电商产业链主要包括电商平台、第三方轻资产配套服务商及重资产物流公司。跨境电商在发展初期的主要"痛点"包括支付、物流、报关清关、商检等环节,而第三方轻资产配套服务商正是为了解决这些"痛点"而存在的。未来随着跨境电商市场的不断扩张,提供支付、物流、报关清关、商检等服务的企业会越来越多并且更加专业,必将成为跨境电商行业新的增长点。

【启迪】

通过本章的学习,了解中国跨境电商未来的发展趋势以及广阔的市场前景,时刻紧跟跨境电商快速发展的步伐,适应国际文化差异,具备良好的对外贸易和跨文化沟通素养以及国际市场开拓意识,拓宽全球视野。

复习思考题

1. 简述跨境电商未来的发展趋势。
2. 简述跨境电商对未来其他行业的影响。

参考文献

[1] 余华良,王炳焕,姬会英.亚马逊中小卖家选品策略[J].合作经济与科技,2021(1):62-64.

[2] 胡豪.亚马逊平台多维度选品的思路与方法探析[J].中国商论,2021(22):28-30.

[3] 刘媛媛.浅议大数据下跨境电商平台选品策略[J].商讯,2020(20):154,156.

[4] 邓志超.基于大数据的跨境电商平台选品分析策略[J].特区经济,2019(6):135-137.

[5] 王艳.商家利用亚马逊平台销售商品的几种选品方法[J].对外经贸实务,2018(3):67-69.

[6] 胡治芳.跨境电商卖家成功选品的几种策略技巧[J].对外经贸实务,2018(8):67-70.

[7] 朱淑颜.多因素视角下跨境电子商务出口选品策略研究[J].江苏商论,2018(9):27-30.

[8] 蒋柳红.跨境电子商务出口贸易中选品的思路及技巧[J].商场现代化,2019(12):58-59.

[9] 吴娉娉.浅析跨境电商企业出口选品策略[J].时代金融,2016(30):235-236.

[10] 邹若琦.DM 公司跨境电商运营的选品策略研究[D].上海:华东理工大学,2018.